UNSERE GESELLSCHAFT AM ABGRUND

Maxime Laguerre

Unsere Gesellschaft am Abgrund

Die Irrwege des Fortschritts und seine Folgen

H

HOHENRAIN–TÜBINGEN

Druck: Kösel-Druck GmbH, Kempten
Satz und Schutzumschlaggestaltung: Hohenrain GmbH, Tübingen
Aus dem Französischen: Claude Michel, Tübingen
Vom Verfasser autorisierte deutsche Ausgabe

Die Deutsche Bibliothek – CIP-Einheitsaufnahme

Laguerre, Maxime

Unsere Gesellschaft am Abgrund :
Die Irrwege des Fortschritts und seine Folgen /
Maxime Laguerre. – Tübingen ; Zürich ; Paris :
Hohenrain-Verl., 1997
ISBN 3-89180-047-9

ISBN 3-89180-047-9

Originalausgabe: Les mirages du progrès

Gedruckt in Deutschland

Inhaltsverzeichnis

Vorwort

Nachdem ich Maxime Laguerres Buch gelesen hatte, mußte ich an die Worte Jean Dubuffets über die ›nackte Kunst‹ denken.

»Darunter verstehen wir Werke, die von der künstlerischen Kultur unversehrte Menschen verwirklichen und in denen der Nachahmungstrieb – im Gegensatz zu den Intellektuellen – keinen oder kaum Anteil hat, so daß ihre Autoren alles (Themen, Wahl der eingesetzten Materialien, Übertragungsmittel, Rhythmen, Schriftarten usw.) aus ihrem Inneren schöpfen, und nicht aus Schablonen der klassischen oder der modernen Kunst. Wir wohnen dem ganz reinen, nackten künstlerischen Unternehmen bei, das in allen seinen Phasen von dem Autor nur aufgrund seiner eigenen Impulse aufs neue erfunden wird. Es handelt sich also um Kunst, in der nur die Funktion der Erfindung zum Ausdruck kommt, und nicht die beständigen Funktionen des Sich-Anpassens und Nachäffens, wie in der kulturellen Kunst der Fall.«

Analog zu Jean Dubuffets Worten kann man im Zusammenhang mit dem Buch Maxime Laguerres von ›nacktem Denken‹ sprechen.

›Nacktes Denken‹ hat nichts zu tun mit Kompilation, mit dem mehr oder weniger bewußten Zusammenführen bereits ausgedrückter Gedanken um ein vom Autor gewähltes Thema. ›Nacktes Denken‹ entsteht auf Grund der konkreten Beobachtung.

Maxime Laguerre versucht, alles, was er sieht, zu begreifen und zu begründen. Er hat Ideen, ist ausgesprochen erfinderisch und liebt die logische Beweisführung. Außerdem legt er Wert auf eine einfache Ausdrucksweise, um möglichst von allen verstanden zu werden.

Die sehr gute Wahrnehmung und das Begreifen all' dessen, was ihn umgibt, haben ihm ermöglicht, mit seiner Zeit sehr gut auszukommen, er hat sich ihr aber nicht angepaßt.

Nach einem mehrjährigen beruflichen Aufenthalt auf Madagaskar kehrte Maxime Laguerre nach Frankreich zurück. Von einer Zwei-Mann-Maklergesellschaft ohne Kapital aus gelang es ihm,nach und nach einen Industriebetrieb auf die Beine zu stellen, der in seinem Wirtschaftszweig führend in Europa wurde.

Er fand sich nicht ohne Widerstreben mit dem ab, wozu ihn die unabdingbaren Notwendigkeiten der Produktivität bzw. der Produktionssteigerung zwangen, zum Beispiel die Nachtarbeit. Nun aber ist die Alternative bekannt: Entweder spielt man das Spiel mit, oder man steigt aus.

So konnte er den Mechanismus des Fortschritts untersuchen, das heißt auch die Faszination, die die Innovationen ausüben, die Notwendigkeit, die angebotenen Artikel sowie ihren Selbstkostenpreis immer wieder zu verbessern.

Er konnte außerdem beobachten, wie einige seiner Mitarbeiter, die kein Diplom oder Abschlußzeugnis hatten – oft aus dem Unvermögen, theoretische Kenntnisse zu erwerben –, sich in der Praxis behaupteten und angesichts konkreter Probleme äußerst erfolgreich waren.

Diese Beobachtungen veranlaßten ihn, zwischen dem abstrakten Wissen und den angeborenen Fertigkeiten zu unterscheiden, die sich in der täglichen Praxis offenbaren. Er hat erkannt, daß die staatlichen Unternehmen, deren Hierarchie auf dem Diplom, und nicht auf der beruflichen Wirkkraft gründet, nur stagnieren und/oder Verluste anhäufen können.

Das bewog ihn, sich mit der Frage nach dem Angeborenen und dem Erworbenen zu befassen, vor allem unter der Berücksichtigung der mit Zwillingen durchgeführten Studien.

Die US-Universität von Minnesota hat sich auf den besonderen Fall der Zwillinge spezialisiert und Tausende von Fällen von ›echten‹ und ›falschen‹, also von ein- und zweieiigen Zwillingen untersucht, die gemeinsam aufwuchsen oder in seltenen Fällen gleich nach der Geburt getrennt und in zwei verschiedenen und fremden Familien großgezogen wurden. Die zahlreichen Untersuchungen haben dazu beigetragen, den Anteil des Angeborenen und des Erworbenen zu bestimmen.

Die US-Professoren kommen mit Bedauern zu dem Schluß, daß die Erziehung kaum Einfluß auf das Verhalten und die Entwicklung eines Menschen hat. Das soziofamiliäre Umfeld und die Schule verändern diese Entwicklung nur vorübergehend und geringfügig.

Wie jedes Lebewesen bedarf auch der Mensch bestimmter erworbener Züge zu seiner Entwicklung, doch sind diese Bedürfnisse angeboren, das heißt, sie lassen sich nicht hervorrufen. Ebensowenig kann man jemanden hindern, sie mit allen Mitteln zu befriedigen.

Maxime Laguerre ist der Auffassung, daß der Fortschritt – individuell und egoistisch angenommene Innovationen – sich nachteilig auf das gemeinschaftliche Leben auswirkt. Arbeitslosigkeit, Drogen, Gewalt, Scheidungen, gesellschaftlicher Ausschluß sind letztlich weitgehend eine unmittelbare Folge des Fortschritts.

Es hat zunehmend den Anschein, als würden alle Regierungen diese Entwicklung nicht begreifen und von den Ereignissen überrollt sein. Leider verehrt die öffentliche Meinung den Fortschritt maßlos und wähnt, Erziehung könne den Sittenverfall aufhalten oder gar verhindern. Man glaubt, daß sie allen eine gute berufliche Ausbildung sowie ein hohes Pflichtbewußtsein geben kann.

Die öffentliche Meinung hat nicht immer unrecht, sie hindert aber den Einzelnen daran, frei zu denken. Wie in einer Massenbewegung gehören ihm dann seine Gedanken und seine Handlungen nicht mehr.

Auf dem Irrtum läßt sich nichts aufbauen. Und auch wenn die entdeckten Wahrheiten enttäuschend sind und viele unsere Glaubensüberzeugungen zerstören, muß man sie verkünden.

Dieses Buch ist eine wahre Fundgrube für Ideen, die zu denken geben. Lesen Sie es aufmerksam!

A. Gorin de Lamorflant

Einleitung

Die menschliche Gesellschaft ist im Wandel. Seitdem der Mensch auf Erden aufgetaucht ist, hat sie übrigens nie aufgehört, sich zu wandeln. Doch während die Entwicklung in den Anfängen unmerklich verlief, hat sie sich dann ständig beschleunigt.

Heutzutage verläuft die Entwicklung so schnell, daß die Technologie der meisten von uns benutzten Gegenstände bald überholt ist. Neue Techniken kommen zum Vorschein. Werden sie in den Dienst der Öffentlichkeit gestellt, dann hat diese Schwierigkeiten, sie sich anzueignen und deren Vorteile oder Nützlichkeit zu ermessen.

Die Landschaften, die uns umgeben, die Fortbewegungs- und Kommunikationsmittel, die materiellen, kulturellen und geistigen Nahrungen verändern sich so schnell, daß diese Beschleunigung, diese Schnellebigkeit für die heutige Zeit kennzeichnend ist.

Wenn man zurückblickt, hat man das Gefühl, daß sich das Los des Menschen seit dem ›grauen Altertum‹ erheblich verbessert hat. Der Mensch konnte alle seine Feinde beseitigen, Nahrung im Überfluß erzeugen, sich vor schlechtem Wetter schützen, seine Fortbewegungs- und Kommunikationsmittel verbessern, hohe körperliche Anstrengungen abschaffen und seine Lebensdauer steigern.

Man nennt diese Wandlung zum Besseren ›Fortschritt‹, die scheinbar auf die Errichtung einer vollkommenen Gesellschaft, auf eine Art Paradies auf Erden hinausläuft.

So schrieb René Monory, Vorsitzender des französischen Senats, vor kurzem:

»Wir durchlaufen eine Zeit großer Veränderungen, die die künftige Gesellschaft entwerfen und gestalten werden. *Die Welt von morgen wird besser sein, das ist keine Frage*. Diese Welt wird offen sein, auf dem Austausch gründen und Techniken anwenden, die uns allmählich von den undankbarsten, mühseligsten Arbeiten befreien und uns dadurch mehr Zeit für kulturelle und Freizeitbeschäftigungen schenken. Die Welt von morgen wird mehr auf den Menschen, auf sein Glück und seine Entfaltung zugeschnitten sein. *Ich bin sicher, daß wir morgen besser leben werden.*«

Das ist zweifellos ein aufrichtiges Bekenntnis, das dem Leser guttut. Seit hundert Jahren wurden solche Gewißheiten von den Politikern, Schriftstellern und Naturwissenschaftlern so oft verkündet, daß ein zehnbändiges Werk sie nicht alle anführen könnte.

Sie waren ausnahmslos aufrichtig und wollten über eine trostlose, schmerzliche, oft unerträgliche Gegenwart hinwegtrösten.

Andere wiederum bezweifeln, daß der Fortschritt eine Wandlung zum Besseren ist, ein langer Marsch zu einem echten Eldorado.

Sie empfinden etwas wie Unbehagen angesichts der traurigen Dauernachrichten: Anstieg der Armut, der Arbeitslosigkeit, des gesellschaftlichen Ausschlusses, der Kriminalität, des Drogenkonsums, des Selbstmords bei Jugendlichen, der Scheidungen, der allgemeinen Sinnkrise – allesamt Tatsachen, die niemand bestreiten kann. Außerdem wird die Verschmutzung unseres Trinkwassers und unserer Atemluft immer stärker, der Verbrauch der natürlichen Ressourcen (Grundstoffe und Energielieferanten) steigt erschreckend.

Die Gefahren der Radioaktivität und eines Krieges, dessen Greuel in keinem Verhältnis zu dem, was wir schon erlebten, stünden, plagen manche Köpfe.

Wo ist dabei der Fortschritt, die erhoffte Wandlung zum Besseren?

Von diesem Wandel möchte man am liebsten nur behalten, was uns vorteilhaft zu sein scheint, zum Beispiel die Antibaby-Pille, den Fernseher oder die Waschmaschine.

Wie soll man den folgenden Widerspruch erklären? Während bestimmte Aspekte der durch den Fortschritt hervorgerufenen Entwicklung mit Freude aufgenommen werden, scheinen andere Veränderungen auf die Dauer unerträglich oder gar lebensgefährdend zu sein, ohne daß man begreifen kann, wie beide Erscheinungen eng miteinander verbunden sind. Ich wollte es genau wissen.

Die Triebkraft des Fortschritts sind zweifellos die Innovationen. Gäbe es keine Innovationen und Erfindungen mehr, dann würde unsere Gesellschaft wieder fast starr so wie die Naturwelt, in der jede Pflanze, jedes Tier von Generation zu Generation das gleiche Schicksal hat innerhalb einer nahezu unveränderlichen Umwelt.

Diese Innovationen werden durch die schöpferische Einbildungskraft des Menschen hervorgerufen, die keinem einzigen Tier innewohnt. Der schöpferische Einfall ist individuell. Er taucht auf, ohne gesucht zu werden, und nur seine Verwirklichung erfordert viel geistige Arbeit und Willen. Die Erfindung unterscheidet sich von der Entdekkung. Diese rührt von der Suche bzw. der Forschung her, die nur entdeckt, was bereits existiert, während die Erfindung Neues schafft.

So entdeckte Christoph Kolumbus Amerika, einen Kontinent, der bereits existierte, als der europäische Mensch dort erschien. Doch die Schiffe, der Sextant und der Kompaß, die er einsetzte, waren die Frucht zahlreicher Erfindungen. Das waren Schöpfungen.

Die Entdeckungen speisen die Erfindung, die sie befruchtet. Die meisten Erfindungen und Innovationen finden keine Anwendung. Die anderen werden freiwillig ausgesucht, entweder von einzelnen Menschen zu ihrer persönlichen Befriedigung, oder von Unternehmen, um ihre Weiterentwicklung zu fördern.

Man könnte meinen, daß diese Entscheidungsfreiheit die Garantie für die Qualität des Fortschritts ist, der nur eine Wandlung zum Besseren sein könnte. Dem ist aber keineswegs so.

Der Mensch sucht in der Regel nur eine sofortige Befriedigung. Zahlt er für einen gefertigten Gegenstand weniger, will er nicht wissen, ob dieser Preis auf die Benutzung schlecht bezahlter Arbeitskräfte im Ausland zurückzuführen sei oder ob er durch seine Kaufwahl die Arbeitslosigkeit in seinem eigenen Land fördere. Es ist wohl klar, daß er die Arbeitslosigkeit und die Unterbezahlung von Arbeitskräften aufs schärfste verurteilt, aber meint, das sei ausschließlich eine Angelegenheit der betroffenen Regierung. Er fühlt sich nicht unmittelbar davon betroffen.

Außerdem übersieht er oft, daß diese sofortige Befriedigung negative Auswirkungen für ihn und die anderen hat. Selbst wenn er es weiß, wie es bei Tabak, Alkohol und Drogen der Fall ist, kann er dem Drang, sie zu konsumieren, meistens nicht widerstehen.

Als Marie Curie das Radium entdeckte, wurde diese Entdeckung als großer Schritt nach vorn für die Menschheit begrüßt. Wie in anderen Fällen wurde nämlich nur die positive Anwendung der Radioaktivität in Betracht gezogen. Man war der Ansicht, daß sie zu Heilzwecken verwendet werden könnte, und eine der in Frankreich am meisten getrunkenen Mineralwassermarken unserer Zeit trug dann stolz auf dem Etikett die Bezeichnung ›radioaktives Wasser‹.

Nach dem Krieg wurde diese Bezeichnung entfernt, denn der Erfindungsgeist bestimmter Leute hatte die mit Radioaktivität verbundene Atombombe – die wohl häßlichste Waffe, die es jemals gegeben hat – gebaut.

Marie Curie, Nobelpreisträgerin für Chemie, wird immer noch verehrt. Sie wußte nicht, was der Fortschritt aus ihrer Entdeckung machen würde.

In den Bereichen Industrie, Landwirtschaft, Handel und Dienstleistung nehmen Unternehmen Innovationen an, entweder, um ihre Konkurrenten zu übertreffen, oder aus der Notwendigkeit heraus, um die Innovationen wettzumachen, die jene eingeführt haben.

Die Innovation wird zu einer Überlebensnotwendigkeit. Ihre Annahme im technologischen Bereich hat nur das eine Ziel, nämlich die Produktivität, zunächst ohne jede moralische Erwägung. Das nennt man den Wirtschaftskrieg, der ebenso zerstörerisch und grausam ist wie der mit Waffen geführte Krieg.

Die Innovationen sind wie gesagt die Triebkraft des Fortschritts, der wiederum an der Erhöhung des Lebensstandards gemessen wird. Wird aber auch das Glück daran gemessen?

Nehmen wir an, daß der jetzige Lebensstandard der Franzosen rund tausendmal höher liegt als im 17. Jahrhundert, als Molière das Leben seiner Zeitgenossen so genau schilderte. Kann man im Ernst behaupten, daß wir tausendmal glücklicher sind als jene Männer und Frauen, die unsere Vorfahren gewesen sind?

Glück läßt sich subjektiv und qualitativ schätzen. Der Fortschritt will nun aber das Glück der Menschen zu einem objektiven, quantitativen Begriff machen. Das ist unsinnig.

Und trotzdem erscheint eine Kehrtwendung unmöglich, fürchterlich. Warum?

Wir möchten es an einer Fabel von La Fontaine erklären, *Der Wolf und der Hund,* die wir zunächst ungekürzt wiedergeben:

Ein Wolf, ein Haut- und Knochenbündel nur,
zuviele Hunde gabs in dieser Mark,
begegnet einem Bullenbeißer, groß, stattlich, stark
und nudelfett; verloren hatte er die rechte Spur:
ihn greifen, reißen, schlingen und verschlucken,
der dürre Ritter hätt' es gern gewagt,
allein vor Hunger war sein Herz verzagt
und überdies der Köter, wie gesagt,
sehr stark, und solche Köter haben Mucken.
Der Wolf gab denn das Rennen auf,
geriet rasch ins Gespräch. Mit vielem Ach- und Oh-Geschnauf
bewundert er des Hundes Leibesfülle.
Er liegt an Euch, mein Herr, versetzt der Hund,
genau so vollzustopfen Eure schlappe Hülle;
verlaßt die Wälder und Ihr werdet kugelrund,
denn Euresgleichen dort, die magern Teufel
und armen Schlucker, ich sags getrost:
Was ist ihr Ende? Vor Hunger sterben, ohne Zweifel.
Warum? Nie Sicherheit, nie Ruhe, niemals Extrakost
und immer auf des Messers Schneide tanzen!
Das zehrt. Folgt mir und mästet Euch wie ich den Ranzen.
Der Wolf darauf: Was muß man dafür tun?

Fast nichts, bemerkt der Hund. Man jagt meist
nur die Leute fort, die Stöcke tragen, und Bettler;
die sind alle dreist.
Dann schmeichelt man dem Herrn, auch dem Gesinde. Nun
das ist alles. Und der Lohn?
Der Koch ist gut. Er reicht mir reichlich Reste.
Hühner- und Taubenknochen haben wir zu jedem Feste.
Und manches Kosewort; genug davon.
Der Wolf, schon schmiedet er sein Zukunftsglück,
die Rührungstränen hält er kaum zurück,
da sieht er an dem Hals des Hundes eine kahle Stelle:
Was ist denn das? – Ach, nichts.– Wie nichts? –
Nichts von Belang. –
Und doch? – Die Kette, ja, ist grob und lang
und demzufolge schwer; da schabt das Halsband etwas
Haar vom Felle.–
Wie, Kette, Halsband? fragt der Wolf, mir scheint, Euch hats,
lauft Ihr denn nicht, wohin Ihr wollt? – Nicht immer, doch
was schadt's?
So viel, daß ich von Eurem guten Koch
nicht einen Brocken, rief der Wolf und grollte,
um solchen Preis erkaufen wollte!
Kaum war's gesagt, läuft er davon und läuft, ich glaube, noch.

Zugegeben, La Fontaine hat seine Darstellung etwas übertrieben, indem er den Wolf als armen Teufel hinstellt, der nur noch Haut und Knochen ist.

Diese Fabel begeistert die freiheitsliebende Jugend, die sich mit dem Wolf identifiziert. Sie übersieht aber, daß der Wolf seine Freiheit an seiner *Eigenständigkeit* mißt. Er ist frei, weil er in der Lage ist, sich zu ernähren, Unwetter zu überstehen und sich gegen seine Feinde zu wehren.

Viele junge Leute, die noch bei ihren Eltern leben und auf Kosten der Gemeinschaft studieren, tragen eher die Züge des Hundes, der sozusagen ein ›Fürsorgeempfänger‹ ist.

Kommen wir aber zu La Fontaines Fabel zurück. An diesem Beispiel wollte uns der Dichter wahrscheinlich die Wahl zeigen zwischen einem sicheren Arbeitsplatz mit allen zusammenhängenden Gegenleistungen – vor allem in der damaligen Zeit – *und* der uneingeschränkten Freiheit mit den Gefahren und Ungewißheiten, die diese Freiheit begleiten.

Der Hund und der Wolf haben das Gefühl, frei zu entscheiden. In Wirklichkeit ist es keineswegs so. *Ihre Wahlentscheidung ist genetisch bedingt.*

Der Hund kann nicht in die Wälder zurückkehren. Nach einer langsamen Wandlung über Jahrhunderte ist er biologisch von der Unterstützung abhängig, die er von den Menschen erhält: Nahrung, Schutz vor Unwetter, Krankheiten usw.

In der Wildnis würde er verhungern, wäre Übeln und Leiden ausgesetzt, gegen die er keine natürlichen Abwehrkräfte hat, könnte sich nicht mehr schützen und gegebenenfalls kämpfen. Er hat den Eindruck, frei zu entscheiden, das Für und das Wider frei zu erwägen, wir wissen aber, daß dem nicht so ist.

Der Wolf selbst würde angekettet bald sterben, da er sich nicht mehr ernähren will. Er hat nicht diese langsame Entwicklung mitgemacht, aufgrund deren er sich einem ›zivilisierteren‹ Leben anpassen könnte.

Wolf und Hund sind der Lebensweise, die sie führen, gleichermaßen gut angepaßt und demnach gleichermaßen glücklich. Die Lebensweise des Hundes ruft beim Wolf Abscheu hervor, so wie eine Rückkehr zur Lebensweise seiner Vorfahren beim Hund Grauen erregt. Man muß also vor jedem Urteil den Dingen und Verhältnissen auf den Grund gehen und vor allem ihre natürlichen Zusammenhänge betrachten.

Nun begreifen wir die Reaktion unserer Zeitgenossen, wenn vom Leben unserer Vorfahren die Rede ist. Sie stellen es sich mühselig, fast unerträglich vor.

Die Fortschrittler greifen auf diese völlig subjektive menschliche Reaktion von heute zurück, um uns zu überzeugen, daß der Fortschritt eine Wandlung zum *Besseren* sei.

Die menschliche Gesellschaft hat sich gewandelt, und der Mensch hat sich dieser Entwicklung angepaßt. Je mehr er sich vor Unwetter und Krankheiten schützte, um so anfälliger wurde er, und um so mehr hing er von diesem künstlichen Schutz ab. Je mehr er auf körperliche Anstrengung verzichtete, um so träger und fauler wurde er, unfähig, einer Tätigkeit ebenso beständig nachzugehen wie seine Vorfahren.

Je größer unser Komfort wird, um so abhängiger sind wir von ihm – wir sind aber nicht deshalb glücklicher. Ein einfacher Stromausfall stürzt uns in Angst und wird bald unerträglich.

Je mehr wir behaupten, wir seien die einzig wirklich freien Lebewesen, um so mehr unsichtbare Ketten binden uns von überallher. Unsere persönlichen Abhängigkeiten sind unzählig, und wir bewegen uns auf eine Gesellschaft zu, in der alles, was nicht obligatorisch ist, verboten sein wird, auch wenn die allgemein herrschende Laxheit uns genau das Gegenteil ahnen läßt.

Unsere Gedanken sind frei, zumindest haben wir den Eindruck, daß sie es sind, und das ist das Wichtigste. Dagegen werden wir uns dessen bewußt, daß unsere Verhaltensfreiheit von zahlreichen Geboten und Verboten umrahmt ist, über die andere als wir entschieden haben.

Es gab in der Vergangenheit Zeiten, in denen die Entwicklung unserer Umwelt, bedingt durch die Annahme von Innovationen, so langsam vor sich ging, daß die Menschen Zeit hatten, sich ihnen anzupassen und ihr Schicksal zu erfüllen.

Heutzutage verläuft die Entwicklung so schnell, daß diese Anpassung schwerfällt und vielen sogar unmöglich erscheint. Großes Unbehagen ist die Folge. Der Fortschritt fängt an, uns zu beängstigen, denn er macht die Gegenwart für manche und die Zukunft für alle rätselhaft.

Dieses Buch untersucht den Mechanismus des Fortschritts und beweist, wie er die Entwicklung der menschlichen Gesellschaften beeinflußt hat.

Wenn man von ›Wandlung zum Besseren‹ spricht, muß man das oder die Kriterien bestimmen, an denen dieses Bessere zu messen ist. Wir vergessen allzu oft, daß ein

Urteil, das sich nicht auf ein anerkanntes Kriterium stützt, rein subjektiv ist. Wir neigen zu der Annahme, daß die Zustimmung der anderen einer Meinung Nachdruck verleihe. Das stimmt aber nicht.

Daß die gesamte Öffentlichkeit einem subjektiven Urteil beipflichtet, macht dieses Urteil nicht gültiger. Daß dieselbe Öffentlichkeit wiederum ein objektives, auf unbestreitbare Kriterien gestütztes Urteil nicht teilt, schränkt dessen Richtigkeit keineswegs ein.

Der erste Mensch, der mit den physikalischen Gesetzen den Beweis führte, daß die Erde rund ist, errang deshalb nicht die allgemeine Zustimmung.

Es gilt also zu begreifen, was man unter ›Besserem‹ versteht.

Was bedeutet ›ein besseres Leben‹? Die Politiker, die diese Wendung mehr als genug gebrauchen, vergessen immer, sie zu näher zu beschreiben. Sie meinen, es käme letztlich darauf an, mit bestimmten Worten die Zustimmung aller zu erreichen.

Für alle Leute ist im Unbewußten ein besseres Leben ein glücklicheres Leben, das mehr Freuden, Vergnügungen, Glücksmomente verschafft und weniger körperliche sowie seelische Leiden bringt. Es zeigt sich, daß diese Freuden und Leiden natürlichen Ursprungs sind.

Natürlich ist die Lust zu essen, natürlich ist die Lust, in einem gemäßigten Klima zu leben, natürlich sind die durch übertriebene Kälte oder Hitze hervorgerufenen Schmerzen. Natürlich sind die Sinnengenüsse, die Mutterschaftsfreuden, das Bedürfnis, mit einem Partner zu leben. Natürlich ist die Unfähigkeit, allein oder in der Isolation zu leben, denn der Mensch ist ein soziales Lebewesen.

Diese Freuden und Leiden reizen uns zum Handeln an.

Welcher Endzweck verbirgt sich hinter diesen Herausforderungen, diesen Anreizen? Das ist die große Frage. Die Beobachtung des pflanzlichen und des tierischen Lebens zeigt, daß sie sich um einen Endzweck ordnen: nämlich *ein genetisches Erbe zu erhalten und weiterzugeben, das ewig bestehen muß.* Die Einzelwesen, denen es innewohnt, sind nur Träger, deren Leben vorübergehend ist. Sie sind Glieder in einer Kette der Generationen, in denen das Leben weitergegeben wird.

Das Fortbestehen ist das Kriterium, das man vorschlägt, um dem Leben des Menschen einen Sinn zu geben, denn es bedingt alle anderen.

Wenn der Mensch sich nicht fortpflanzt, wenn der Mensch, der sich zunehmend als Selbstzweck ansieht, nicht mehr die Lust oder das Vermögen verspürt, Kinder zu bekommen, dann kann und wird er aussterben. Das Menschengeschlecht kann auch vom Erdboden verschwinden infolge eines Atomkriegs, der das Leben auf Erden unerträglich machen würde, indem er die Gesamtheit unserer Erbgüter angreifen, das heißt die Zahl der körperlichen und geistigen Behinderten ins Unendliche steigern würde.

Mit der Zerstörung der menschlichen Gesellschaften würden auch die Religionen, die Philosophien, die Künste und die technische Zivilisation gleichzeitig zerstört sein.

Der Fortbestand ist also das einzige Kriterium, und kein logisch denkender Mensch kann es abweisen.

Damit diese Fortpflanzung bestens funktioniert, muß sie – wie in der Natur – in Glück und in der Freiheit erfolgen.

Es ist wichtig, daß die freie Entscheidung eines jeden Lebewesens nur getroffen werde, um Lustgefühl, Glück und Sinnengenuß zu erzielen, und daß diese freie Entscheidung mit den biologischen Notwendigkeiten der Fortpflanzung zusammenhängt.

Während dies bei den Tieren in der Natur nach wie vor instinktmäßig erfolgt, gilt es nicht mehr für den Menschen. Warum? Weil der Mensch die natürlichen und lebenspendenden Triebe teilweise verloren oder sie auf Abwege gebracht hat. Er ist nach dem Anthropologen Arnold Gehlen das »instinktreduzierte« Wesen.

Der Mensch behauptet voller Überheblichkeit, Gott habe ihm gesagt: »Seid fruchtbar und mehret euch und füllet die Erde und machet sie euch untertan, und herrschet über die Fische im Meer und die Vögel des Himmels, über das Vieh und alle Tiere, die auf der Erde sich regen.«

Der Mensch hat indes die Erde inzwischen so vollkommen erobert und sämtliche Tiere so gut beherrscht, daß er dabei ist, sie zu zerstören.

Hat Gott das wirklich gewollt? Bestimmt nicht.

Wir glauben unbewußt, daß die Entwicklung einem Gesamtplan folgt, der aus dem Kopf eines Organisators hervorgegangen ist und den eine kluge Gesellschaft freiwillig durchführt. Dem ist nicht so.

Die Menschheit hat nie gewußt, wohin ihre Innovationen sie führten, und sie weiß es heute noch weniger denn je.

Sie betet nach wie vor den Fortschritt an und schreibt ihm nur zu, was ihr Leben offenbar leichter macht und besser gestaltet.

Sie weigert sich aber zu erkennen, daß jede eigennützig angenommene Innovation eine Reihe von negativen, manchmal gar verheerenden Auswirkungen nach sich zieht.

Für alles, was schief läuft, sucht sie immer wieder Sündenböcke, weigert sie sich doch, ihre eigene Schuld einzusehen.

Der Mensch hat die Naturordnung verlassen. Geschah das durch den Willen Gottes, der ihm ein Teilchen seiner Göttlichkeit gab, um eine besondere Sendung zu erfüllen, oder geschah es infolge der Erbsünde, die ihm eine andere Sicht von sich selbst, von seinen Mitmenschen und von seiner Umwelt vermittelte, oder geschah es ganz einfach aufgrund der natürlichen Anlagen und ›Dispositionen‹ des Menschen? Von diesem ›Sündenfall‹ an konnte er sich vorstellen, sein Leben außerhalb der Naturordnung besser und angenehmer zu gestalten.

Ist das aber möglich? Das ist die ganze Geschichte und die ganze Problematik des Fortschritts.

Tätigkeitsweise der Tier- und Planzenarten

Für unsere Untersuchung des Fortschritts ist es fruchtbar und sinnvoll, zunächst einen Blick in die uns umgebende Natur zu werfen und deren Grundprinzipien, denen auch der Mensch unterworfen ist, nachzuspüren.

Biologisch gesehen unterscheidet sich der Mensch nicht wesentlich vom Tier. Will man begreifen, warum er ein anderes Schicksal hat, sollte man zunächst nachlesen, wie das Leben der Tiere und der Pflanzen abläuft.

Da kein biologischer Unterschied zum Tier besteht, sollte man dann überlegen, warum sich der Mensch vom naturgemäßen Tierverhalten abgewandt hat.

Schließlich sollte man versuchen zu erkennen, ob dieses besondere Schicksal gut oder schlecht ist.

Jedes Leben ist geschaffen, um sich fortzupflanzen. Die Tätigkeit eines jeden Tieres oder einer jeden Pflanze dreht sich um dieses Prinzip.

Jede Art besitzt ein genetisches Erbe, das Mittelpunkt der Aktivität ist, und dieses Erbgut ist unabhängig vom Aussehen immer vorhanden. Die prächtige Eiche, die Eichel oder sogar das winzige Blütenstaubkörnchen der Eiche enthalten dieses genetische Erbe, diesen unabänderlichen ›harten Kern‹ der Art Eiche. Ein erwachsenes Tier in seiner ganzen Kraft, ein Spermatozoid oder eine Eizelle sind lediglich verschiedene Äußerungen ein und derselben genetisch programmierten Lebenskraft.

Bei der Vermehrung der Pflanzen ›in vitro‹ wird ein ganz kleines Blattstück in einem von jeglicher Krankheit befreiten Nährboden kultiviert. Dieses kleine Blattstück entwikkelt sich, schlägt Wurzeln und wird schließlich eine Pflanze, gleich jener, von der das Blatt entnommen wurde. Das gleiche Experiment wurde unlängst mit einem weiblichen

Schaf durchführt, es entstand ein Klon, das heißt eine Zwillingsschwester.

Das heißt, mit anderen Worten, daß jede Zelle eines Lebewesens ein genetisches Erbe enthält, das seine gesamte Entwicklung programmiert. Die moderne Molekularbiologie hat diese Zusammenhänge inzwischen erforscht und in der DNS die materiellen Träger dieser Erbinformationen entdeckt.

Jedes Einzelwesen weiß in keiner seiner Lebensstufen, daß sein Lebenszweck darin besteht, sich fortzupflanzen. Es ißt einfach deshalb, weil es Lust dazu hat, und nicht um einen physio-chemischen Vorgang auszulösen, der ihm seine Kraft bewahrt, damit es sein genetisches Erbe fortpflanzen kann.

So hat das Tier das Gefühl, frei zu sein und zu tun, was ihm beliebt.

Es frißt und bevorzugt bestimmte Nahrungsmittel, die ihm wohl schmecken. Es weiß nicht, daß es programmiert ist, diese Nahrungsmittel, die es freiwillig auszuwählen wähnt, zu bevorzugen oder andere abzulehnen, die seiner Gesundheit tatsächlich schaden würden.

Das Gleiche gilt für die Pflanzenarten. Dem Orangenbaum ist das Klima Nordfrankreichs ›unangenehm‹, weil er nicht programmiert ist, um dort wie eine Linde oder ein Apfelbaum zu gedeihen. Untersuchen wir aber mit allen uns zur Verfügung stehenden Mitteln eine Linde oder einen Orangenbaum, so haben wir Schwierigkeiten zu begreifen, warum die Linde dort gedeiht, wo der Orangenbaum verkümmern würde, und umgekehrt.

Jede Pflanzenart gedeiht unter bestimmten klimatischen Bedingungen (Temperatur, Feuchtigkeit usw.) und benötigt eine spezifische Nahrung, die sie im Boden suchen muß. Das bewegliche Tier sucht optimale Bedingungen für sein Besserbefinden, indem es wandert. Als Grasfresser kann es bei großer Dürre weit wandern, um bessere Weideflächen zu entdecken. Die unbewegliche Pflanze muß sich hingegen den Lebensbedingungen anpassen, die ihr gegeben sind, oder sie muß sterben.

Dieselbe Eichel wird, je nachdem, ob sie in den französischen Causses, wo die Bodenschicht dünn und karg ist, oder im Perche, dessen Untergrund fruchtbar und sehr tief ist, eingepflanzt wird, einen ganz unterschiedlichen Baum ergeben: einen mächtigen, majestätischen im Perche, einen kleineren, verkümmerten in den Causses. Und trotzdem ist das genetische Erbe bei beiden Eichen, mögen sie noch so verschieden aussehen, völlig bewahrt: Die Früchte beider ergeben in der gleichen Umgebung nicht unterscheidbare Bäume.

Die Beweglichkeit der Tiere verringert die Entwicklungsunterschiede zwischen den Mitgliedern einer Art, die in derselben Region leben.

Fassen wir zusammen: *Jedes Einzelwesen, ob Pflanze oder Tier, nimmt eine vorübergehende, sich entwickelnde, veränderliche, vergängliche Gestalt an; es trägt aber ein ewiges, (nahezu) unabänderliches Leben in sich, das als genetisches Erbe bezeichnet werden kann.*

Der Lebenszweck eines jeden Tieres oder einer jeden Pflanze besteht also im Lebenskampf darin, dieses ewige Leben, das sie unbedingt weitergeben müssen, unversehrt zu bewahren.

Zur Erfüllung seines Lebenszwecks wird das Verhalten jedes Tieres durch zwei entgegengesetzte Anreize geregelt: durch das Vergnügen und den Schmerz.

Das Tier trachtet instinktiv zu bestimmten Zeiten, beispielsweise, nach der Begattung, um Wonne zu empfinden; es weiß nicht, daß dies ausschließlich zur Weitergabe seines genetischen Erbes geschieht.

Für das Tier bedeutet die naturgemäße Ordnung die Fortpflanzung in der Freiheit und im Glück. Das ist die freie Wahl zwischen dem, was ihm gefällt, und dem, was ihm zu tun mißfällt.

Die Mechanismen zur Weitergabe des Lebens

Wenn die Natur keine Fortpflanzungsmechanismen vorgesehen und sich damit begnügt hätte, das Altern der Lebewesen abzuschaffen, so wären die einzelnen Arten ausgestorben.

Tiere ebenso wie Pflanzen sind nämlich zahlreichen Angriffen ausgesetzt, die ihr Leben in Gefahr bringen.

Gibt es keinen Mechanismus, um infolge solcher Angriffe sterbende Einzelwesen zu ersetzen, so wird sich deren Zahl verringern bis zum Aussterben der Art.

Aus diesem Grund hat die Natur vorgesehen, daß jedes wenn auch sterbliche Einzelwesen im Laufe seines Lebens sein genetisches Erbe mehrfach weitergeben kann.

Dabei bietet sie verschiedene Systeme an.

Entweder rüstet sie die Einzelwesen mit einer hohen Technologie zum Überleben aus. In diesem Fall wird es wenig Umweltopfer geben, so daß sich hohe Vermehrungsraten erübrigen. Das trifft auf die sogenannten ›höheren‹ Lebewesen, etwa die Säugetiere, zu.

Oder die Einzelwesen verfügen über eine schwache Abwehr. Ihre sehr hohe Sterbeziffer wird dann durch ein überaus starkes Fortpflanzungsvermögen ausgeglichen. Das gilt für Insekten und Fische, wenn man bedenkt, daß bestimmte Arten jedes Jahr Hunderttausende von Eiern legen!

Das gilt aber auch für die Pflanzen. Eine gewachsene Eiche erzeugt jährlich Tausende von Eicheln. Da die Eiche im Durchschnitt hundert Jahre lebt, reicht es, daß im Mittel alle hundert Jahre eine einzige Eichel eine neue Eiche gibt, um das genetische Erbe weiterzugeben.

Die französische Enzyklopädie *Larousse* behauptet, daß »die Säugetiere den höchsten Platz unter den Lebewesen einnehmen«. Über diesen Standpunkt läßt sich streiten. Ihre wunderbare individuelle Überlebensorganisation sowie ihre schwachen Fortpflanzungsmittel machen die Säugetiere vielleicht verwundbarer als manche gemäß den üblichen Beurteilungskriterien niedriger eingestufte Arten innerhalb der Rangordnung.

Hier ist nicht von der Fortpflanzung der Art die Rede, sondern von dem Fortbestand des genetischen Erbes.

Von den Fällen organisierten Zusammenlebens abgesehen – etwa bei den Bienen und Ameisen, die für eine ganze Gemeinschaft ein einziges Fortpflanzungstier besitzen –, konkurrieren die einer Art zugehörigen Einzelwesen nämlich miteinander.

Die Einzelwesen ein und derselben Art weisen sehr ähnliche Merkmale auf, sind jedoch nicht gleich.

Wir können sogar die Möglichkeit einer Veränderung des genetischen Erbes annehmen, die durch die Lebensweise des Einzelwesens bedingt wird, also eine Anpassung an die Lebensbedingungen, wenn sich diese dauerhaft verändern.

Die Natur ist unerbittlich. Die Zahl der umkommenden Einzelwesen, sei es infolge einer Aggression durch andere Tiere oder wegen Hungersnot, steht im Verhältnis zur Fortpflanzungsrate.

Ein Einzelwesen kommt meistens durch Unglück um, doch unter den Todesopfern befinden sich bevorzugt alle, die zum Überleben nicht so gut ausgerüstet sind.

Das genetische Erbe eines Einzelwesens bestimmt seine Verhaltensweisen. Die Natur hat vorgesehen, die Fortpflanzung des genetischen Erbes immer dann zu stoppen, wenn dessen Abdriften für das individuelle Überleben ungünstig ist.

Das ist die ständige Auslese der besser Angepaßten, die oft zum Zeitpunkt der geschlechtlichen Fortpflanzung erfolgt.

Die Enzyklopädie *Larousse* definiert den Begriff ›Fortpflanzung‹ wie folgt: »Funktion, mit der Lebewesen ihre Art fortbestehen lassen.«

Das ist aber ein Irrtum!

Die Lebewesen pflanzen sich zunächst selbst fort, und

nicht ihre Art. Ein Männchen ist bereit, zehn Nebenbuhler umzubringen, was für die Art sehr abträglich ist, vorausgesetzt, daß es sich fortpflanzen kann.

Meistens verhalten sich Lebewesen gleichgültig, wenn andere Mitglieder ihrer Art angegriffen werden, es sei denn, sie haben eine Abwehrgemeinschaft gebildet. Nur indirekt wird also die Art erhalten.

Kommen wir aber zur geschlechtlichen Fortpflanzung zurück.

Das genetische Erbe wird also gleichzeitig von männlichen und von weiblichen Einzelwesen getragen.

Zum besseren Verständnis des Folgenden sollte man eher das Verhalten der Tiere als das der Pflanzen beobachten.

Die Fortpflanzungsarbeit besteht darin, Einzelwesen zu erzeugen, die eine Mischung des genetischen Erbes von Männchen und Weibchen tragen. In der freien Wildbahn ist dieses genetische Erbe bis auf die geschlechtsbezogenen Anteile bei beiden nahezu identisch.

Es ist immer das Männchen, das eine große Aktivität entfaltet, um das Weibchen zu suchen und zu verführen. Die Kampflust zur Eroberung des Weibchens kann mehr oder weniger stark ausfallen. Die Natur hat also diesen Zeitpunkt ausgesucht, um die schlechteren Erbgüter auszuschalten.

Das Weibchen, das zunächst keine Lust hat, sich dem Männchen hinzugeben, findet dagegen großes Gefallen daran, die Begierde der Männchen zu reizen. Daher kämpfen diese gegeneinander, bis nur noch eines auf dem Kampfplatz ist, das nun sein Werben fortsetzen kann.

Auf diese Weise wird der Träger der besten Gene ausgewählt, die die Weitergabe seines genetischen Erbes sichern.

Während das Männchen bei vielen Arten immer bereit ist, seinen Samen abzugeben, nimmt ihn das Weibchen nur während der sehr kurzen Zeitspanne an, in der seine genetische Programmierung ihm den nahezu sicheren Erfolg der Begattung meldet.

Sobald das Männchen seinen Samenvorrat abgegeben hat, ist seine Rolle zu Ende. Das zuvor triumphierende Männchen wird oft zu einem abgemagerten, geschwächten, ratlos herumziehenden Wesen; das Weibchen will es nicht mehr sehen.

In der freien Wildbahn steht das Weibchen nie dem Männchen sexuell zur Verfügung. Nur das Weibchen wählt den Zeitpunkt der Begattung aus, die nur so lange dauert, wie sie für die Befruchtung benötigt wird.

Danach hat das Männchen keine sexuelle Bedeutung mehr. Und wenn es keine Rolle im Leben des Paares zu spielen hat, zum Beispiel beim Nestbau mitzuwirken oder, bei den Vögeln, die Kleinen zu ernähren, nimmt es sein einsames Leben wieder auf.

Erfolgt der Fortpflanzungsakt nur einmal in seinem Leben, stirbt es oft nach dessen Vollbringung.

Grundsätzlicher Unterschied im Fortpflanzungsverhalten beim Säugetiermännchen und -weibchen

Die Fortpflanzung oder die Weitergabe des genetischen Erbes ist die bedeutendste Tätigkeit bei Tieren.

Bei denen, die sich nur einmal fortpflanzen, folgt meistens der Tod der Männchen auf den Zeugungsakt. Lachse legen manchmal bis tausend Kilometer flußaufwärts zurück, um die nah an der Quelle befindlichen Kieselbette zu erreichen, auf denen die Eier gelegt werden sollen. Während der ganzen Wanderung zu den Laichplätzen fressen sie nicht.

Sie kommen völlig erschöpft an und haben nur noch die Kraft, die Stelle zu graben, die die Eier empfangen wird. Kaum sind diese gelegt und mit Fischmilch bedeckt, werden Männchen und Weibchen, die einmal so schön und voller Lebenskraft waren, oft als Leichen von den Fluten weggeschwemmt.

Welch ein Symbol hat dieser Wille, dieses kostbare Gut weiterzugeben, was monatelang ihr einziger Daseinsgrund ist!

In der Kapitelüberschrift war von einem grundsätzlichen Unterschied im Fortpflanzungsverhalten beim Säugetiermännchen und -weibchen die Rede. Bei den Säugetieren, die nicht gepaart leben – und das tun fast alle –, ist mit der Begattung die Arbeit des Männchens nämlich zu Ende: Letzteres hat sein genetisches Erbe weitergegeben. Nach dieser Begattung interessiert es sich nicht mehr für die Weibchen und die künftigen Jungen.

Beim Weibchen herrscht genau das Gegenteil. Vor der Paarung hat es so gut wie nichts getan, um sie herbeizuführen. Es läuft den Männchen nicht nach, und ihr Geruch, der sie anzieht, wird unwillkürlich ausgeschieden. Kein Gramm seiner Vorräte wird dazu verwendet, die Männchen zu locken; es gibt praktisch keine Energie aus, um sie anzuziehen. Das Männchen dagegen wird von einer unwiderstehlichen Begierde gequält: Es vergiß dabei, zu fressen und zu saufen, es kämpft, um als einziger seine Schöne an dem Tag zu besitzen, den sie auswählen wird. Das Weibchen läßt geschehen, doch der Akt selbst läßt es gleichgültig.

Da die Energie des Männchens zur erfolgreichen Befruchtung genügt, warum sollte die Natur die Kräfte des Weibchens, und wenn es noch in kleinstem Umfang wäre, verbrauchen? Soll das Weibchen nicht vielmehr seine Kräfte sparen, um die großartige Arbeit allein zu verrichten, die die Vereinigung zweier Erbgüter fortbestehen läßt? Nachdem das Männchen seine Arbeit abgeschlossen hat, beginnt die des Weibchens erst.

Die unsägliche Wollust – die alle bisherigen Lustempfindungen des Männchens weit übertrifft – wird durch die Befruchtung des Weibchens hervorgerufen. Kein hineingespritzter Samen – keine Wollust.

Orgasmus und Befruchtung hängen zusammen.

Ob das sich sehr passiv verhaltende Weibchen dagegen Wollust empfindet oder nicht, ändert nichts an dem Ergebnis. Das Weibchen vergeudet keine Kräfte bei der Paarung.

Der Fuchs ist ein allen bekanntes Tier, dessen Verhalten jedoch weitgehend unbekannt ist.

Fuchs und Füchsin leben nicht gepaart. Beide besitzen ihr eigenes Territorium, das sie gegen Artgenossen des gleichen und des anderen Geschlechts verteidigen.

Die brünstige Füchsin zieht die Männchen an, und diese kämpfen gegeneinander, damit ein einziges von ihnen seine Aufwartung machen kann.

Die Begattung findet an dem von der Füchsin gewählten Tag statt. Hat der Fuchs seine Arbeit einmal verrichtet, dann verschwindet er. Nun entfaltet die Füchsin eine überaus starke Aktivität. Sie frißt mehr als sonst, um ihre Föten zu ernähren und ihr Euter mit Milch zu füllen. Außerdem muß sie zum Gebären einen Bau einrichten. Ist die Niederkunft erfolgt, muß sie ihre Kleinen ernähren und sie sauber halten. Sie jagt doppelt oder dreimal soviel und trägt ihre Beute in den Bau, manchmal von weit her.

Währenddessen führt das Männchen wieder ein einsames Leben. Seine Eintagseroberung ist mittlerweile aus seinem Sinn völlig verschwunden. Wenn es ihr zufällig begegnete, würde es sie nicht einmal wiedererkennen. So ist das Leben.

Denjenigen, die alles mit der Elle der Gleichheit messen, wird eine solche Arbeitsverteilung bei der Fortpflanzung skandalös, ungerecht, unannehmbar erscheinen.

Sind Sie dagegen der Ansicht, daß die Natur wohl beschaffen ist, dann beobachten Sie lediglich den allgemeinen Mechanismus. Und verläuft dieser in bezug auf seinen Zweck, die Fortpflanzung des Lebens, nicht befriedigend?

Im Herbst, wenn die letzten Bruten aufgezogen sind, leben die Dompfaffe in kleinen Scharen, aus dem reinen Vergnügen, zusammen zu sein.

Im Januar bilden sich die Paare, jedoch nicht für die Begattung. Diese wird erst im April oder Mai erfolgen.

Männchen und Weibchen leben so mehrere Monate zusammen und stoßen andauernd kleine, sanfte Töne aus, um einander nicht zu verlieren. Es handelt sich um eine Gefühlsbindung, anscheinend aus dem reinen Vergnügen, beieinander zu sein. Im April bilden sich die Eier allmählich im Bauch des Weibchens, und dieses ist nunmehr darauf bedacht, mit seinem Partner ein Nest zu bauen.

Wer von beiden wählt die Stelle aus? Wir wissen es nicht. Das Nest wird aber immer an derselben Baum- oder Straucherart errichtet, hängt an kleinen Zweigen und besteht aus Reiserholz.

Einmal zusammengefügt und mit Haaren ausgestattet, wird das Nest bis zu dem Zeitpunkt verlassen, da das Weibchen zurückkehrt, um seine Eier zu legen.

Das Männchen ist zur physischen Vereinigung stets bereit, doch wählt das Weibchen den Zeitpunkt aus, wenn ein Ei befruchtet werden soll.

Die Paarung wird lediglich ein paar Sekunden dauern.

Ein paar Sekunden für jedes Ei, dann wird nicht mehr daran gedacht! Das Weibchen wartet, bis die Schale gebildet ist, und legt dann täglich ein Ei ab. Wenn alle Eier gelegt sind, beginnt das Weibchen sie zu bebrüten und wird dabei vom Männchen regelmäßig abgelöst. Dann schlüpfen die Jungen heraus und werden von beiden Elternteilen gefüttert.

Nach fünfzehn bis zwanzig Tagen sind die Flügel gewachsen, und die Vögelchen starten nacheinander in das große Abenteuer des Lebens.

Weder sie noch ihre Eltern werden jemals in das Nest zurückkehren.

Von ›Gefühlsbindung‹ des Dompfaffs und von den sehr kurzen sexuellen Beziehungen zu reden verstößt gegen die allgemein anerkannten Vorstellungen.

Der Film *Am Anfang war das Feuer* will das Leben der vorgeschichtlichen Menschen vorstellen, von denen man annehmen kann, daß sie dem tierischen Wesen nahe standen:

Ein junges Mädchen tritt in eine Hütte ein, in der ein alter Mann sitzt, und stürzt sich dann mit offenem Mund auf sein männliches Geschlecht. . . An einer anderen Stelle knien Frauen vorngebückt an einer Wasserlache und werden von hinten von triumphierenden Männern sexuell überfallen.

Wir sind hier weit von jenem Weibchen entfernt, das allein und ausnahmslos den Augenblick der Paarung bestimmt, deren Zweck einzig ihre Befruchtung ist.

Das mangelnde Wissen über das Leben der Tiere ist heute einfach erschreckend, obwohl die Verhaltensforschung viele Erkenntnisse gesammelt hat und gute populäre Darstellungen vorliegen (unter anderem von Lorenz, Tinbergen, Leyhausen, König).

Filmregisseure und Schriftsteller schwelgen darin, Darstellungen zu bieten, die ihnen passen.

In dem Film *Der Bär* hat der Regisseur Unwahrheiten angehäuft.

1. Nie wird sich ein erwachsener Bär um ein verwaistes Bärenjunges kümmern und es schützen;

2. nie wird ein kleiner Bär einen alten verwundeten Bären pflegen;

3. nie wird ein Bärenjunges die munteren Liebesspiele seiner Artgenossen stören.

In *La Femme du Boulanger* vergleicht Marcel Pagnol das Verhalten der untreuen Ehefrau mit dem einer weiblichen Katze, die gerade heimkommt. Nun aber kann die Katze nicht treu sein, da sie keinen männlichen Partner, keinen Gatten, hat. Sie lebt allein. Sie sucht nur die Kater auf, um sich mit dem zu paaren, der die anderen verjagt hat, und zwar nur an dem von ihr bestimmten Tag. Sie hat danach keine sexuellen Beziehungen mehr, weder mit ihm noch mit einem anderen Kater, da sie ganz bestimmt befruchtet ist. Die Katze ist nur noch eine Mutter, die für ihre Jungen lebt.

Dieses Verhalten hat mit dem verächtlichen Verhalten nichts zu tun, das im besagten Film vom Bäcker geschildert wird

Und wie denken unsere Intellektuellen darüber? Jede sexuelle Abweichung bis hin zur Perversität sei erbbedingt, instinktiv und, im Grunde genommen, ›natürlich‹. Man würde bei den Tieren unsere sexuellen Verderbnisse und Phantasien wiederfinden.

Das stimmt jedoch überhaupt nicht! Wir müssen allerdings die Sitten der Haustiere ausklammern, die durch jahrhundertlanges Sklaventum und naturwidriges Leben in ihren Instinkten gestört wurden.

Bei den Wildtieren findet sexuelle Aktivität ein einziges Mal während eines Fortpflanzungszyklus statt. Wie bei allen Lebenstätigkeiten sind dabei Vergnügung und deren Zweck nie getrennt.

Zusammenleben der tierischen Rassen in der Natur

Im folgenden schließen wir die Beobachtung des Verhaltens von Haustieren aus: etwa von Hunden, Katzen, Rindern, Hühnern. Die Sitten dieser Tiere unterscheiden sich erheblich von denen der wilden Tiere. Sobald ein Tier die Zähmung annimmt oder erleidet, büßt es die Reinheit seines Verhaltens ein, und es gehen ihm die natürlichen Instinkte verloren.

In der Natur vermischen sich die Rassen, und zwar die Einzelwesen mit nahezu gleichem genetischen Erbe, nicht miteinander. Rassenkreuzungen kommen so gut wie nicht vor. Manche Vogelarten sind so nahe miteinander verwandt, daß nur ein winziges Detail im Gefieder sie voneinander unterscheidet. Trotzdem kreuzen sich diese fast identischen Arten nie miteinander.

Dieses wichtige Merkmal unterscheidet sie von den Haustieren, bei denen das Kreuzen keinerlei Probleme darstellt.

Das wilde Tier ist frei, besitzt eine Freiheit, die wir aufgrund unserer Verpflichtungen und Obliegenheiten uns nicht mehr vorstellen können. Es tut, was ihm beliebt. Keine moralische Autorität und keine polizeiliche Gewalt bringen es davon ab.

Ein Spatz, der sich in den Städten der Anwesenheit der Menschen so gut anpaßt, erträgt es nicht, eingesperrt zu werden. Auch wenn er dafür in Überfluß hat, was er sich wünscht.

Für ihn geht es um Freiheit oder um Tod.

In der Natur akzeptiert ein Tier, mit anderen Arten und anderen Rassen zusammenzuleben, vorausgesetzt allerdings, daß diese ihm seine Nahrung nicht entziehen. Andernfalls gerät es mit den Tieren in Konflikt, die es seines Guts berauben. Zwischen Raubtieren und ihren Beuten besteht selbstverständlich kein Zusammenleben.

Bei körner- und insektenfressenden Vögeln besteht ein dauerhaftes Zusammenleben, ohne daß das Verhalten der einen oder der anderen dadurch beeinträchtigt werden. Die Reinheit des genetischen Erbes bleibt durch die Ausschaltung jeglicher Kreuzung vollkommen erhalten.

Wenn Tiere in einer mehr oder weniger durchgebildeten Gemeinschaft leben – stark strukturierte Gemeinschaften bei den Bienen und Ameisen, einfache Jagdgemeinschaft bei den Wölfen oder Verteidigungsgemeinschaft bei vielen Säugetieren, besonders bei den Wiederkäuern –, wird das Zusammenleben mit einem Artgenossen aus einer anderen Gruppe nicht geduldet.

Alle, die der Gruppe nicht angehören, werden ausgeschlossen.

Warum besteht dieses Kreuzungsverbot in der natürlichen Ordnung?

Weil jedes Tier für ein seiner Umwelt entsprechendes Verhalten programmiert ist. Bleibt die Umwelt von Generation zu Generation unverändert, dann sind unveränderte Verhaltensweisen gesichert. Jedes Tier führt das gleiche Leben wie seine Vorfahren.

Wenn sich aber ein Gimpelmännchen entschlösse, mit einem Finkenweibchen zusammenzuleben, dann wären sie riesigen Störungen ausgesetzt. Ihr Nahrungsbedarf würde nicht mehr zusammenfallen, was eine Suche an unterschiedlichen Orten zur Folge hätte. Beim Nestbau wäre die Uneinigkeit gänzlich und aussichtslos.

Das Nichtkreuzen ist der Eckstein der natürlichen Ordnung bei den wilden Tieren.

Der Weltverband für Naturschutz WWF schreibt in diesem Zusammenhang bezeichnenderweise:

Genetische Belastung

Das genetische Erbe einer Bevölkerung ist einzigartig und ihrer biologischen Umwelt angepaßt. Dieses Erbe ist der Garant für das Überleben der Art. Es ist die Frucht einer langen genetischen Auslese. Aufgrund seiner Variabilität kann sich die Art, wenn nötig, umweltlichen Veränderungen anpassen.

Das genetische Erbe wird geschwächt, wenn Tiere aus einer kleinen Gruppe stammen, die isoliert gelebt hat, oder wenn eine künstliche Auslese die Merkmale des wilden ›Typus‹ verändert.

Deshalb belastet das Entlassen in die freie Wildbahn von Zuchttieren, die mit den wilden Bevölkerungen einander kreuzen, das genetische Erbe.

Sanitäre Belastung

Die starke Zuchttierdichte fördert das Aufkommen und die Vermehrung von Krankheitskeimen. Wenn Zuchtwild in die freie Wildbahn entlassen wird, trägt es häufig Bakterien, Viren oder Parasiten. Diese vermehren sich bei der Streßsituation und den Entbehrungen, die mit der Entlassung verbunden sind. Das sind echte Zeitbomben, die in Berührung mit den einheimischen Tierbevölkerungen gebracht werden, die wiederum angesteckt werden können.

Programmierung der Tierwelt

Die Tiere sind genetisch ›programmiert‹, um zu überleben und sich fortzupflanzen. Wenn sie nicht mehr zeugen können, werden sie überflüssig und sterben meist.

Vergleicht man einen Computer mit einem Lebewesen, dann kann man sagen, daß letzteres ein angeborenes Programm besitzt, das beispielsweise Durst auslöst, wenn dem Organismus an Wasser mangelt. Das sind Instinkte.

Das Lebewesen hat daneben die Möglichkeit, ein zweites Programm zu erwerben, mit dem es sich den besonderen Realitäten seiner Umwelt anpassen kann.

Das Tier lernt den Ort kennen, wo es saufen kann, und kommt aus Gewohnheit – jener ›zweiten Natur‹ – wieder dahin.

Indem man diese Fähigkeit ausnützt, in seinen Genen nicht eingezeichnete, also nicht vererbbare Programme zu empfangen, kann man ein Tier erziehen, dressieren. *Diese Erziehung bildet das Erworbene des Verhaltens.*

Die angeborenen, in den Genen eingezeichneten Programme sind die bedeutendsten. Sie bilden, was man zur Zeit La Fontaines das ›Naturell‹ nannte.

»Jagen Sie das Naturell weg, so kommt es bestimmt galoppierend zurück!«, das heißt, niemand kann aus seiner Haut heraus.

Das Angeborene treibt das Tier, zu trinken, zu saufen, sich auszuruhen, vor der Hitze oder der Kälte zu fliehen, einen Partner zur Fortpflanzung zu suchen, seine Jungen zu verstecken, sie zu schützen, sie zu waschen, sie zu ernähren usw. usw.

Es hat den Eindruck, frei zu sein; doch alles, was es tun wird, ist bereits bei seiner Geburt in ihm eingezeichnet.

Wichtig ist, daß das Tier dieses Gefühl der Freiheit besitzt. Ist Freiheit im übrigen etwa nicht, seine Lust, von wo sie auch immer kommt, zu befriedigen? Das Angeborene formt das Naturell. Die erworbenen Gewohnheiten ergeben die zweite Natur.

Angeborenes und Erworbenes erklären das Verhalten des Tieres vollständig. Im Gegensatz zum Menschen hat das Tier keine abstrakten Errungenschaften.

Auch der Mensch hat eine ›Natur‹ und erworbene Gewohnheiten, die eine ›zweite Natur‹ bilden, und diese beiden ›Naturen‹ erklären größtenteils sein Verhalten.

Tiere und Pflanzen benutzen zum Leben nur Güter, die erneuerbar sind. Vermehrt sich eine Art übermäßig und muß sie mehr Nahrung verbrauchen, als die Natur erzeugt, so stellt sie ihr Überleben in Gefahr. Für einen Teil der Artgenossen bedeutet das Hungersnot und Tod. Der sich daraus ergebende Unterverbrauch stellt das Gleichgewicht wieder her. Der die Vermehrung ausgleichende Nahrungsmangel bleibt die große regulierende Kraft. Das ist das natürliche Gleichgewicht. Bis vor nicht allzu langer Zeit wurde auch die menschliche Übervölkerung durch Hungersnöte, Seuchen und Kriege ständig gebremst. Sind diese Zeiten vorbei?

Unterschiede zwischen Mensch und Tier und deren Folgen

Die natürliche Ordnung ist so gut ausgedacht, daß der Fortbestand der Lebewesen gesichert zu sein scheint, auch wenn der Mensch oder Umstürze in der Umwelt manche Arten zum Aussterben verurteilt haben.

Jedes Tier lebt wie seine Eltern, und nichts in ihm veranlaßt es, seine Lebensweise zu ändern. Es vollendet sein Schicksal, das von seinem genetischen Erbe bestimmt wird. Durch äußere Ereignisse kann sich sein Leben in vorgesehenen Grenzen bewegen.

Beim Menschen, der die natürliche Ordnung verlassen hat, ist es ganz anders.

Warum? Dies zu wissen und zu begreifen ist von entscheidender Bedeutung und rechtfertigt gründliche Untersuchungen: Dieser Umstand erklärt die Geschichte des Menschen und ermöglicht, dessen Zukunft vorauszusehen.

Wenn man einen durch äußerste Feinheit und Sensibilität auszeichnenden Künstler mit einem Gorilla vergleicht, scheint eine Welt sie zu trennen. Und trotzdem stammt besagter Künstler wie wir alle von einem vorgeschichtlichen Menschen ab, dessen Gang und Verhalten denen des Gorillas sehr ähnelten.

Auf dieser Entwicklungsstufe müssen wir also nach dem Unterschied suchen. Der heutige Mensch ist das Ergebnis seiner allmählichen Anpassung an eine Umwelt, die sich ständig verändert hat.

Warum und wie hat der Mensch seine Umwelt verändert, während das Tier nicht das Bedürfnis dazu empfunden oder es nicht vermocht hat?

Was ist also dieses Etwas, was den Menschen vom Tier unterscheidet?

Die Ungläubigen, die Agnostiker antworten: »Dieses Etwas ist der Verstand.« Und die Enzyklopädie *Larousse* vertritt einen ähnlichen Standpunkt: »Der Verstand unterscheidet den Menschen vom Tier.« Sie definiert den Verstand als »die Fähigkeit, zu kennen und zu begreifen.«

Demnach würde der Hund seinen Herrn nicht kennen, ebensowenig die Menschen um ihn herum, die guten und die bösen, die Personen, die er annehmen soll, und die Fremden, die er ablehnen muß?

Demnach würde das wilde Tier weder seine Feinde noch die Stellen kennen, wo es seine Nahrung finden kann?

Bedeutet dies, der Hund begreife nicht, daß er seinen Fraß gleich bekommen wird, wenn man den Speiseschrank aufmacht?

Sieht er sein Herrchen in seiner Jagdkleidung, ist er außer sich vor Freude. Er hat nämlich begriffen: Man wird ihn durch Gefilde und Wald nehmen, um das Wild zu treiben.

Darf ich Ihnen eine Anekdote erzählen?

Ich war bei einem Freund zu Besuch. Er bat mich, mein Zimmer von außen abzuschließen, wenn ich ausging, und von innen, wenn ich darin schlief.

Um diese Tür aufzumachen, mußte man den Griff herunterdrücken und dann schieben. Seine Katze hatte den Handgriff beobachtet und wußte ihn auszuführen. Sie sprang auf den Griff und drückte mit ihrem ganzen Gewicht gegen die Tür, die auf diese Weise aufging.

Ich kann nicht umhin, diese Handlung als intelligent zu betrachten, da sie die Folge einer Beobachtung und eines Begreifens war.

Könnten die vollkommene Kenntnis und das vollkommene Begreifen dessen, was den Menschen umgab, als er wie ein Tier lebte, ihn veranlaßt haben, seine Lebensweise zu ändern?

Manche Gläubige geben eine andere symbolische Erklärung für dieses Etwas, was den Menschen aus der Natur herausgelockt hat. Sie meinen den Sündenfall.

Adam und Eva lebten glücklich im Paradies, einer etwas verschönerten Natur. Eva hat Adam einen Apfel vom Baum der Erkenntnis geboten. Adam und Eva haben vom Apfel gegessen und *sahen sich plötzlich nackt.* Dieser Sündenfall würde die ganze Geschichte der Menschheit und deren Abweg von der natürlichen Ordnung erklären.

Die Vorstellung, daß der Mensch – und nicht das Tier – sich nackt sieht, ist sehr interessant, da völlig zutreffend.

Außer der kurzen Paarungsphase scheinen die wilden Tiere geschlechtslos zu sein. Der Anblick des Weibchens weckt keinerlei Begierde beim Männchen.

Adam und Eva mußten ihre Nacktheit verbergen, um zu einem natürlichen Leben zurückzufinden zu versuchen.

Reizte dieses Einander-nackt-Sehen ihre fleischliche Lust oder ihre Phantasie?

Die übermäßige Erregung des Männchens führt eigentlich nicht zu einer wesentlichen Änderung seiner Lebensweise. Der Haushund, dessen Leben bei den Menschen manche Verhaltensweisen verändert hat, wird durch den Anblick jeder Hündin, ob brünstig oder nicht, erregt.

Trotzdem hat er die natürliche Ordnung nicht wirklich verlassen.

Die Einbildungskraft – die »Fähigkeit, Gegenstände sich gedanklich vorzustellen, zu erfinden, zu schöpfen und zu entwerfen« – scheint dagegen den Tieren zu fehlen.

Wir möchten zur Symbolik des Sündenfalls kurz zurückkehren und sie folgendermaßen ausdrücken:

Mann und Frau lebten im Paradies (den Naturgesetzen gemäß). Sie aßen von der verbotenen Frucht – die sie mit der Einbildungskraft versah.

Letztere ermöglichte ihnen, sich Gegenstände und Handlungen gedanklich vorzustellen, ohne diese Gegenstände zu sehen oder konkret zu handeln, *wobei sie dieselben Gemütsregungen wie in der Wirklichkeit hatten.*

Adam und Eva verbargen also ihre Nacktheit nicht etwa, weil sie eine natürliche Begierde reizte, sondern ihre Phantasie. ›Die Irre unter dem Dach‹, wie die Franzosen die Phantasie zu bezeichnen pflegen, war also das Eigentümliche des Menschen, dieser Bruch in der natürlichen Ordnung, den es unbedingt zu bekämpfen galt.

Die Phantasie trieb den Menschen aus der natürlichen Ordnung. Seine ersten Werkzeuge – die Waffen und Fallen, waren keine Entdeckungen, denn entdecken kann man nur etwas, was bereits besteht, sondern Schöpfungen, Erfindungen. Einige Menschen haben diese Gegenstände in ihrer Phantasie gesehen, bevor sie sie verwirklichten. Jede Erfindung veränderte das natürliche Gleichgewicht. Die Falle zum Beispiel ermöglichte, die Menge der Beute, von der sich die Menschen ernährten, beträchtlich zu erhöhen.

Die Bevölkerung nahm zu, und das erforderte, mehr Fallen zu stellen. Diese Wechselwirkung dauerte, bis die Verknappung des Wildes die Hungersnot hervorrief.

Die Erfindung der Viehzucht ermöglichte erneut, den Nahrungsvorrat zu erhöhen, der wiederum eine erneute Bevölkerungszunahme nach sich zog und so weiter.

Demnach hat der Mensch seine Lebensweise nicht absichtlich geändert. Seine Erfindungen haben einfach unvorhersehbare Folgen gehabt, an die er sich anpassen mußte. Zunächst Jäger, wurde er dann zum Fallensteller und schließlich zum Viehzüchter. Das nannte man ›Fortschritt‹ zu einer ›besseren‹ Zivilisation.

So verließ der Mensch die Natur, die natürliche Ordnung, nicht etwa freiwillig, weil er von einem anderen Lebensideal angezogen wurde, sondern wider Willen, weil er die Folgen individueller Erfindungen zu ertragen hatte. Erfindungen, deren Weiterentwicklungen und Folgen für das Gleichgewicht der Gesellschaft die Erfinder zu keinem Zeitpunkt vorausgesehen haben.

Zu keinem Zeitpunkt dachte nämlich der Mensch, der aus Zeitvertreib und mit Hilfe seiner Phantasie eine Falle erfand, daß dieses Erzeugnis die Nahrungsmenge seiner Mitmenschen erhöhen und somit zu einer Bevölkerungszunahme führen würde.

Ebensowenig dachte er, daß bestimmte Arten zahlenmäßig zurückgehen würden, wenn man ihnen zuviel Fallen stellte. Die begeisterte Annahme der Falle durch die Stammesmitglieder brachte einen neuen Wohlstand mit. Dieser äußerte sich durch eine Zunahme der Esser und einen Rückgang der Beute.

Die theoretische Entwicklung in Richtung Wohlstand wurde durch das unvorhergesehene Ausgehen der Ressourcen widerlegt. Die Hoffnung auf ein besseres Leben verflog, um einer neuen Hungersnot zu weichen.

Die paranatürliche Ordnung

Wir haben erklärt, was das natürliche Gleichgewicht ist, dem zufolge die Zahl der Einzelwesen einer Art durch die ihr zur Verfügung stehende Nahrung begrenzt wird.

Für jede Art gibt es eine durchschnittliche Zahl, die aufgrund bestimmter Faktoren mehr oder weniger schwanken kann. Ein regnerisches Jahr kann die Vermehrung der Schnecken sowie der schneckenfressenden Tiere begünstigen, doch stellt sich das Gleichgewicht stets wieder her.

Wie jede Tierart hatte auch der Mensch seine Quote. Wann hat er diese überschritten? Das hängt von seinen jeweiligen Erfindungen, von seiner Zivilisationsstufe ab.

Das Menschengeschlecht war ebenfalls in seiner Ausdehnung durch die Nahrung begrenzt, die es auf der Jagd oder beim Auflesen auftreiben konnte. Es brach das natürliche Gleichgewicht und überschritt seine Quote an dem Tag, an dem die Erfindung von Waffen oder Fallen ihm die Mittel gab, die Zahl der Beute bei Jagd und Fischfang zu erhöhen. Ein weiterer Schritt waren die Vieh- und Pflanzenzucht.

Wie gesagt, seine schöpferische Einbildungskraft und sein erfinderischer Geist waren es, die den Menschen aus der natürlichen Ordnung trieben, indem sie ihm die Möglichkeit gaben, Nahrung zu erzeugen. Dazu kam, daß durch Naturkatastrophen – Überschwemmungen und Eiszeiten – die Menschen zu neuen Anpassungen gefordert wurden. Die Not kam als treibende Kraft hinzu und sorgte für strenge Auslese.

Um Viehzucht zu treiben oder um Getreide, Obst oder Gemüse anzubauen, braucht man jedoch einen gewissen Lebensraum. In einem bestimmten Raum kann man Nahrung nur für eine bestimmte Zahl von Menschen hervorbringen, nicht mehr. Daher die Bedeutung von Grund und Boden und das Aufkommen des Begriffs ›Grundbesitz‹.

Im Naturzustand war der Boden Gemeingut, während er nunmehr zum Besitz von Familien wurde, die ihn über Generationen behielten. Die Erde wurde zur nährenden Mutter, die nur durch Arbeit etwas hervorbrachte. »Arbeitet, gebt euch Mühe, dem Boden (dem Erdboden) fehlt am wenigsten.« (La Fontaine)

Diese Epoche geht im 20. Jahrhundert zu Ende. Bis dahin verdiente man »sein Brot im Schweiß seines Angesichts«. Alle produzierenden Berufe, ohne die die Menschheit nicht fortbestanden hätte, erforderten Mühe und Verstand. Die Geschicklichkeit, das war die vom Verstand geführte Hand, und bis auf einige Ausnahmen war die Profithierarchie das Ergebnis der Arbeitsqualität und -quantität.

Diese Hierarchie entspricht in etwa der Natur: Der am meisten fressende Artgenosse ist auch der klügste und tüchtigste.

Während dieser langen Zeit herrschte eine paranatürliche Ordnung, in der die Naturgrundsätze beachtet wurden.

Nahezu alles, was gebraucht wurde, war zu erneuern. Was man der Erde durch die Ernten nahm, erhielt sie in Form von Mist zurück. Die verwendeten Kräfte, die der Ochsen und der Pferde, des Windes und des laufenden Wassers, waren unerschöpflich.

Das Holz zum Feuern, für die Möbel, verschiedene Zubehöre oder Werkzeuge stammte aus gut verwalteten Wäldern, die sich erneuerten.

Damals blieb das Gesetz der Vermehrung der Einzelwesen und der Begrenzung ihrer Zahl durch die Nahrung unveränderlich. Die Quote konnte nicht überschritten werden.

Uns Menschen am Ausgang des 20. Jahrhunderts, die sich vor dem Tod immer mehr fürchten, scheint eine solche paranatürliche Ordnung entsetzlich. Die Beschreibung der Hungersnöte setzt uns in Schrecken; dagegen war der Tod damals eine gewöhnliche, von den Familien schnell vergessene Sache.

Auf dem Höhepunkt dieser langen Zeitspanne sprach ein berühmter Minister: »Acker und Weide sind die beiden Brüste, die Frankreich ernähren.« Bedeutet dies, daß die gesamte Aktivität landwirtschaftsbezogen war?

Die Landwirtschaft beschäftigte 90 Prozent der Bevölkerung, sie hatte aber dienstleistende Betriebe um sich: die Handwerker, die Häuser bauten, Pflüge und andere Ackergeräte schmiedeten, Pferde beschlugen, Möbel, Türen, Fenster und Balkenwerke herstellten.

Zu jener Zeit ging der technologische Fortschritt sehr langsam voran und verließ nicht den Bereich des Konkreten. Die benutzten Werkzeuge und Instrumente konnten verändert werden, ohne die Stabilität des sozialen Gefüges zu beeinträchtigen. Die Familien waren wirtschaftlich fast selbständig, auf jeden Fall waren es die Dörfer, in denen man alles fand, was man benötigte. Das Dorf stellte eine sehr stabile Einheit dar – in die man sich zwar einordnen mußte und aus der es kaum ein Ausbrechen gab –, aber auch eine glückliche Einheit, denn wie kann man eine Sache vermissen, von der man nicht weiß, daß sie existiert?

Wer hat dieses schöne Gleichgewicht gestört? Das Zusammenwirken der Fortschritte, die in der Ausstattung und im Transport- und Informationswesen erzielt wurden.

Um Nahrung von einem Punkt zu einem anderen zu befördern, braucht man selbstverständlich eine Verpackung. Säcke für die Getreidekörner, Krüge und Fässer für die Flüssigkeiten. Solange ein Erzeugnis nicht befördert werden kann, ohne seine Qualität zu beeinträchtigen, muß es vor Ort verbraucht werden. Durch die Erfindung von Konservierungsstoffen, Verpackungen und schnellen Transportmitteln ist der Markt heutzutage zum Weltmarkt geworden. Überall findet man alles.

Kommen wir aber zu unserer früheren Zivilisation ohne Handel zurück. In einem Dorf etwas anzubieten, was es nicht herstellen oder erzeugen kann, mag beim ersten Hinsehen eine wunderbare Wohltat sein. In Wirklichkeit ist dies eine Falle, die das Ganze aus den Fugen heben wird. Um eine Ware einzukaufen, braucht man ein Handelsmittel, das Geld, und daher muß man Geld verdienen, das heißt anderen verkaufen, was man selber erzeugt oder leistet. Daher die Spezialisierung in der Produktion und das Aufkommen von Zwischenhändlern. Diese kosten nicht nur sehr viel, sie neigen auch allmählich dazu, zu spekulieren und den Erzeuger auszubeuten, der nicht mehr eigenständig leben kann und damit von den schwankenden Marktpreisen abhängt. Außerdem kann jede Region, die nicht optimale Produktionsbedingungen aufweist, nur in den Ruin gehen.

Das ist das Gesetz des Marktes.

Früher gab es kleine selbständige Wirtschaftseinheiten, innerhalb derer die gegenseitige Hilfe sehr stark war. Begriffe wie ›Konkurrenz‹ und ›Wettbewerb‹ kannte man nicht oder sie wurden durch die Einrichtung der Zünfte gemildert, es gab lediglich einen gewissen Wetteifer, manchmal die Liebe zur Perfektion, die einen Handwerker dazu trieb, ein Kunstwerk zu schaffen.

Diese ländliche Bevölkerung lebte außerdem in der Natur, mitten unter den Pflanzen und den Tieren. Alle konnten die natürliche Ordnung täglich konkret beobachten. Alle Kenntnisse waren unmittelbar, unzensiert, und alle Leute vom Land konnten wie der Heilige Thomas behaupten: »Ich glaube nur, was ich sehe.«

Heutzutage sind unmittelbare Erkenntnisse hingegen stark in der Minderheit. Wir werden von einer riesigen Menge Informationen überschwemmt, die aussortiert und mediatisiert, das heißt von anderen ausgewählt und interpretiert werden.

Jeder hatte früher die Männer und Frauen ausgelesen, die die ›natürlichen‹ Fähigkeiten besaßen, um etwas auszuführen. Da man von der Erblichkeit der natürlichen Anlagen felsenfest überzeugt war, wurde innerhalb der Zünfte geheiratet.

Jungen und Mädchen, die während ihrer Kindheit und ihrer Jugend Vater und Mutter bei der Ausübung ihres

Berufs zugesehen hatten, lernten auf diese Weise die ganze Geschicklichkeit, die ihrer erblichen Veranlagung entsprach. Das führte zu einem tiefen Einverständnis und einer großen Beständigkeit innerhalb des Paares. Nach dem Wort Saint-Exupérys schauten die Eheleute nicht einander an, sondern gemeinsam in dieselbe Richtung.

Glückliche Völker sind beständig und haben keine Geschichte. Daher interessieren sie die Historiker nicht.

Allzu leicht vergißt man die Unterschiede zwischen der Bevölkerung (sowohl dem Kleinbürgertum in den Städten als auch der riesigen Landbevölkerung), die von konkreten Tätigkeiten lebte, und den machtdurstigen Fürsten und/oder manchen Kirchenoberhäuptern. Romane, Fernsehserien oder Filme über das Leben der ›verdammten Könige‹ zeigen uns lediglich eine einzige, kleine, reduzierende Seite einer Epoche, die uns voller Schandtaten und Verbrechen erscheint. Das ist, wie wenn man die Darstellung der USA im Jahre 1925 auf die Machenschaften der Gangster von Chicago beschränkte.

Die Geschichte ist immer tendenziös. Die Wahrheit wird ständig verfälscht und durch die Legende ersetzt.

Wir dürfen jene lange Zeitspanne nicht vergessen, in der der größte Teil der Bevölkerung weder lesen noch schreiben konnte und, auf das Licht der Sonne angewiesen, mit ihr ins Bett gehen und aufstehen mußte.

Das Leben, das diese Bevölkerung führte, war paranatürlich und war dadurch in der Lage, lange fortzubestehen.

Diese Fähigkeit und das damit verbundene Gefühl der Ewigkeit waren sicherere Beweise echten Glücks als die ständige Suche nach neuen Lustempfindungen, die unsere ›moderne‹ Gegenwart als das Höchste bewertet.

Der Rauschgiftsüchtige glaubt, das Mittel gefunden zu haben, immer dann glücklich in seinem ›künstlichen Paradies‹ zu sein, wenn er es will. Ist er aber letztlich glücklicher als unsere Vorfahren, die dem Naturgesetz gemäß lebten?

Wenn Sie Questembert, eine kleine Stadt im französischen Departement Morbihan, besuchen, werden Sie Markthallen aus dem 15. Jahrhundert bewundern können. Anderthalb Jahrhundert, bevor sie fertiggestellt wurden, hatten die Einwohner 500 Eichenfässer aufgetrieben, um das Holz hundert Jahre lang darin tauchen zu lassen, damit es so unverwüstlich wie möglich werde. Sie wußten, daß diese riesige Investition weder ihnen, noch ihren Kindern, noch ihren Enkeln Nutzen bringen würde.

Zwischen dieser Investition und dem Abschluß der Arbeiten lagen mindestens fünf Generationen! Das war in der damaligen Zeit nichts Überraschendes, so sehr lebte das Gefühl der Ewigkeit in jeder Familie. Für sich selbst oder für die künftigen Generationen zu arbeiten bedeutete für diese Menschen dasselbe.

Der ›Zauberer-Trick‹

Der vorgeschichtliche Mensch besaß noch sämtliche Instinkte, die für sein Überleben und seine Fortpflanzung notwendig waren. Er suchte weniger nach geistiger, sondern fast nur nach leiblicher Nahrung. Trotzdem bestand bei ihm bereits jene Neigung zu phantasieren, Ideen zu haben, das heißt abstrakte Vorstellungen, die vom Wirklichen mehr oder weniger losgelöst waren. Diese Neigung machte aber die Intellektuelleren untauglich für ›manuelle‹ Arbeiten, die ihnen als einzige die für ihr Überleben notwendige Nahrung verschaffen konnten.

Daher kamen sie auf den Gedanken, ihre Einbildungskraft gegen materielle Güter zu tauschen. So tauchten die ersten Erzähler auf; sie erfanden schöne Geschichten, die sie abends um das Feuer erzählten. Sie vermittelten Behagen, indem sie die Phantasie ihrer Zuhörer nährten, und diese wiederum ernährten die Erzähler materiell.

Diese ›Traumvermittler‹ fanden jedoch nicht Gefallen bei allen, vor allem nicht bei denen, die in der Phantasie ein Übel sahen, das der körperlichen Tätigkeit entgegenwirke. Die Phantasie, die ›Irre unter dem Dach‹, mußte bekämpft werden, und alles, was sie reizte, mußte als schlecht und gefährlich angesehen werden.

Wir können täglich feststellen, daß alles, was unsere Phantasie reizt, etwa das Kino oder das Fernsehen, uns körperlich passiv macht. Zu einer Zeit, als man sein Brot ›im Schweiß seines Angesichts‹ verdiente, war es gefährlich, an den Träumereien der Vorstellungswelt Gefallen zu finden. Solange der Traumvermittler seine Dienste nur in Ruhepausen bot und sein Lohn bescheiden war, war alles in Ordnung. Alles änderte sich aber, als einige unter ihnen, die besonders ehrgeizig waren, ihr Vermögen, träumen zu lassen, dazu verwenden wollten, ihresgleichen zu beherrschen.

Dies war um so leichter, als der Mensch wie übrigens alle Herdentiere unbewußt stets auf der Suche nach einem Leittier ist. So entstand der ›Zauberer-Trick‹

Der ›Zauberer-Trick‹ ist äußerst primitiv und einfach. Aus ihm wurden ähnliche, manchmal sehr ausgeklügelte Tricks abgeleitet, die den Geistreichsten und Erfinderischsten ermöglichen, die physische Energie der Erzeuger zu benutzen, um von ihnen alle materiellen Güter zu bekommen, die sie benötigen.

Der Zauberer gibt sich als Vermittler, als der einzige Vermittler, zwischen übernatürlichen, Götter genannten Mächten und den Menschen des Stammes aus. Wie er erkoren wurde und wie er mit den Göttern in Verbindung treten kann, ist sein Geheimnis.

Was vermögen die Götter? Alles, was die Menschen sich erhoffen und nicht verwirklichen können. Der Zauberer wird für persönliche oder für gemeinsame Bitten (zum Beispiel, daß es regnet) vermittelnd eintreten. Er wird es bei einer effektvollen Veranstaltung tun und viele Geschenke für die Götter verlangen.

Nun aber läßt nur der Zufall die Bitte und ihre Erhörung bzw. Erfüllung zusammenfallen. Kommt es nicht zur Erfüllung, dann – so der Zauberer –, weil die Götter mit ihren Gläubigen nicht zufrieden sind. . . und viele Gründe dazu haben, es zu sein.

Der Zauberer trachtet nach der Macht mit allen Vorteilen, die sie einem verschaffen kann: Ansehen, Geld, Bevorzugungen. Der Zauberer ist grundsätzlich der Vermittler zwischen dem Volk und den Mächten, die seine Zukunft beeinflussen können. Heutzutage gibt er sich als fortschrittlich aus. Er will als Herr des Fortschritts gelten, der unsere Gesellschaft in das verlorene irdische Paradies – in die Utopie leitet. Der Marxismus oder der sogenannte realexistierende Sozialismus sind solche Utopien, die bereits furchtbare Folgen hatten.

Mischen sich Zauberer in die Politik, dann reden sie viel, verstehen es, ein Zeremoniell zu schaffen, das sie in den

Vordergrund stellt, und behaupten, sie stünden in dem Dienst ihrer Brüder, ihrer Mitbürger. . .

Ihre einzige Sorge sei zu dienen, und nicht Ehren, Geld, Prachtwohnungen und Luxuswagen zu bekommen!

Alle diese Sachen nehmen sie widerwillig an, keineswegs aus Eigennutz, sondern um ihre Mitbürger gegenüber anderen Gemeinschaften besser zu vertreten. . .

Lesen wir bei Sankt Matthäus nach, was Jesus über die Schriftgelehrten und die Pharisäer sagte:

»Auf Moses Stuhl haben sich die Schriftgelehrten und die Pharisäer gesetzt. Alles nun, was sie euch sagen, tut und befolget; aber nach ihren Werken tut nicht, *denn sie sagen es und tun nicht.* Sie binden aber schwere Bürden und legen sie auf die Schultern der Menschen; doch sie selbst wollen sie nicht einmal mit dem Finger bewegen. Alle ihre Werke tun sie, um von den Menschen gesehen zu werden, denn sie machen ihre Gebetsriemen breit und ihre Quasten groß; sie lieben den obersten Platz bei den Mahlzeiten und den Vorsitz in den Synagogen und das Begrüßen auf den Märkten und daß sie von den Leuten Rabbi genannt werden.

Ihr dagegen sollt euch nicht Rabbi nennen lassen; denn einer ist euer Meister, ihr alle aber seid Brüder. Nennet auch niemanden auf Erden euren Vater; denn einer ist euer Vater, der himmlische.«

Zwischenstand

Wir haben zunächst besonderen Nachdruck auf die natürliche Organisation der Pflanzen und der Tiere gelegt, deren einzige Aufgabe der Fortbestand des genetischen Erbes ist, das jedes Einzelwesen in sich trägt und weitergeben muß. Der Fortbestand des *intakten* genetischen Erbes jeder Pflanze und jedes Tieres ist die Bedingung dafür, daß die einer stabilen Umwelt vollkommen angepaßte spezifische Tätigkeit jedes Einzelwesens überlebt. Der Nachtigallenschlag abends im Wald mag uns wunderbar vorkommen. Ihn lediglich als kulturelles Gut zu betrachten, den es zu erhalten gilt, ist unsinnig. Wichtig ist, daß das genetische Erbe der Nachtigall, in das dieser Schlag eingezeichnet ist, fortbesteht.

Sollte der Mensch eines Tages von der Erdoberfläche verschwinden, weil er sich fortzupflanzen unterlassen hat, dann würde jede Diskussion über seinen Zweck, über den Zweck der Kulturen und über Gott selbst gegenstandslos, denn dann würde alles, was Er geschaffen hat, ins Nichts münden.

Die Naturordnung ist vollkommen in bezug auf ihren Endzweck. Der Mensch hat sich ihr entfremdet, obwohl er – biologisch gesehen – ein Tier unter anderen ist. Wie kam es dazu?

Wir haben nur eine Erklärung, das sagten wir schon: durch die Einbildungskraft.

Im Kinosaal vermögen Filme alle Gefühle, Empfindungen, Reize und Emotionen in uns auszulösen, die das konkrete, wirkliche Leben uns vermitteln kann. Das Bild wendet sich direkt an unsere Phantasie, die die Fähigkeit hat, die Wirklichkeit abzulösen.

Bringe ich aber eine Katze vor dieselbe Leinwand, auf der Vögel herumkreisen, wird sie gleichgültig bleiben, während in der Wirklichkeit Vögel in einem Käfig ein äußerst aggressives Verhalten bei ihr auslösen.

Dieser Unterschied zwischen Mensch und Tier ist durch die Ursünde versinnbildlicht. Heute lehnen viele Gläubige diese Erklärung ab. Der Mensch unterscheide sich deshalb vom Tier, weil Gott ihm einen Teil seiner Göttlichkeit verliehen habe.

Zwei gegensätzliche Meinungen liegen also vor. Die einen glauben, der Mensch sei von Gott wegen der Ursünde aus dem Paradies vertrieben und müsse es wiedergutmachen. Die anderen glauben, der nach dem Bild Gottes geschaffene Mensch vermöge zwischen Gut und Böse zu unterscheiden; so könne er das Böse bekämpfen und sich einer Art Vollkommenheit nähern, während das Tier über seine natürliche Bosheit, deren es nicht bewußt ist, nicht hinauswachsen könne.

Wer hat recht?

Der Mensch zerstört allmählich die Natur, das Werk Gottes. Würde ein neuer Weltkrieg ausbrechen, könnte er unvorstellbare Vernichtungs- und Verseuchungsmittel einsetzen. Ist das ein Zeichen der Überlegenheit des Menschen, seiner Gottähnlichkeit, seines höheren Bewußtseins, oder das Zeichen, daß er eine Schuld auf sich geladen hat, die ihn weiterhin sittlich verdirbt und die er wiedergutmachen muß?

Wir möchten eine dritte Auslegung vorschlagen: Der Mensch hat seine Entwicklung nicht gewollt, sondern vielmehr über sich ergehen lassen. Die Veränderungen wurden durch die Erfindungen hervorgerufen, die mit den Entdeckungen nicht zu verwechseln sind.

Vor vielleicht zehntausend Jahren oder mehr entdeckte der Mensch das Erdöl. Ohne technologische Erfindungen zu dessen Anwendung war es lediglich eine dreckige, stinkende Flüssigkeit.

Die Kraft des Windes wurde wahrgenommen, bevor man sie einsetzen konnte, um Mühlen oder Segelschiffe zu treiben, die ihrerseits das Ergebnis zahlreicher Erfindungen sind.

Eine Erfindung ist niemals gewollt: Sie ist ein genialer

Einfall, ein Geistesblitz, der den Erfinder erleuchtet. Nach der Erfindung erfolgen ihre Ausarbeitung und ihre Annahme. Warum nimmt der Mensch eine Erfindung an und ändert seine Lebensweise?

Man kann es verschiedentlich erklären: mit Bequemlichkeit, mit der Suche nach Sicherheit, mit dem mangelnden Mut, dem natürlichen Leben zu begegnen.

Die Veränderung der Gesellschaft durch die Erfindungen ging anfangs sehr langsam vor sich. Heutzutage hat sich die Entwicklung beschleunigt.

Die Unzahl an Erfindungen und die Schnelligkeit ihrer Anwendung machen die meisten unserer Gebrauchsgegenstände hinfällig. Sie sind technisch überholt, obwohl sie noch vollkommen funktionstüchtig sind.

Entstehung der Wörter
Bestimmung der Intellektuellen

Geistesarbeiter (die sogenannten ›intellektuellen Arbeiter‹) und Handarbeiter werden oft als ein Gegensatz begriffen.

Erstere gehen mit den Wörtern, Zeichen, Symbolen, Ziffern um, die von ihrer konkreten Wirklichkeit abgeschnitten sind. Die zweiten bewegen Dinge und arbeiten im Konkreten; sie gebrauchen Wörter, Symbole oder Zahlen nur, soweit dies die konkrete Handlung begünstigt und unterstützt.

Unter dem Begriff ›intellektuell‹ ist in den geläufigen Lexika zu lesen: ›den Intellekt, also den Verstand, das Denk- und Erkenntnisvermögen, betreffend‹. Das deutet an, daß der Geistesarbeiter eine intelligente Arbeit verrichtet, daß seine Kenntnisse und sein Erkenntnisvermögen Verstand erfordern. Erfordert aber die Handarbeit oder die manuelle Tätigkeit keinen Verstand, keine Kenntnisse und kein Erkenntnisvermögen?

Paul Valéry hat einmal gesagt: »Der Beruf der Intellektuellen ist, alle Dinge unter ihren Zeichen, Namen oder Symbolen – ohne das Gegenwicht der konkreten Handlungen – in Bewegung zu bringen.«

Schon Konfuzius, der den Bereich des Wirklichen nicht verlassen wollte, verglich seine Tätigkeit mit der eines Hundes, der die Fährte verfolgt, während die Intellektuellen ihre Ideen wie Vögel in die Luft oder den blauen Himmel werfen zu dem Vergnügen, ihnen beim Hochfliegen zuzusehen.

Im *Großen Brockhaus* von 1954 steht bezeichnenderweise: »Intellektueller, ein Mensch, der seinem Verstand nicht gewachsen ist.«!

Wir möchten hier ein Beispiel anführen, um die Entstehung der Wörter aufgrund der Dinge zu erklären, auch wie sie sich von der konkreten Handlung ›befreit‹ haben, die sie geprägt hat.

Nehmen wir an, ich solle die Gärtnerei einem jungen Japaner beibringen, der Lust und Begabung für diese Tätigkeit zeigt. Er kann kein Französisch, und ich kein Japanisch. Zunächst werde ich ihm zeigen, wie man den Boden umgräbt. Dann werde ich ihm den Spaten in die Hand drükken, damit er ihn selber benutze. Bei falschem Gebrauch werde ich ihm den Spaten abnehmen, seinen Fehler wiederholen und die richtige Verfahrensweise nochmals vorzeigen. Auf diese Weise wird er allmählich lernen, den Boden umzugraben und aufzulockern, eine Furche zu ziehen, zu säen, zu gießen, zu hacken, das Kraut auszujäten, kurzum alle Handgriffe und alle nötigen Maßnahmen und Handlungen, um einen schönen Garten zu bekommen. Dabei können wir die Wörter entbehren, das Vormachen genügt. Brauche ich aber zum Beispiel irgendein Gartengerät oder Wasser zum Begießen, dann wird es praktischer sein, ihm das Wort beizubringen, das der jeweiligen Sache entspricht. Auf diese Weise wird er lernen, die Sachen konkret zu erkennen, bevor er die sie bezeichnenden Wörter kennt. Er wird sich jedes Gerät genau vorstellen, wenn ich dessen Namen ausspreche.

(Sogar Gefühle wie Müdigkeit oder Hunger können empfunden werden, bevor sie mit einem Wort sinnbildlich dargestellt werden.)

Nun kann es in meinem Gesprächen mit diesem Japaner zu keinem Mißverständnis, keiner Unklarheit, keiner falschen Auslegung kommen, denn die Wörter sind von den Dingen noch nicht getrennt.

Leider wird es mit einem jungen Franzosen ganz anders ergehen, der aus einer Fachschule für Gartenbau kommt und sich sein ganzes Fachwissen aufgrund von Begriffen angeeignet hat, ohne konkret zu sehen, was diese Begriffe zu erklären versuchen.

Einem Laienpublikum wird er wunderbar begabt vorkommen, zumal, wenn er redegewandt ist. Man wird seine tiefen Kenntnisse bewundern über die Geräte, die zu verrichtenden Arbeiten, die Pflanzarten, die Sä- oder Pflanzzeiten, den Schutz und die Pflege, das Gedeihen und die Ernte.

Kurzum, er beherrscht zwar die Theorie, doch in der Praxis vermag er sein schulisches Wissen nicht umzusetzen. Es gelingt ihm nicht, seine Kenntnisse zu konkretisieren.

Dieses von der Wirklichkeit abgeschnittene Wissen, das sich selbst speist, sich als das einzig wahre wähnt und die Handarbeiter sowie ihr hervorragendes Können in den Hintergrund verweist, hat etwas Widersinniges an sich. So kommt es, daß man heute keine Gärtner mehr bekommt, während es in den Medien von Ratgebern in Sachen Gartenbau geradezu wimmelt.

In allen handwerklichen Berufen hören wir dieselben Klagen: Die Schulabgänger strotzen vor lauter Selbstbewußtsein, können aber nicht richtig arbeiten und verlieren sehr schnell den Mut, da ihre abstrakten Kenntnisse und das konkrete Handwerk so sehr auseinanderklaffen.

Der Gebrauch von Wörtern, Zeichen, Symbolen und Ziffern schneidet niemanden von der Wirklichkeit ab, sofern man sie gelernt oder durch ihre konkrete Vorstellung kontrolliert hat.

Es ist heute angebracht, diese Trennungslinie zwischen den reinen Intellektuellen und allen anderen, die sich von der konkreten Wirklichkeit nicht loslösen können oder wollen, zu untersuchen.

Wir haben zum einen von den Wörtern, Symbolen und Zeichen, zum anderen von den Dingen gesprochen. Es gibt jedoch eine menschliche Schöpfung auf halbem Weg zwischen dem Konkreten und dem Abstrakten: Wir meinen die Zeichnung, die sowohl eine Skizze als auch ein Plan oder eine geometrische Figur sein kann. Während die Definition der Wörter, die Begriffsbestimmung, immer etwas verschwommen bleibt und sich mit der Zeit wandelt, während jeder Staat eine Landessprache, also auch eigene Wörter, hat und jede Übersetzung etwas wie ein Verrat ist, bleibt die Zeichnung weltweit sich selbst gleich, wird von jedem Menschen, unabhängig von seiner Kultur und der Zeit, in der er lebt, sofort verstanden.

Die Zeichnung ist die Begegnung des Konkreten mit dem Abstrakten, und alle, die lieber Dinge als Wörter bewegen, ziehen stets die Zeichnung hohlen Phrasen vor. Wenn Platon in seiner Schule jeden Studenten ablehnt, der nicht Geometer ist, dann zeigt er seinen Willen, im Konkreten zu bleiben.

Wenn Napoleon sagt, daß eine kleine Skizze besser als eine lange Rede sei, unterstreicht er damit, daß er geboren ist, um etwas zu bewegen, um ein Mensch der Tat zu sein. Wenn Jesus seine Abneigung gegen die Schriftgelehrten und die Pharisäer, also gegen die reinen Intellektuellen und die Theologen seiner Zeit, äußert, zeigt er, daß er den Handarbeitern nahesteht, für die er seine Ansichten in sehr konkreten Gleichnissen ausdrückt.

Ebenso Konfuzius. Er will sich nicht von denen mitreißen lassen, die zum rein geistigen Vergnügen ihre Ideen in die Luft schleudern, sondern vergleicht sich mit einem Hund, der eine Fährte verfolgt; er entschließt sich, bei der Beobachtung der Lebensrealität zu bleiben.

Unsere Zeit wird jedoch von reinen Intellektuellen geführt, die von der Wirklichkeit der Dinge abgeschnitten sind und die im Namen großer Prinzipien alles zu lösen glauben.

So entgehen ihnen die Entwicklung der Gesellschaft, deren Ursachen und Folgen. Von ihren Gewißheiten überzeugt, leben sie ausgeschlossen in einem prächtigen, jedoch gefährlichen Elfenbeinturm.

Wie hat sich die Weitergabe des Wissens entwickelt?

Wir unterscheiden zwischen den reinen Intellektuellen, die Wörter gebrauchen, deren Sinn und Bedeutung sie beim Studium, beim Lesen oder in Gesprächen gelernt haben, und denen, deren Wörter ausdrücken, was sie gesehen, beobachtet, empfunden haben. Der rein Intellektuelle kann einen Liebesroman schreiben, indem er unbewußt Erinnerungen aus gelesenen Werken zusammenträgt und obwohl er das Gefühl der Liebe nie empfunden hat. Der Intellektuelle aber, für den nur die Wirklichkeit zählt, wird einen solchen Roman erst dann verfassen, wenn er die von ihm beschriebenen Gefühle wirklich empfunden hat.

Das hindert den rein Intellektuellen, wenn er begabt ist, nicht daran, Romane zu verfassen, die angenehm zu lesen sind. Ein Kind kann die schulische Beschreibung einer Katze, eines Hundes, eines Steinmarders, eines Fuchses völlig beherrschen, ohne sie jemals gesehen zu haben, und trotzdem einige Schwierigkeit haben, sie wiederzuerkennen, wenn es sie zum erstenmal sieht.

Früher lernte ein Kind die Namen der Tiere erst, wenn es sie sah. Erzählte man ihm von einem Fuchs, so kam ihm keine Definition in den Sinn, sondern das Tier, so wie das Kind es gesehen hatte. An diesem Beispiel erkennt man den Unterschied zwischen dem abstrakten und dem konkreten Wissen.

Bis zum Mittelalter wurden die einzelnen Formen der Tätigkeit – ob handwerkliche oder geistige – von denen weitergegeben, die sie ausübten. Die Handwerker hatten ihre Lehrlinge, und die Weitergabe der Fertigkeiten erfolgte durch Vormachen und sofortiges Umsetzen in die Praxis.

Die Intellektuellen hatten ihre Schüler und die Philosophen ihre Jünger. Alle, die sich in den Künsten oder Wissenschaften einen Namen gemacht hatten, lehrten selber, was sie gelernt hatten. Allmählich entstanden die Lehrer, die nicht ausübten, was sie lehrten, da sie selber nur die Theorie kannten.

In diesem Zusammenhang versäumt Molière es nicht, Monsieur Jourdain lächerlich zu machen. Dieser hat zwar die ganze Theorie des Schwertgefechts von seinem Waffenmeister erlernt, kann aber dem Ansturm seiner Magd, der er eine Lektion geben möchte, nicht widerstehen.

Ob das Wissen durch das konkrete Beispiel vermittelt wurde oder ob es sich bei geistigen Tätigkeiten um eine mündliche Vermittlung handelte, die Zahl der Jugendlichen, die diese Lehre bekommen durften, entsprach der Zahl der Fachleute. Das genügte übrigens voll und ganz.

Warum bestand diese so harmonisch ausgeglichene Gesellschaft nicht fort?

Auch hier haben die Erfindungen alles aus dem Gleichgewicht gebracht.

Nicht die Ideen verändern die Menschengesellschaft; es sind vielmehr die Erfindungen, die die Lebensbedingungen verändern, die sich wiederum wandeln, um sich diesen Veränderungen anzupassen.

Bevor wir über diese Veränderungen sprechen, möchten wir kurz bei jener langen Epoche – dem sogenannten Grand Siècle, dem europäischen 17. Jahrhundert – verweilen, die wohl der Höhepunkt der europäischen Zivilisation gewesen ist.

Warum war jene Zeit so hervorragend?

Weil damals jeder freie Mensch eine freie Tätigkeit ausübte, die alle Schöpfungen zuließ. Jeder konnte seine Persönlichkeit ausdrücken. Kunst und Technik waren miteinander verbunden, nicht wie heute, da das Funktionelle und das Schöne, das Nötige und der Luxus voneinander getrennt werden.

Nehmen wir als Beispiel einen Arbeiter in einer Fabrik, die jährlich Stühle in Millionenzahl herstellt. Dieser Arbeiter ist lediglich ein Ausführender, eine Art Roboter. Alle Stuhlmodelle werden nur von ein paar Designern entworfen. Zur Zeit des Handwerks gab es in Europa mehrere

Zehntausende von Schreinern. Jeder stellte Stühle her, entschied selber über Holzart und Formgestaltung. Gewiß, viele machten ein bereits bestehendes Modell nach, aber nichts hinderte sie daran, ihre kleine persönliche Note einzubringen oder an das ›Kunstwerk‹ zu denken, das sie heimlich vorbereiteten. Zwischen den Handwerkern bestand keine tödliche Konkurrenz wie heutzutage zwischen den Industriellen, sondern Einvernehmen und Wettbewerbsgeist sowie Redlichkeitsvorschriften, die von der Zunft überwacht wurden.

Dank der Schöpfungsfreiheit jedes Handwerkers in allen Berufen konnten so viele wunderschöne Gegenstände entstehen, so viele Häuser, Gutshöfe, Schlösser, Kirchen, Kathedralen, Wagen und Schiffe, die Technik und Kunst miteinander verbanden. Eine bewundernswerte, verblüffende Technik und eine stets vorhandene Schönheit – daneben sind unsere modernen Produktionen unbedeutend!

Vergleichen Sie einmal die Pracht eines damaligen Großsegelschiffs und die Häßlichkeit eines Frachtdampfers!

Leider sind nahezu alle diese Kunstwerke verschwunden, doch was übriggeblieben ist, zeigt, daß Europa eine große Epoche erlebt hat.

Welche Erfindungen haben die Veränderungen hervorgerufen und das Ende einer gewissen Lebenskunst herbeigeführt?

Es waren viele, doch die bedeutendste – diejenige, die das Gleichgewicht zwischen den Erzeugern konkreter Güter und den Erzeugern geistiger ›Nahrung‹ brach – war zweifellos die Erfindung des Buchdrucks.

Eine sehr oft vorkommende Ironie des Schicksals wollte, daß der Erfinder des Buchdrucks ein reiner Handarbeiter war: Gutenberg.

Bis dahin waren die Intellektuellen nicht besser dran als die Handarbeiter, um ihr Wissen weiterzugeben. Die mündliche Vermittlung war nicht leichter als die Wissensvermittlung durch Vormachen.

Mit der Erfindung des Buchdrucks sollte sich alles zugunsten derer verändern, die mit den Wörtern umzugehen wußten. Eine abstrakte Lehre, die sich bislang nur allmählich, sozusagen von Mund zu Mund, verbreitete, konnte auf einmal rasch und gleichzeitig von Tausenden von Personen empfangen werden. Wer schreibgewandt war, wurde ins Rampenlicht gebracht, war bald bei der gesamten lesenden Bevölkerung bekannt, während ein viel begabterer Handwerker sein Wissen und Können lediglich einigen seiner Mitmenschen vermitteln und seine Kunstwerke nur wenigen Personen zeigen konnte.

Die rein Intellektuellen, die bis dahin im Schoß der Kirche gelebt hatten und dabei gezwungen waren, alle ihre Gelüste zu zügeln oder sie heimlich zu befriedigen, konnten nun endlich zu angesehenen, reichen und freigesitteten Personen werden. Was für eine Umwälzung! Die sprachliche Vermittlung sollte nunmehr vorherrschen und eine immer größere Abneigung gegen das handwerkliche Können zeigen.

In der damaligen Zeit begann der Abstieg der Handwerker, die zu einfachen Handarbeitern wurden im Gegensatz zu den Kopfarbeitern, die mit ihrem Geist und Verstand arbeiteten!

Die Vermittlung des Schriftlichen, also all' dessen, was mit Wörtern ausgedruckt werden konnte, sollte eine sagenhafte Entwicklung erleben, während die Vermittlung des handwerklichen Könnens durch fachkundiges Vormachen immer mehr zurückging. In allen Bereichen sollte das unmittelbare, pragmatische Wissen zurücktreten zugunsten eines rein begrifflichen, ausgewählten Wissens, das durch eine einzige Gruppe von Vermittlern weitergegeben wird: die Intellektuellen und die Lehrer.

Doch diese Erfindungen – Buchdruck, Rundfunk, Fernsehen – waren nicht die einzigen, die den Untergang der Handwerker bewirkten. Die Erfindung mit elektrischer Energie betriebener Maschinen sollte die zwar sehr gewöhnliche, jedoch viel preiswertere Serienanfertigung ermöglichen.

Nein, es sind nicht die geistigen Ideen, die das Weltgeschehen bestimmen. Die Französische Revolution im Jahre 1789 war wohl die Tochter des Buchdrucks. Die Erfindung des Buchdrucks war es, die den Intellektuellen eine große Macht verlieh. Sie gerieten mit der Erbmonarchie aneinander und bekämpften sie unerbittlich, um ihren Platz einzunehmen.

Die zunehmende Bedeutung der Intellektuellen kann mit der heutigen Bedeutung der Sänger im Showgeschäft verglichen werden. Vor einem Jahrhundert hätten diese Sänger ein elendes Leben geführt und wären nur ab und zu für eine öffentliche Tanzveranstaltung engagiert worden. Dank den Erfindungen des Mikrophons, der Schallplatte, des Radios und des Fernsehens gehören sie heute zu den bestbezahlten und den angesehensten Leuten unserer Gesellschaft. Mit einer einzigen Verpflichtung können sie zehnmal so viel verdienen wie ein guter Ingenieur sein Leben lang.

Will man dieses gesellschaftliche Phänomen erklären, so kann man nicht den Publikumsgeschmack geltend machen, der sich entwickelt hätte, auch nicht die Heraufkunft neuer Sänger, die es damals nicht gab, sondern nur das Zusammenwirken verschiedener Erfindungen, mit deren Hilfe sich jeder von uns diese Sänger für wenig Geld anhören kann, und zwar überall und solange, wie er will.

Hat der Buchdruck die Intellektuellen – Ideenbeweger oder Romanschreiber – in den Vordergrund katapultiert, so haben die Erfindungen im Bereich der Audio-Video-Technik einen neuen Menschentyp vor sie gestellt. Dadurch haben die literarischen Schöpfer seit einem Jahrhundert viel an Boden verloren. Es gibt keinen Alexandre Dumas und keinen Victor Hugo mehr, die von einer ganzen Bevölkerung bekannt, bewundert und verehrt waren: Sie wurden in der Volksgunst von anderen verdrängt, die nichts, weder mit ihren Händen noch mit ihrem Geist, hervorbringen. Es sind nämlich Interpreten, also reproduzierende Künstler.

O ja, weit liegt jene Zeit zurück, als Lenotre, der Gärtner König Ludwigs XIV., mit den damals führenden Ministern auf eine Stufe gestellt wurde. Oder kennen Sie etwa den

Namen des Gärtners, der für die Grünanlagen der Stadt Paris verantwortlich ist?

Die Geburt der kulturellen Ideologie

Ich habe Ihnen die zunehmende Bedeutung und den Machtaufschwung der Intellektuellen dank der Erfindung des Buchdrucks erklärt.

Zugegebenermaßen haben andere Erfindungen und Entdeckungen einen gewissen materiellen Wohlstand hervorgerufen und einem kleinen Teil der Bevölkerung die Möglichkeit gegeben zu leben, ohne materielle Güter erzeugen zu müssen. Diese Möglichkeit, dem Müßiggang zu frönen, verdarb die Sitten größerer Adelskreise und ermöglichte den Intellektuellen, Ämter zu bekommen, die ihnen Zeit zum Nachdenken und zum Schreiben gaben.

Wir möchten daran erinnern, daß damals fast die ganze Bevölkerung naturverbunden war. Ihre Lebensauffassung wurde in Sprüchen, geflügelten Worten und in Fabeln ausgedrückt, die La Fontaine mit viel Geschick in einem klaren Französisch gestaltete.

Die damals lebenden Menschen, die naturverbunden waren und selber Viehzucht trieben, konnten nur an die Erblichkeit glauben. Hühner mit gutem Korn zu füttern genügte nicht, um gute Legehennen zu bekommen. Man mußte sich vor allem für Hühnerrassen entscheiden, die besonders legefreudig sind. Das Angeborene überwog das Erworbene.

Jeder kommt auf die Welt mit einer Erblichkeit, mit einem genetischen Erbe, das eine gewisse Anzahl von guten und schlechten Eigenschaften bestimmt. Jeder Mensch ist vorgeprägt. Nur die Zufälle des Lebens werden ihm ermöglichen, sein Schicksal zu erfüllen. Er kann aber kein anderes Schicksal als das in seinen Genen eingezeichnete erfüllen. Eine Eichel kann eine prächtige Eiche ergeben, oder sie kann sterben oder einen kleinen mickerigen Baum ergeben, wenn der Boden karg ist. Die Eiche kann aber –

außer bei einer genetischen Manipulation – nicht über eine bestimmte Höhe wachsen, auch nicht eine Buche, eine Birke oder eine Tanne werden.

Diese Wahrheiten steckten in allen Köpfen: Das Natürliche drängt immer die Gewohnheiten oder die erworbenen Vorstellungen in den Hintergrund.

Diese damalige Gesellschaft legte also großen Wert auf die Erblichkeit. So war es durchaus selbstverständlich, daß man innerhalb der Gruppe heiratete, die durch die Fertigkeit, bestimmte Aufgaben auszuführen, ausgelesen worden war. Man hielt es beispielsweise für ausgezeichnet, daß eine Bauerntochter einen Bauernsohn heiratete. Darin lag ein Pfand der Stabilität, des guten Einvernehmens zwischen den Ehegatten, die von Kind an an das Bauernleben gewöhnt waren.

Wir haben bereits La Fontaine angeführt, dessen Fabeln eine Lebensphilosophie ausdrücken, so wie sie von der damaligen Volksweisheit angenommen wurde. Es folgt nun die Moral einer weniger bekannten Fabel, »Die Maus, in ein Mädchen verwandelt«:

»Man kehrt immer zu seiner Bestimmung zurück,
zum himmlischen Gesetz, dem einen.
Beschwört den Teufel, treibt noch soviel
Magie: kein Wesen bringt ihr ab von seinem Ziel.«

Diese Werteordnung, die wir Naturordnung nennen, konnte den Intellektuellen nicht gefallen, und zwar aus verschiedenen Gründen.

Damals wurden die Menschen nach ihrem Verhalten, und nicht nach ihren Ansichten beurteilt. Tartuffe mag schöne Ansichten haben, doch ist sein Verhalten verächtlich. Muß man ihn nach seinen Ansichten oder nach seinem Verhalten beurteilen? Molière, der sich in die Naturordnung einreiht, ist der Auffassung, daß man ihn verurteilen müsse. Dagegen haben die Intellektuellen eine ganz andere Einstellung: Die Ansichten überwiegen alles. Es sei sogar kleinlich, vom Verhalten eines Menschen zu sprechen, der schöne Ansichten hat. Die Ansichten würden den Menschen machen.

Aus diesem Grund wurde Molière so heftig bekämpft von dem einen Teil des Klerus, der aus rein Intellektuellen bestand.

Heute würde ein Tartuffe auf Bewunderung stoßen, die Medien würden seine Worte aufgreifen, und wer sich unterstünde zu behaupten, daß sein Verhalten seinen Worten widerspricht, wäre wegen schändlicher Niedrigkeit endgültig disqualifiziert.

Für die Verfechter der Naturordnung ist der *Mensch nach seinen Taten zu beurteilen.* Darin liegt eine Trennungslinie zwischen der neuen Ideologie, die von den Intellektuellen vorbereitet wird, und der alten Naturordnung.

Eine weitere Trennungslinie betrifft die Erblichkeit. Wenn die Intellektuellen heute verkünden, daß alle Menschen gleichberechtigt geboren werden, deutet dies darauf hin, daß bis dahin Menschen wegen ihrer Geburt sich in der gesellschaftlichen Hierarchie nicht ›erheben‹ konnten. Es gab erbliche Ämter, die sie niemals bekleiden konnten.

Das trifft nur zum Teil oder zumindest nicht mehr als heutzutage zu. Die Erblichkeit gab Rechte und Privilegien, die mittlerweile durch die Vermögenserbschaft abgelöst wurden. Wer heutzutage großvermögend auf die Welt kommt, hat viele Vorrechte und Privilegien, die der Armgeborene nicht hat. Von diesen Geburts- und Vermögensprivilegien abgesehen, verhalf vielmehr die Wirksamkeit im Beruf zu den höchsten Posten.

Bei der Wahl eines Ministers berücksichtigte der König nicht den Grad seines Adels, sondern nur seine Leistungsfähigkeit und Wirksamkeit. Im übrigen war der Adel kein geschlossener Stand, und die Erhebung in den Adelsstand wegen erwiesener Dienste war geläufig. Colbert ist dafür ein gutes Beispiel. (Der berühmte Minister Ludwigs XIV., 1668 als Marquis de Seignelay geadelt, war der Sohn eines Tuchhändlers aus Reims.)

Der Fall von Jeanne d'Arc ist allgemein bekannt. Ihre Familie war arm, ihre Arbeit war höchst einfach – sie hütete Schafe –, und abstrakte Kenntnisse hatte sie überhaupt nicht. Dennoch wurde sie von einem Großteil des

Adels angenommen und vom König empfangen. Niemand widersetzte sich wegen ihrer bescheidenen Herkunft ihrer Mission und ihrem obersten Befehl.

Warum? Weil die Menschen damals nach ihren natürlichen Eigenschaften und ihrer persönlichen Autorität beurteilt wurden. Irgendwo in den Evangelien steht über Jesus geschrieben: »Er sprach mit Autorität, nicht wie die Schriftengelehrten.« Jeanne d'Arc hatte einen festen Glauben und sprach mit einer angeborenen Autorität, die Zustimmung hervorrief.

Jeder redet in eigener Sache, und es war nur verständlich, daß die Intellektuellen sich in dieser Hierarchie, die das abstrakte Wissen keineswegs berücksichtigte, nicht sehr wohl fühlten. Eine solche Hierarchie konnten sie nur bekämpfen und zerstören wollen.

Damals gab es noch kein Zivilgesetzbuch (erst 1804), doch erteilte die Kirche allen Kindern Religionsunterricht, lehrte sie die Zehn Gebote Gottes und die Gebote der Kirche. Die religiöse Macht bremste auf diese Weise die *natürliche* (oder heidnische) Beurteilung des Guten oder Bösen *»nach dem Herzen«.*

Die strenge Lehre der Kirche wurde damals als Sittenlehre fast einhellig anerkannt und befolgt. Die Kirche bildete eine großartige Organisation, die einzige, die Geburten, Hochzeiten und Todesfälle aufnahm. Indem sie die Bevölkerung zusammenbrachte, die Pfarrer von einer Kanzel reden ließ und die Zeremonien mit Musik begleitete, war ihr Kommunikationssystem allem, was damals gemacht wurde, weit voraus.

Der Buchdruck sollte den weltlichen Intellektuellen ein neues Kommunikationsmittel in die Hand geben, das in der Lage war, das von der Kirche verwendete aufzuwiegen. Heutzutage ist das Kommunikationssystem der Kirche schwächer geworden, während ihre Gegner, die Weltlichen, Radio, Fernsehen und viele andere Mittel einsetzen, die die Kirche kaum benutzt.

Die Religion behauptet sich bezeichnenderweise nur in den Ländern, etwa in den USA, in denen die katholischen oder evangelischen Kirchen Rundfunk und Fernsehen im großen einsetzen.

Im Zeitalter der Aufklärung griffen die Intellektuellen sowohl die religiöse Macht als auch den praxisbezogenen Unterricht an. Sie wollten sich nicht nur um die Lehre vom Guten und Bösen kümmern, sondern auch um die Vermittlung des Erklären-Könnens und des handwerklichen Könnens.

Früher wurden konkrete Kenntnisse und handwerkliches Können durch Vormachen und Umsetzen vermittelt, während das abstrakte Wissen von Mund zu Mund, selten schriftlich weitergegeben wurde. Mit der Erfindung des Buchdrucks wurde die Vermittlung abstrakter Kenntnisse tausendmal leichter als die konkreter Kenntnisse (handwerkliches Können, feine Lebensart, Lebensklugheit). Nun erklärten die Intellektuellen, man könne auf diese uralte Art der Vermittlung verzichten und künftig nur noch Wörter, Zeichen, Symbole und Ziffern benutzen.

So entschlossen Sie sich, jene *Enzyclopädie* (1751–1772) zu verfassen, ein beträchtliches, beachtens- und bewundernswertes Werk, das alle menschlichen Kenntnisse behandelte und an dem unter anderen Voltaire, Montesquieu, Diderot, d'Alembert und Rousseau arbeiteten.

Von nun an würde man nicht mehr dem Lehrling vorzeigen, wie man einen Bolzen hineindrückt, um zwei Holzteile zusammenzufügen; man würde ihm die Vorgehensweise mit Worten erklären und seine Kenntnisse mit einer Überprüfung kontrollieren, in der er dieses ganze Verfahren fehlerfrei wiederholen müßte.

Für Menschen, die ständig im Abstrakten leben, mochte dies ausreichend sein und den Vorteil haben, ein und dieselbe vollkommene Erklärung tausendmal zu vermitteln, anstatt tausend konkrete Beispiele durch ebenso viele Meister unterschiedlicher Qualität zu geben.

Nunmehr galt es, die Lehre der Jungen und Mädchen, die für die Lebensweise in der Familie von den Eltern, für die Berufe von Handwerksmeistern übernommen wurde, durch Schulen zu ersetzen, in denen Lehrer oder Professoren versuchen würden, aus den Kindern kleine Enzyklopädisten zu machen. Diese Lehrer und Professoren würden überall die gleichen Bücher benutzen, sie den Kindern erklären und auswendig lernen lassen.

Die Intellektuellen waren vor allem von der Meinung getragen, daß die Triebe nur das Verhalten der Tiere erklärten, daß die Würde des Menschen in der Freiheit zu wählen liege, und zwar aufgrund der Vernunft, die die Tiere nicht besitzen. Demnach könnten Mensch und Vernunft nach allgemeingültigen Grundsätzen geformt werden, die für ein gutes Einvernehmen zwischen den Menschen in der Freiheit sorgen würden.

Das Vorhaben war ehrgeizig, das Ziel bewundernswert. Die Männer und Frauen, die Freiheit, Gleichheit, Brüderlichkeit und Gerechtigkeit liebten, konnten nur begeistert sein.

Dem Gelingen dieses Vorhabens lag die Milieutheorie, die Vorstellung zugrunde, daß alles erworben, nichts angeboren sei, daß also alles von der Umwelt und der Erziehung abhänge. Bei gleicher Erziehung und gleicher Umwelt müsse man dasselbe Ergebnis erzielen: Erwachsene mit gleichen Vorstellungen, ein Pfand der vollkommenen Verständigung und der Eintracht.

Wir nennen dieses neue Wertesystem ›kulturelle Ideologie‹. Es baut auf der Grundüberzeugung auf, alles sei erworben, das Abstrakte und der Intellekt seien wichtiger als das Konkrete und die Materie, *das gerade gezeugte Wesen habe keine Vergangenheit, sondern nur eine Zukunft.*

Diese neue Lehre wurde von den Intellektuellen, sei es aus Ideal oder aus Interesse, gefördert.

Warum aus Interesse?

Weil in diesem neuen System die Intellektuellen zu Lehrmeistern würden, zu Lektionenerteilern gemäß den Verdiensten, die das abstrakte Wissen verschafft, während in der Naturordnung nur die Verdienste des Benehmens und des beruflichen Könnens festgehalten wurden.

Die Lektionen beruhten auf dem Beispiel.

In unserer neuen Ideologie wird die Hierarchie vom abstrakten Wissen gebildet, von der schulischen Bildung, die durch Diplome sanktioniert ist. Je mehr Diplome Sie haben, um so bewunderungswürdiger sind Sie, um so mehr können Sie die höchsten Posten anstreben. Diese Ideologie verdrängte dann weitgehend die Naturordnung

Sieht man von den Intellektuellen ab, die einzig danach streben, dank dieser Ideologie eine Stelle oder Aufgaben zu bekommen, die Ansehen, Ehren und materielle Güter bringen, sollte man all den Aufrichtigen aufmerksam zuhören, die dank dieser neuen Werte eine ideale Gesellschaft herbeizuführen hoffen.

In Frankreich und in Europa waren zahlreiche Menschen davon überzeugt, daß die Revolution von 1789 eine neue Ära universalen Glücks eröffnete. Sie waren vor allem von der Idee beseelt, daß die Verständigung und das gute Einvernehmen unter den Menschen sich von selbst ergeben würden, zunächst durch eine Vereinheitlichung der Symbole, die der abstrakten Kommunikation dienen, das heißt der Sprache und der Maßsysteme (Abschaffung aller Mundarten).

Danach galt es, den Unterricht in ganz Frankreich (= im ganzen Land) zu vereinheitlichen, da jegliche regionale Besonderheit als archaisch und antirepublikanisch angesehen wurde. Das Fernziel war sogar, jeden Nationalpartikularismus abzuschaffen und Weltbürger hervorzubringen, die miteinander nicht streiten konnten, da sie durch dasselbe Unterrichten dieselben Werte der herrschenden Lehre erlangt hatten.

Man wußte, daß diese Partikularismen naturbedingt und jeder ethnischen Gruppe eigen waren. Es galt also, das Natürliche zu vertreiben, um nur von der Vernunft geleitete Menschen zu bekommen. »Jagen Sie das Naturell weg, so kommt es bestimmt galoppierend zurück« (Niemand kann aus seiner Haut heraus oder: die Katze läßt das Mausen nicht), diese schon oben zitierte Volksweisheit wurde als kindisch und überholt angesehen.

Gemäß dieser neuen Ideologie werden die Menschen gleichberechtigt geboren.

Demnach haben alle ein Recht auf ein und dieselbe Erziehung, die ihnen zunächst das unschätzbare Gut Bildung gibt, dann eine gegen Gewalt und Ausschluß gerichtete staatsbürgerliche Erziehung. Alle Konflikte können durch den Dialog und die Vernunft geschlichtet werden. Die Probleme einer kleinen oder großen Gemeinschaft müssen durch die allgemeine Wahl gelöst werden, wobei die Minderheit sich bereitwillig der Entscheidung der Mehrheit beugt.

Dieses System ist in der Theorie wunderbar, leider erweist sich seine Anwendung als sehr enttäuschend.

Sehen wir nicht im Jahre 1997, wie vom Schulwesen gänzlich erzogene Kinder sich gegen ihre Lehrer auflehnen, die Hierarchie des Wissens durch die der Gewalt ersetzen und damit die Herrschaft von Ganoven ermöglichen?

Lehrer, die vor dreißig Jahren für unerträglich hielten, daß sich Polizisten in unmittelbarer Nähe ihrer Schule bewegten, bitten heute inständig dieselbe Polizei, sie zu beschützen.

Früher herrschte in den bäuerlichen und handwerklichen Arbeiterschichten die Naturordnung uneingeschränkt. Vor jeder Heirat wurde die erbliche Vergangenheit der künftigen Brautleute unter die Lupe genommen. Paßten das innere Wesen und die während der Kindheit angewöhnte Lebensart (die zweite Natur) zusammen, so war man sich der Eintracht zwischen den Eheleuten sicher.

Die Bevölkerung lebte mitten in der Natur und konnte begreifen, daß ein Gimpelmännchen und ein Gimpelweibchen einander nur gut verstehen konnten, während ein Gimpelmännchen und ein Finkenweibchen Verständigungsschwierigkeiten haben mußten. Die paarweise lebenden Tiere brauchten keinen Unterricht, um gut miteinander auszukommen. Das geschah ganz natürlich, und Treue war unumgänglich, denn es war undenkbar, die Kleinen vor ihrer vollständigen Entwöhnung zu verlassen. Dennoch zwang sie keine moralische oder materielle Verpflichtung dazu.

Würde die kulturelle Ideologie die Dinge anders sehen?

Selbstverständlich, da für sie nichts angeboren, alles erworben ist.

Daher kann Zwietracht nur auf Fehler in der Erziehung zurückgeführt werden oder auf unbewußte, durch starke seelische Erschütterungen bewirkte Komplexe.

Mit Hilfe der Psychoanalyse können diese Fehler jedoch korrigiert, diese Komplexe überwunden werden. In unserer Zeit starker medialer Verbreitung wimmelt es von populärwissenschaftlichen Schriften, die unter anderem Ehe- und sexuelle ›Probleme‹ erörtern. Gleichzeitig tauchen immer mehr Eheberater, Psychologen, Psychoanalytiker, Sexologen auf, die in Not geratene Paare empfangen, in Zeitschriften schreiben, im Radio reden oder im Fernsehen auftreten, damit niemand ihre Ratschläge verpaßt. Das nützt offenbar nichts. In einer Stadt wie Paris, wo die Paare besonders gut informiert sind, beträgt die Scheidungsziffer heute um 50 Prozent. Die Scheidung, das dürfen wir nicht vergessen, bedeutet den *Ausschluß* des einen durch den anderen, manchmal sogar die gegenseitige Ausschließung. Das ist wohl das größte Scheitern, das ein Mensch erleben kann.

Das Angeborene und das Erworbene

Viele Menschen, die die Tierwelt schlecht kennen oder sie nur über die Medien erfahren haben, die meist anthropomorphe Darstellungen vermitteln, glauben, daß allein die Eltern eine bedeutende Rolle in der Erziehung der Kleinen spielen.

Das trifft ganz und gar nicht zu, vor allem offensichtlich nicht bei Tieren, die ihre Kleinen nicht kennen, wie es bei den Insekten, den Fischen usw. der Fall ist.

Das Gewebe, das eine Spinne wie etwa die Kreuzspinne herstellt, gibt es kein zweites Mal, da die Anknüpfungspunkte im Raum jedesmal anders sind. Dieses Gewebe, das in seiner Verwirklichung immer anders, in seinem Prinzip jedoch immer gleich ist, stellt eine wunderbare Technik dar. Nun hat aber niemand der Spinne beigebracht, wie sie spinnen soll. Sie tut es auf eine ihr angeborene Weise. Das ist in ihren Genen festgelegt.

Bei den Vögeln und den Säugetieren werden die Kleinen von den Eltern oder einem Elternteil von der Geburt an bis zur Entwöhnung gefüttert. Man könnte annehmen, daß sie ebenfalls erzogen werden, daß zum Beispiel die Ente ihren Entchen beibringen würde, ins Wasser zu gehen und zu schwimmen.

Läßt man Enteneier durch eine Henne ausbrüten, sorgt sich diese um die Eier, wie wenn es ihre eigenen wären. Nach dem Ausschlüpfen wird sie die Entchen beschützen und mitführen, als wären es Küken.

Eines Tages werden die Entchen an einem Tümpel vorbeiwatscheln, und die Henne wird mit Sorge zusehen, wie sie dem Wasser zulaufen.

Ihr Geschrei wird daran nichts ändern. Die Entchen werden ins Wasser gehen und ebenso gut schwimmen wie ihre Geschwister bei der Entenmutter. Das Angeborene allein hat entschieden. Es sei in diesem Zusammenhang an Hans

Christian Andersens wunderschönes Märchen erinnert *Das häßliche Entlein.* In Wirklichkeit war das Entlein ein Schwan! Andersen hatte den Vorrang des Angeborenen vor dem Erworbenen begriffen.

Sowohl beim Tier als auch bei jedem Lebewesen ist eine genetische Programmierung vorhanden, die die Entwicklung und das Verhalten festlegt. Dennoch erwirbt das Tier auch Kenntnisse im Laufe seines Lebens. Kann es aber diese Kenntnisse frei wählen?

Nein, es kann das nicht. Ein wildes Tier, das ein Territorium besitzt, wird es kennenlernen. Getrieben von der Notwendigkeit zu saufen, wird es sich die Wasserstellen merken, ebenso die Stellen, wo es Nahrung finden kann. Es wird alle seine Feinde bemerken und sie an ihrer Angriffslust instinktiv erkennen.

Es wird alle Kenntnisse verschmähen, die – mittelbar oder unmittelbar – nicht den geringsten Einfluß auf sein Leben haben können.

Eben das unterscheidet den Menschen vom Tier: seine Neugierde für Dinge, die mit seinem Überleben unmittelbar nichts zu tun haben, zum Beispiel wird er die Sterne beobachten. Das läßt vermuten, daß er bezüglich seiner Tätigkeit die Freiheit zu wählen hat.

Daraufhin haben wir uns einige Fragen gestellt. Zunächst: Ist der Mensch wirklich frei, sich für das zu entschließen, was ihn interessiert? Und demzufolge: Kann man ihn auf irgend etwas lenken?

Kann der Mensch frei darüber entscheiden, ob er sich für Mathematik interessieren oder ein Musikinstrument spielen, sich für Angeln begeistern, ein Kunstmaler werden soll? Wenn ja, dann kann man ihn jede dieser Sachen mit gleichem Erfolg tun lassen.

Kann man das Schicksal des Menschen lenken, indem man ihn bereits in seiner Kindheit formt? Kann die Gesellschaft nach den Worten Pauhlans jeden Menschen nach Belieben »schaffen, kneten und gestalten«? Ja, antworten einige Intellektuelle, und darauf gründet diese ganze Ideologie, die wir ›kulturelle Ideologie‹ genannt haben.

Wir sind da anderer Ansicht: Fast alles ist auf das genetische Erbe zurückzuführen, das unsere Entwicklung, unser Äußeres, unseren Charakter, unsere Begabungen, unser Verhalten und unsere intellektuellen Wahlentscheidungen bestimmt.

Das will noch bewiesen werden!

Da es zu beweisen gilt, daß das genetische Erbe sowohl unsere Entwicklung als auch unser Verhalten programmiert, wollen wir Menschen betrachten, die am selben Tag geboren sind, zusammen oder getrennt aufwuchsen, dasselbe genetische Erbe (echte oder eineiige Zwillinge) oder ein unterschiedliches (falsche oder zweieiige Zwillinge) haben.

Diese Untersuchung ist so wichtig, daß viele Forscher sich ihr ein Leben lang gewidmet haben oder widmen. Dabei trafen einige jedes Jahr mit den Zwillingen, dem Gegenstand ihrer Forschung, zusammen.

Wir möchten einige dieser amerikanischen und europäischen Forscher nennen: Dr. Neil Sebire (Hospital King's College), Dr. Alessandra Piontelli (Universität Mailand), Prof. David Lykken (Universität Minnesota), Dr. Dorothy Bishop (Universität für Angewandte Psychologie Cambridge), Prof. Nick Martin (Institut für Medizinische Forschung, Queensland), Prof. Robert Plomin (Institut für Psychiatrie), Prof. Peter Conrad (Brandeis-Universität), Prof. Adam P. Matheny (Universität Louisville).

Um diese Studien richtig zu begreifen, muß man mehr als hundert Jahre zurückdenken, als die Verfechter des Angeborenen und des Erworbenen miteinander stritten.

Diejenigen, die in allen Nationen weißer Rasse vor allen Dingen an die Vererbung glaubten und sich dabei an den Selektionsverfahren der Viehzüchter orientierten, riefen die Eugenik, die Erbgesundheitslehre, ins Leben.

Diese Lehre beruhte auf der Vorstellung, daß es überlegene Lebewesen gebe, deren Fortbestand zu fördern sei, und unterlegene Lebewesen, die an der Weitergabe ihres genetischen Erbes gehindert werden sollten.

In der Natur gibt es innerhalb jeder Art keine höheren Einzelwesen, sondern Einzelwesen, die ihrer Fortpflanzung bzw. der Arterhaltung, dem einzigen unbestreitbaren Kriterium, besser angepaßt sind. Bei denjenigen, die entweder zum Überleben oder zur Fortpflanzung schlecht angepaßt sind, geht ihr genetisches Erbe allmählich ein.

In der menschlichen Gesellschaft, die jedem Einzelnen unendliche Möglichkeiten bietet, seinen Lebensunterhalt zu verdienen, in der ständig Berufe aussterben und neue aufkommen, läßt sich der Begriff ›gut angepaßtes Individuum‹ kaum bestimmen.

Der Begriff ›höhere Rasse‹ selbst ist sehr schwer zu bestimmen.

Man kann durchaus den Standpunkt vertreten, daß die germanischen Rassen musikbegabter als die anderen sind, doch für welche Musik, wenn nicht für die, die ihnen gefällt, die Asiaten und Afrikaner hingegen keineswegs anspricht.

Die Franzosen können behaupten, die beste Küche der Welt zu haben. Die französiche Kochweise ist mittlerweile wohlbekannt und könnte überall in der Welt, in den wohlhabenden Kreisen, übernommen werden. Das ist jedoch überhaupt nicht der Fall, denn sie gefällt vor allem den Franzosen und manchmal anderen, oft aus Snobismus.

Ein Volk oder eine Volksgruppe, die sich für überlegen hält, läuft Gefahr, sich bei allen anderen unbeliebt zu machen.

Die zweite Lehre, die Freudsche, brachte die Anhänger des Erworbenen zusammen.

Freud hatte bemerkt, daß gewisse Fehler, bestimmte Abweichungen, bei Erwachsenen festgestellte Neurosen sich beim Kind wieder finden.

Da Freud glaubte, alles sei erworben, war er der Ansicht, das uns lenkende Unbewußte würde sich in der frühen Kindheit bilden. Alle Neurosen seien demnach auf Erlebenstraumata in den ersten Lebensjahren zurückzuführen.

Diese Traumata mittels der Psychoanalyse ausfindig zu machen sollte dazu führen, deren Folgen aufzuheben und damit zu heilen. Die Psychoanalyse ist also eine Therapie, eine Behandlungsmethode, doch ihre großartige Entwicklung ging nicht mit einem Rückgang der Neurosen einher.

Der Fall der eineiigen Zwillinge, die gleich nach ihrer Geburt getrennt und in unterschiedlichen Verhältnissen großgezogen wurden, im erwachsenen Alten jedoch die gleichen Neurosen hatten, widerlegt offensichtlich die Freudsche Lehre.

Das Wissen wird heutzutage nicht mehr durch Bücher oder durch den schnell vergessenen Schulunterricht erworben, sondern durch das Fernsehen und das Kino.

Für die Drehbuchautoren zählt die naturwissenschaftliche oder die historische Wahrheit recht wenig, und deshalb hielten sie es im Falle der Zwillinge für fesselnder, ihnen trotz körperlicher Gleichheit ein unterschiedliches Verhalten zu verpassen.

Der eine legt eine besondere moralische Strenge an den Tag, ist beispielsweise Pfarrer, während sein Zwillingsbruder ein zynischer Ganove ist, der sich manchmal wie sein Bruder kleidet, um die schlimmsten Verbrechen zu begehen. In Spielfilmen haben eineiige Zwillinge immer unterschiedliche Verhaltensweisen.

Damit möchte man die These bestätigen, daß das Äußere das angeborene Gut, den Beitrag des genetischen Erbes darstelle, während das innen Befindliche das Erworbene sei. Man erklärt uns, daß köstliche Konfekte in einer ganz gewöhnlichen Papiertüte enthalten sein können und ganz schlechte in einer wunderschönen Schachtel. Unser Äußeres sei die Verpackung, unsere Denkweise und Sensibilität dagegen der Inhalt, den unsere soziofamiliäre Umgebung und die Schule geschaffen hätten.

Die Wahrheit um die Zwillinge ist mittlerweile ziemlich allgemein bekannt – dank der beträchtlichen Arbeit Dutzender Forscher, die die Ehrlichkeit hatten, uns mitzuteilen, was ihren früheren Überzeugungen widersprach.

Die oben genannten Forscher konnten folgende Beobachtungen machen. Die echten Zwillinge, die zusammen aufwachsen und dieselbe familiäre Unterstützung erhalten, verhalten sich nahezu identisch. Sie beginnen fast am selben Tag zu laufen und zu sprechen.

Später werden sie durch Lebensumstände (Heirat, Beruf usw.) voneinander getrennt. Da sie unter verschiedenen Einflüssen stehen und einen unterschiedlichen Erfahrungsschatz haben, könnte man meinen, ihre Verhaltensweisen und Denkart würden nunmehr allmählich voneinander abweichen. Doch das Gegenteil tritt ein! Je älter sie werden, desto ähnlicher werden sie in jeder Hinsicht.

Falsche, sprich zweieiige, Zwillinge sind zusammen geboren. Davon abgesehen, sind sie vom Gesichtspunkt des genetischen Erbes her wie normale Brüder und Schwestern. Da zweieiige Zwillinge oft dieselbe Erziehung erhalten, könnte man annehmen, daß sie aufgrund derselben Erfahrungen und derselben erworbenen Kenntnisse dieselbe Entwicklung haben müßten. Dem ist aber nicht so. Es kommt beispielsweise vor, daß ein Zwilling mehrere Monate später als sein Zwillingsbruder oder seine Zwillingsschwester zu sprechen oder zu laufen beginnt.

Auch hier stellt sich der Einfluß der Erziehung als sehr gering heraus.

Tausende von eineiigen Zwillingen wurden eingehenden Untersuchungen unterzogen. Unter ihnen befanden sich etwa fünfzig Zwillingspaare, die gleich nach ihrer Geburt voneinander getrennt wurden, entweder aus Versehen oder weil sie abgegeben und von verschiedenen Familien adoptiert worden waren.Bis zum Zeitpunkt ihres Zusammentreffens wußte keiner von ihnen, daß sie einen Bruder oder eine Schwester hatten.

Hier kann die Untersuchung offensichtlich entscheiden, ob Menschen mit demselben genetischen Erbe, aber mit unterschiedlichen Familien, sozialen Feldern, Schulen eine andere Entwicklung haben.

Wenn eineiige Zwillinge manchmal vierzig Jahre später wieder einander treffen, verstehen sie einander sofort: dasselbe Verhalten, dasselbe geistige Niveau, dieselben Ansichten, dieselben Neigungen, derselbe Geschmack, der sie dazu bewog, sich auf denselben Gebieten zu bilden. Das ist mehr, als man sich vorstellen konnte.

Setzen wir unsere Betrachtung über die Bedeutung des genetischen Erbes fort. Baudelaire hat einmal geschrieben: »Gedanken können nicht mitgeteilt werden, selbst zwischen Menschen, die sich lieben.«

Woher kommen unsere Gedanken? Werden sie nicht durch unsere Empfindungen, unsere Gefühle, unsere Wahrnehmung der Dinge hervorgerufen?

Haben eineiige Zwillinge nicht dieselben Empfindungen, wenn sie dasselbe Gemälde betrachten oder sich dieselbe Musik anhören? Ist ihre Kommunikation von daher nicht vollkommen?

Ein Meinungsforscher befragte eines Tages einen Zwilling. Dieser vertraute ihm an, daß er sich bei mondänen oder politischen Veranstaltungen ab und zu von seinem Zwillingsbruder vertreten lasse. Der Meinungsforscher fand, daß er ihr gleiches Aussehen zu einem nicht sehr ehrlichen Schwindel ausnütze.

»Überhaupt nicht«, antwortete der Zwilling, »ich weiß genau, daß mein Zwillingsbruder bei allen Fragen genau so antworten wird wie ich. Mein Bruder und ich denken über alles genau dasselbe.«

Wir müssen also erkennen, daß das Denken nur zwischen genetisch unterschiedlichen Menschen nicht genau austauschbar ist.

Warum hat Baudelaire gemeint, daß er seine Gedanken nicht mitteilen könne? Wahrscheinlich, weil er ein außergewöhnlicher Mensch war, weil die ›genetische Lotterie‹ ihm ein ganz besonderes Programm ausgelost hatte.

Je außergewöhnlicher ein Mensch genetisch ist, um so mehr Schwierigkeiten hat er, sich mit denen zu verständigen, die weniger begabt sind. Und das gilt für alle Bereiche.

Wenn das genetische Erbe der einzelnen Mitglieder einer Gruppe mehr Ähnlichkeiten als Unterschiede aufweist, wird eine gute Verständigung innerhalb dieser Gruppe herrschen.

Bei Personen, die sich gut verstanden, schrieben die Philosophen früher die tiefe Sympathie und Gewogenheit den ›Affinitäten‹ zu. Das Angeborene, nicht die Kultur, trug zur

Eintracht bei. Das hat natürlich auch erhebliche Folgen für das Zusammenleben: Eng verwandte Menschen eines Volkes verstehen sich von Natur aus besser als genetisch sehr verschiedene Angehörige verschiedener Völker in einer multiethnischen Gesellschaft. In einer multikulturellen Gesellschaft dürften deswegen auch die Verbrechensraten höher sein als in einer erblich enger verwandten Gemeinschaft eines Volkes.

Wir haben alle den Wunsch, die Menschen unserer Umgebung zu formen und zu erziehen, und es wäre wunderbar, wenn wir es könnten.

Durch die Erziehung könnten wir das Verhalten der Menschen verbessern und uns somit auf eine ideale Gesellschaft zu bewegen.

Diese Macht, dieses Vermögen besitzen wir jedoch nicht. Wir werden diesbezüglich unsere Illusionen aufgeben müssen, und nichts ist für einen Menschen schlimmer, als ein Vermögen zu verlieren, das er auf immer zu besitzen glaubte.

Einige Rätsel, etwa die Wahl des Ehepartners, bleiben zwar bestehen, doch diese Zwillingsuntersuchungen werden uns zu erschütternden Revisionen zwingen. Viele Überzeugungen und Theorien werden in sich zusammenstürzen, und ihre Verfechter werden es nicht so leicht hinnehmen.

Das Diplom

Wir haben gesehen, wie die Erfindungen und Neuerungen die menschliche Gesellschaft verändert haben. Die ungeheure Entwicklung der Mittel zur Vermittlung des abstrakten Wissens führte dazu, daß den Intellektuellen eine größere Bedeutung verliehen wurde. Von dieser Beförderung berauscht, haben sie geglaubt, daß die Ideen die Welt führen und die Entwicklung der menschlichen Gesellschaft bewirken.

Dem ist aber nicht so.

Die Aufgabe der Intellektuellen besteht unter anderem darin, diese Entwicklung zu erklären, so wie sie unsere gesamte Umwelt erklären. Die begabtesten unter ihnen stoßen im Begreifen der Welt immer weiter vor. Die übrigen vermitteln dieses neue Wissen.

Darin müßte sich die Aufgabe der Intellektuellen eigentlich erschöpfen. Leider wollten einige noch weiter gehen. Sie haben geglaubt, Wissen bedeute Können, und sie haben können wollen, um Macht zu erlangen.

Das hierzu von ihnen entwickelte System ermöglicht denen, die das Wissen besitzen, automatisch, an die Führungsposten zu gelangen, und verdrängt diejenigen, die dazu eigentlich berufen sind und sich bei der Ausübung dieses Könnens bewährt haben.

So entstand das Diplom.

Als die Naturordnung noch fast unangetastet herrschte, als die Intellektuellen im Bereich des Abstrakten walteten, ohne in das Feld des im Konkreten tätigen Menschen hinüberzugreifen, ging der beruflichen Tätigkeit kein Diplom voraus.

Zwei Sprichwörter drückten den damaligen Zeitgeist besonders gut aus:

»Vor der Esse und dem Amboß wird man zu Schmied.«

»Beim Bau der Mauer erkennt man den Maurer.«

Wir haben die Bedeutung dieser beiden Sprichwörter begriffen. Zum einen: Jedes Handwerk, jeder Beruf wird in der Praxis, bei dessen Ausübung, erlernt. Zum anderen: Die Fertigkeiten und beruflichen Fähigkeiten eines Menschen lassen sich nicht beurteilen, indem man seine theoretischen Kenntnisse überprüft, sondern, indem man ihn ›vor die Mauer‹ stellt, das heißt, ihn vor praxisbezogene Aufgaben stellt. Gewiß, es gibt heute keine Schmiede mehr, und man baut keine Mauern mehr wie früher, die echte Kunstwerke waren.

In der Blütezeit des Handwerks waren alle sogenannten ›manuellen‹ Berufe sehr schwierig und erforderten eine lange Lehrzeit. Dank dem Fortschritt, der alles mechanisiert und automatisiert hat, sind die ›manuellen‹ Berufe heutzutage oft leicht und eintönig geworden. Die Tätigkeit eines ›Hilfsarbeiters‹ ist meistens in wenigen Stunden erlernbar. Selbst die Facharbeiterberufe werden von der Informatik vernichtet. Das zu verarbeitende Werkstück anbringen und eine Diskette in die Maschine einlegen – darin besteht im großen ganzen die Arbeit.

Wir werden nun untersuchen, wie die kulturelle Ideologie immer mehr nur Geprüften vorbehaltene Berufsbereiche geschaffen hat, das heißt Bereiche, bei denen erst das Diplom ermöglicht, in sie zu gelangen, Bereiche, in denen interne Beförderung durch Tüchtigkeit und Wirkkraft verlorengegangen ist.

Befassen wir uns zunächst mit der Staatsverwaltung. Wir stellen fest, daß eine Beamtenstelle nicht ohne Diplom oder eine entsprechende Fähigkeitsprüfung besetzt wird. Es stellt sich heraus, daß diese manchmal schlecht bezahlten Stellen dennoch einige Vorteile aufweisen, denn für die Anstellung von zehn Beamten melden sich oftmals an die tausend Bewerber.

Jeder Stufe der Hierarchie entspricht ein bestimmter Stand abstrakten Wissens, das mit den erforderten Kenntnissen zur Erledigung der beruflichen Aufgaben im Grunde recht wenig zu tun hat. Die Hierarchie des theoretischen Wissens stellt die Berufshierarchie endgültig fest.

Möchten Sie die nächste Stufe erreichen, brauchen Sie nicht ausgezeichnete berufliche Fähigkeiten an den Tag zu legen: Sie müssen wieder auf die Schule und zeigen, daß

Sie für abstraktes Wissen begabt sind. Außerdem können Sie sicher gehen, daß dieses Diplom, das zu einem bestimmten Zeitpunkt Ihres Lebens Ihre abstrakten Kenntnisse überprüft hat, Sie automatisch zu aufeinander folgenden Beförderungen berechtigt, selbst wenn Sie sich als völlig wirkungslos gezeigt haben. Das Diplom entscheidet über Ihre Laufbahn. Diese ähnelt einem Eisenbahnzug, in den Sie größte Mühe haben einzusteigen, so begrenzt die Zahl der freien Plätze ist im Vergleich zu der Zahl derer, die einen Platz bekommen möchten. Ist es Ihnen gelungen, Platz zu nehmen und sich bequem zu machen, dann können Sie beruhigt sein: Sie werden die Endstation, die Pensionierung, sicher erreichen, auch wenn Sie unterwegs etwas dösen sollten.

In diesem seltsamen System kämpft man *vorher,* wohingegen man *währenddessen* kämpfen sollte.

Was sich an der Spitze dieser großen Staatskörper abspielt, ist noch seltsamer. Manche Diplome wie das der französischen Staatlichen Verwaltungshochschule (ENA) oder Ecole polytechnique berechtigen zur direkten Aufnahme in einen Führungsstab.

Alles geschieht nach dem Prinzip Wissen = Können. In den Betrieben sagt man zu Recht: »Theorie ist, wenn man weiß, wie alles funktionieren soll, und nichts läuft,« und: »Praxis ist, wenn alles funktioniert, aber keiner die Worte richtig kennt, um es zu erklären.«

So merkt man, daß das theoretische Wissen nicht automatisch das praktische Können vermittelt.

Die Großverwaltungen und die Staatsunternehmen haben meistens keine Konkurrenten. Und wenn sie welche haben, laufen sie nicht Gefahr, Pleite zu machen, sondern nur, wenn auch manchmal ungeheure, Defizite aufzuweisen, die der Staat wohl ausgleichen muß.

Nach mehreren Unterbilanzen greift die Regierung durch: Sie versetzt die Generaldirektoren oder Geschäftsführer, was als Sanktion angesehen wird.

Die Schwächen dieser Verwaltungen, in denen Anstellung und Beförderung nach Diplom erfolgen, sind offensichtlich:

Dieses System verhindert, daß die Unfähigen herausgekämmt und die Leistungsfähigen befördert werden. Außerdem befinden sich an ihrer Spitze hohe Beamte, die sich eines haarsträubenden Sonderrechts erfreuen: Sie können sich beurlauben lassen, etwa um in die Politik zu gehen, und ihren Posten wieder übernehmen, falls sie scheitern. In der Privatwirtschaft, wo jeder – vor allem in den kleinen und mittleren Betrieben – unentbehrlich ist, ist so etwas unmöglich.

Die Ineffizienz staatlicher Unternehmen führt schließlich zu der Ansicht, sie seien schon deshalb nicht leistungsfähig, weil sie staatlich sind – daher die Verurteilung der staatlichen Lenkung der Wirtschaft (Dirigismus).

Diese Erklärung ist nicht richtig.

Es liegt vielmehr an der Ineffizienz der dort Tätigen, die durch das System der Anstellung aufgrund eines Diploms sowie durch die ausschließlich auf dem abstrakten Wissen gründende Hierarchie bedingt wird.

Sobald die rein Intellektuellen ihre Kenntnisse in die Praxis umsetzen müssen, sind sie oft überfordert.

Gewiß, viele können sich ins Zeug legen, ist das aber in der Verwaltung notwendig?

Die Verwaltungsbehörden sollten stärker nach den privatwirtschaftlichen Grundsätzen geführt werden: Ausschluß derjenigen, die ihrer Aufgabe schlecht angepaßt sind, interne und rasche Beförderung derjenigen, die tüchtig und leistungsfähig sind. Vor allem sollte man nicht davor zögern, den Kopf zu ersetzen. Ist der Kopf schlecht, dann wird nie etwas richtig laufen. Ein Chef muß die Folgen seiner Handlungen tragen. *Ein Chef muß ein Beispiel sein, und nicht nur Befehle erteilen.* Gegenüber dem Personal müssen alle seine Entscheidungen erklärt und für gut befunden werden, bevor man sie ausführt.

Heutzutage haben die meisten Vorsitzenden staatlicher Unternehmen zu wenig Mut vor den Gewerkschaften. Durch ihr ständiges Nachgeben werden *Errungen*schaften angehäuft, die dann kaum in Frage zu stellen sind und das Unternehmen in ständiges Defizit bringen.

Untersuchen wir nun die Rolle des Diploms in den freien Berufen, und zwar an dem Beispiel des Apothekers.

Eine Apotheke ist im Vergleich zu einer Bäckerei, einer Metzgerei, einem Lebensmittelgeschäft oder einem Käseladen ein besonders leicht zu führendes Geschäft. Die verkauften Waren verderben nicht, und es besteht kein Verlustrisiko wegen Nichtverkaufs innerhalb eines kurzen Zeitraums, wie das in den oben genannten Geschäften der Fall ist. Deren Inhaber oder Geschäftsführer müssen ständig ihre Einkäufe klug berechnen, um solche Verluste zu vermeiden.

Der Apotheker hat alle gängigen Medikamente vorrätig, die anderen werden ihm innerhalb von 24 oder 48 Stunden geliefert.

Der Apotheker braucht sich nicht wie andere Kaufleute zu sorgen, daß seine Arzneiwaren möglicherweise teurer sind als die der Konkurrenten und daß seine Kundschaft ihn verläßt. Alle auf der Verpackung bezeichneten Preise sind ohnehin gebunden. Außerdem muß er nicht der Kundschaft hinterherlaufen, diese wird ihm meistens von den Ärzten zugeschickt. Die computerisierte Einrichtung einer Apotheke gehört zu den einfachsten, und Fachbetriebe verwirklichen solche Infrastrukturen.

Es handelt sich also um einen reinen Vertrieb. Früher stellten die Apotheker die Medikamente selber her. Das erforderte Fachwissen, und das besondere Können zog eine große Verantwortung nach sich. Das ist schon lange her.

Und was ist davon übrig geblieben? Theoretisch muß der Apotheker die Fehler des Arztes entdecken, der einander nicht verträgliche oder für den Erkrankten gefährliche Medikamente verschreiben kann. Vor kurzem hat eine Verbraucherorganisation einen Test mit Rezepten durchgeführt, die grobe Verschreibungswidrigkeiten enthielten: zum Beispiel Medikamente, die für Kinder oder Schwangere verboten sind.

Der Test wurde in mehreren hundert Apotheken durchgeführt, und in nur 17 Prozent von ihnen entdeckte man diese gefährlichen Fehlverschreibungen.

Das hatte übrigens keinerlei Folgen. . .

Ohnehin kann ein einfaches Computerprogramm diese Prüfarbeit verrichten.

Wir haben also hier mit einer bequemen Tätigkeit zu tun, die an sich kein umfangreiches Fachwissen verlangt. Theoretisch darf ein Apotheker weder ein Medikament verschreiben, noch einen Eingriff vornehmen.

Eigentlich müßte man erwarten, daß der Apotheker umfangreiche Erste Hilfe leisten kann. Meistens sind es aber seine Angestellten, die entsprechende Kurse belegt haben.

Natürlich erfordert der Apothekerberuf manche besonderen Eigenschaften. Man muß methodisch und genau arbeiten, ordnungsliebend und sauber sein und sich im Buchhaltungs- und Steuerwesen etwas auskennen. Man fragt sich also, warum dieses Diplom erst nach einem *fünfjährigen* äußerst schwierigen und hochgeistigen Studium erlangt werden kann.

In Wirklichkeit wird dieser Beruf auf diese Weise den Intellektuellen vorbehalten, werden alle ausgeschlossen, die lieber bei einem Fachmann, weil lebendiger, arbeiten, die eine konkretere Geistesbeschaffenheit besitzen, das heißt, viel aufnahmefähiger in der alltäglichen Praxis sind, als wenn sie reine Theorie auswendig lernen.

Jahrhundertelang vermittelte der Fachmann dem Schüler die abstrakten und konkreten Kenntnisse unmittelbar, das heißt ohne Lehrerschaft.

Im Handwerk, *im* Beruf erfolgten die Lehre, die Ausbildung und die Beurteilung. Karriere zu machen aufgrund des Erfolgs im ausgeübten Beruf ist vortrefflich, doch dieses System der Beförderung durch das Ergebnis wird von der kulturellen Ideologie bekämpft. Durch die Einführung des Diploms will sie nämlich die Oberhand über sämtliche Kinder und Jugendlichen behalten. Sie selbst entscheidet über die Hierarchie, die vor allem eine Hierarchie des abstrakten, gespeicherten Wissens ist. Das ist die Auslese der vollgestopften Köpfe. Die fähigen Köpfe sollen ihrerseits möglichst bald in das aktive Leben treten.

Die Innovation ist ein entscheidender Faktor für die Industrie-, Handels- und Dienstleistungsgesellschaft. Deshalb hat die Forschung ein bisher nicht gekanntes Ausmaß genommen. Die Forschung nährt die erfinderischen Köpfe. Kreativität wird aber vom Diplom ignoriert.

Früher konnten die zur Erlangung eines Diploms erworbenen Kenntnisse bis zur Pensionierung ausreichen. Das ist heute nicht mehr der Fall.

Ein Apotheker versichert, daß sein während des Studiums erworbenes Wissen bereits nach zehn Jahren teilweise überholt sei. Das verhindert den Apotheker aber nicht daran, seinen Beruf länger als nur zehn oder zwanzig Jahre auszuüben. Sein Diplom behält seinen vollen Wert, sichert ihm seine Rechte bis zu seinem Tod. Gemäß der früheren Definition ist das Diplom »eine offizielle Urkunde, die ein Vorrecht begründet«. Früher mußte der Apotheker den Namen aller Arzneimittel auswendig kennen. Heute verfügt er dank des Computers über ein künstliches Gedächtnis, das jedem natürlichen Gedächtnis weit überlegen ist.

Napoleon Bonaparte, von der militärischen Karriere angezogen, besuchte eine Offiziersschule, deren Diplom er nach mittelmäßigem Studium bekam. Danach hatte er Truppen im Feld zu führen. Aus dieser Gegenüberstellung von schulischer Ausbildung und deren praktischer Anwendung zog er Lehren. Eines Tages sagte er seinen Truppen klipp und klar: »Jeder Soldat hat einen Marschallstab in seinem Rucksack.« War das nur einer jener Sprüche, die Politiker gern von sich geben, um die Sympathie der kleinen Leute, der Ungraduierten, der Handlanger, zu gewinnen?

Sicher nicht.

Die zwei besten Marschälle Napoleons, Massena und Lannes, hatten ihre militärische Laufbahn sehr früh als einfache Soldaten begonnen. Sie lernten ihren Beruf ausschließlich auf den Schlachtfeldern.

Diese ›Kriegsherren‹ behaupteten sich durch ihre Wirkkraft. Napoleon hat nicht gezögert! Zwischen theoretischer Schule und praktischer Schule war letztere allein entscheidend, um die besten zu erkennen. Leider machte die kulturelle Ideologie später ihre Rechte wieder geltend.

So kann man an der Stirnseite der Offiziersschule zu Saint-Cyr lesen: »Sie bilden sich, um zu siegen.«

General Gamelin war als Erster seines Jahrgangs abgegangen und hatte in der Folge die hervorragendsten Diplome erworben. 1940 war er Oberbefehlshaber aller alliierten Streitkräfte. Seine Leistung war bekanntlich sehr enttäuschend. Zum selben Zeitpunkt hieß der Präsident der Französischen Republik Albert Lebrun. Er war ebenfalls als Erster seines Jahrgangs aus der Ecole Polytechnique abgegangen.

Frankreich war mit Diplomierten wahrlich besser versehen als ›die auf der anderen Seite‹. . .

Wenn die Diplomhierarchie der Berufshierarchie entspräche, würde die Anstellung in den Privatunternehmen genauso wie in der Verwaltung erfolgen, nämlich ausschließlich nach dem Diplom.

Nun aber ziehen diese Unternehmen es vor, Personalberater teuer zu bezahlen, die zahlreiche Gespräche führen und ebenso zahlreiche Tests machen lassen, um Stärken und Schwächen von den Kandidaten zu bestimmen, die bei der Erlangung des Diploms nicht berücksichtigt werden. Das sind für die Praxis die wichtigsten Faktoren, um den echten beruflichen Wert zu ermitteln.

Die Auslese in der Praxis, wenn sie möglich ist, ist die beste. Leider untersagt das Arbeitsrecht die längere Probezeit, die jedoch unbedingt notwendig ist, damit sich die tatsächliche Leistungsfähigkeit des Arbeitnehmers, auch seine gute Anpassung an den Arbeitsplatz, herausstellt.

Molière und die kulturelle Ideologie

Der Dichter und Schriftsteller Molière wußte Gedanken von besonderer Tiefe und Originalität die belustigende, unterhaltende Form zu geben, die sein Publikum verlangte.

Damit sich das Werk eines Schriftstellers über die Jahrhunderte hinweg behauptet, muß seine Analyse der Gesellschaft, in der er lebt, nicht nur seine Zeitgenossen interessieren, sondern auch aufgrund ihrer Richtigkeit weiterhin gültig bleiben. Sie muß tiefgründig genug sein, um typische menschliche Schwächen anschaulich zu machen, die zu allen Zeiten unter verschiedenen Formen und in verschiedenen Tätigkeiten auftreten.

Wenn Molière nur ›Lächerliche Preziösen‹, ›Belehrte Weiber‹, Tartuffes‹, Menschenfeinde‹, Philosophielehrer, Ärzte, Dichter, nur typische Charaktere seines Jahrhunderts inszeniert hätte, die mit ihm verschwunden wären, dann hätten seine Lustspiele nur das Verdienst gehabt, seine Zeitgenossen zu belustigen oder zu verärgern. Sie hätten für uns nur noch anekdotische Bedeutung, etwa als Beispiel für eine frühere, inzwischen verschwundene Technik.

Man kann aber nicht gleichzeitig behaupten, daß Molière zeitlos sei und daß seine Charakteranalysen einer anderen Zeit angehörten. Das hieße, sich seinen Kritiken zu entziehen und ihm zugleich verdiente Bewunderung zu zollen.

Wir werden nur ein paar Bemerkungen über das Werk Molières machen.

Schenken wir den Verfechtern der kulturellen Ideologie Glauben, dann hatten die Frauen früher keine Bedeutung.

Sie hatten kein rechtliches Dasein, gingen nicht auf die Schule, hatten angeblich keinen Zugang zur Kultur und damit zu den zahlreichen Berufen, die auszuüben sie ermöglicht.Sie standen im Dienst ihres Mannes und eigneten sich nur dafür, den Haushalt zu führen, zu kochen, Kinder zu bekommen und großzuziehen. . . und auf die Befehle ihres ›Gebieters‹ zu warten.

Dank den Intellektuellen seien die Frauen vor allem seit der Französischen Revolution den Männern allmählich gleichberechtigt geworden und würden dieselbe gesellschaftliche Rolle wie sie spielen.

Diese allgemein anerkannten Vorstellungen werden in Molières Lustspielen widerlegt.

Dort spielen die Frauen eine vordergründige Rolle, werden ebenso wie die Männer manchmal kritisiert oder lächerlich gemacht, sind aber auch häufig das Sprachrohr des Verstands, des Herzens und des Geistes.

Noch erstaunlicher ist dies: Die Dienerinnen – die nach allem, was man uns glauben machen will, nur ›Objekte‹ gewesen sein müßten – spielten eine erstrangige Rolle, die sie heute nicht mehr haben. Wir können uns heute nicht vorstellen, daß ein junges Dienstmädchen heute angesichts des neuen Anzugs ihres Herrn laut auflacht und ihm unbefangen und ohne jede Furcht erklärt, wie lächerlich er ausschaut.

So kann Nicole, die junge Dienerin von Monsieur Jourdain, ihr Lachen nicht bändigen, als sie ihn in seinem neuen Anzug sieht.

Außerdem tadelt sie ihn wegen seiner neuen Freunde und seines neuen Lebensstils, nicht etwa unbemerkt in der Küche, sie sagt es ihm ins Gesicht.

Viele andere Dienstmädchen in Molières Stücken äußern ihre Ansichten über sämtliche Familienfragen.

Wenn man ihnen zuhört, hat man das wunderbare Gefühl, daß sie eben zur Familie gehören.

Sie reden frei, unbefangen, wie zwischen Gleichwertigen. Sie geben uns eine beispielhafte Lektion echter Gleichheit zwischen den Geschlechtern und den sozialen Ständen: Jeder behält das Zeichen seiner Herkunft ohne das Gefühl der Scham oder der Überlegenheit; jeder behält den Sinn für eine gewisse Hierarchie, die in jeder gut funktionierenden Zelle vorhanden sein muß. Alles in allem kommen die

Dienstmädchen besser heraus als die kultivierten Männer und Frauen – oder die sich einbilden, es zu sein.

Ein zweites fällt in Molières Werk auf: seine offensichtliche Sympathie für die einfachen Menschen, deren gesunder Menschenverstand die Haupttugend ist. Sie sprechen Molières innere Gedanken und Ansichten aus.

In den *Belehrten Weibern* sind Chrysale und Ariste sein Sprachrohr. In einer langen Rede verherrlichen diese gegenüber Philaminte und Bélise die Hausfrau, die bestrebt ist, ihren Haushalt gut zu führen – eine unerbittliche Verurteilung der Bildung als Eitelkeit.

Man muß dieses lange Glaubensbekenntnis Chrysales, der »von guter Suppe, und nicht von schönem Gerede lebt«, immer wieder lesen, um zu spüren, wie Molière der Heraufkunft der kulturellen Ideologie feindlich gegenübersteht.

In den *Lächerlichen Preziösen* prangert Molière mit Gorgibus die Ausgaben für Schönheitsprodukte (was würde er heute sagen?!) sowie die modischen Sprachwendungen an.

Zu seiner Zeit war es Mode, sich geschraubt und geziert auszudrücken. Heutzutage ist es die saloppe, manchmal sogar vulgäre Ausdrucksweise, doch das Lächerliche ist nicht geringer.

Molière war für die einfache, ungekünstelte Sprache.

Im *Tartuffe* spricht Molière durch den Mund Cléantes: »Mein Bruder, ich bin kein angesehener Doktor. . .« »Ich weiß, was ich sage, und der Himmel sieht in mein Herz hinein.«

Molière läßt auch Dorine sprechen, das Dienstmädchen Mariannes, Orgons Tochter. Sie denkt gescheiter als ihre Herrschaften. Von allen Personen des *Tartuffe* ist sie die jüngste und hat die bescheidenste Herkunft. Trotzdem ist sie zweifellos die klügste

Die von Molière geschaffenen Personen, die seine Sympathie haben und seine Ansichten zum Ausdruck bringen, drücken Autorität aus, ohne sich jemals auf eine Lehre, einen Propheten, einen Heiligen, einen Philosophen oder eine Persönlichkeit zu berufen.

Alle, die er als Dummköpfe oder Schurken hinstellt und die ihm unsympathisch sind, berufen sich dagegen immer wieder auf eine empfangene Bildung. Sie haben alle Wissen. Das aber kennzeichnet gerade die kulturelle Ideologie: Man denkt und handelt auf Grund des Erworbenen.

In der Naturordnung ist man dagegen von Geburt aus ehrlich oder verrucht, urteilsvermögend oder stumpfsinnig. Die sympathischen Personen in Molières Komödien haben einen gesunden Menschenverstand und eine Aufrichtigkeit, die *angeboren* sind.

Ein weiteres, von Molières behandeltes Thema ist das Aufsteigen in der sozialen Hierarchie.

Vom Standpunkt der kulturellen Ideologie gibt es nichts Besseres, nichts Beispielhafteres, als daß ein Bauernsohn seinem Vater nicht nachfolgen will und durch Studien und die Ansammlung von abstrakten Kenntnissen und Diplomen aufzusteigen versucht. Zugleich verzichtet der Sohn auf die Lebensweise seiner Eltern. Er wird zu einem angesehenen Staatsangestellten, dessen Hände ebenso weiß wie der Kragen seines Hemdes sind. Doch Molière glaubt nicht an diesen sozialen Aufstieg.

Monsieur Jourdain ist ein braver Mann, ein guter und ehrlicher Händler, dem der berufliche Erfolg zu einem gewissen Vermögen verholfen hat. Statt dieses Vermögen zurückzulegen und stolz auf seine Lage, seine Familie und seinen sozialen Stand zu sein, hört er auf einige Ratgeber, die auf sein Geld gierig sind und ihm einreden, er solle in der gesellschaftlichen Hierarchie aufsteigen.

Monsieur Jourdain fängt an, sich über sich selbst, seine Familie und seinen Stand zu schämen. Er ist für den ›sozialen Aufstieg‹ reif. Molière analysiert diese Wandlung in allen Einzelheiten. Monsieur Jourdain ändert seine Ernährung, die Art, sich zu kleiden, und seine Sprechweise. Er erlernt das Kriegshandwerk genauso wie die Adligen. Er nimmt einen Tanzlehrer. Er soll sich vor allen Dingen bilden, die Wissenschaften und die Philosophie erlernen.

Molière geißelt ebenso die Lehrer wie den Schüler: die ersten wegen ihrer Überheblichkeit und der Diskrepanz zwischen ihrer Lehre und ihrem Verhalten; den Schüler wegen seiner Naivität und seiner Bewunderung aller abstrakten

Kenntnisse. Für Molière ist der soziale Aufstieg völlig sinnlos, da er eine Wertehierarchie zwischen den Ständen voraussetzt, während Molière nur Unterschiede erkennt. Es gibt ebenso wenig höhere und untere Stände wie höhere und untere Rassen. Besonders schlimm ist, daß Monsieur Jourdain glaubt, *Geld würde diesen Aufstieg fördern.*

Die sozialen Stände bestehen aus Einzelwesen, deren Verhaltensverwandtschaft auf das Angeborene zurückgeht.

Die von der Erziehung beigebrachten Verhaltensweisen sind nur oberflächlich. Den sozialen Stand wechseln zu wollen, indem man die Umgangsformen und die Lebensart einer anderen Klasse nachäfft, ist ebenso sinnlos wie das Benehmen des Esels in der Fabel, der den kleinen Hund nachmachen will.

La Fontaine und Molière schließen sich dem Volksspruch an: »Jagen Sie das Naturell weg, so kommt es bestimmt galoppierend zurück.« (Zu deutsch: niemand kann aus seiner Haut heraus oder: die Katze läßt das Mausen nicht.)

Am Ende dieses Kapitels möchten wir auf ein von Molière kurz angeschnittenes Thema eingehen, da es mittlerweile eine sehr große Bedeutung erlangt hat: Es geht um das Einmischungsrecht.

In einem seiner Lustspiele will jemand verhindern, daß ein Mann seine Frau schlägt. Diese lehnt aber diese Einmischung ab und antwortet ihm: »Und wenn es mir gefällt, geschlagen zu werden?« Freilich, Molière bedient sich in seinen Stücken der Posse – einem niedrigen Genre, was man auch immer sagt – und treibt sie manchmal zu weit.

Er war aber ein Unternehmensleiter und für eine Theatertruppe verantwortlich. Ein Unternehmensleiter muß immer die Erwartungen der Kundschaft beachten und für Einkommen sorgen, damit die Löhne bezahlt werden. Auf dem Land hätte der *Menschenfeind* das Publikum, das sich zerstreuen wollte, niemals angezogen, wenn er es nicht in erster Linie zum Lachen gebracht hätte. So wie er uns weiterhin belustigt und uns Stoff zum Nachdenken gibt.

Natürliche Kunst – kulturelle Kunst

Bei einer Wahl zur Miß Frankreich vor einigen Jahren hatten die Veranstalter die Idee, sich an zwei Jurys zu wenden. Zum einen, in dem Veranstaltungssaal anwesend, anerkannte Ästheten: Kunstmaler, Bildhauer, Fotographen, Kunstkritiker – Personen also, die im Bereich der Schönheit versiert waren. Zum anderen eine Volksjury, die per Telefon stimmte.

Man hätte eine Überlegenheit der fachkundigen Jury oder zumindest größere Beurteilungsunterschiede zwischen beiden Jurys erwarten können. Das war aber nicht so, und die ungebildetsten Zuschauer, die sich auf die Emotionen verließen, die der Anblick einer hübschen Frau hervorruft, stimmten genau so wie die anerkannten Ästheten oder Künstler.

Aus dieser Feststellung läßt sich folgern, daß jeder Mensch gegenüber dem, was er sieht, hört, riecht und schmeckt, ein Gefühl des Genusses oder der Ablehnung empfinden kann. Diese Emotion ist angeboren und nicht sogenannten höheren Gesellschaftsschichten vorbehalten.

Entgegen einer weitverbreiteten Meinung, daß alles anerziehbar sei, kann Sensibilität nicht in der Schule weiterentwickelt werden. Ein sehr empfindsames, feinfühliges Kind, das mit wenig sensiblen Kindern erzogen wird, neigt sogar eher dazu, sich abzukapseln. Seine Sensibilität vergeht zwar nicht, es traut sich jedoch nicht, sie etwa durch kreative Beiträge zu *äußern,* da es keine völlige Übereinstimmung mit seiner Umgebung spürt.

Dagegen kann die Schule einem immer beibringen, über Kunst zu reden. Und da die Übereinstimmung durch Worte immer größer wird, löst der Diskurs über Kunst allmählich die Kunst ohne Diskurs ab.

In einem seiner Lustspiele hatte Molière bereits einen

›Poeten‹ lächerlich gemacht, der jede Verszeile des von ihm öffentlich vorgetragenen Gedichts kommentierte. Für Molière ist Poesie ebensowie Musik keines Kommentars und keiner Interpretation bedürftig: Sie bereiten Vergnügen und Freude oder nicht, und keine Erklärung kann daran etwas ändern.

Unser Schönheitswettbewerb hat eine große Übereinstimmung zwischen allen Menschen erkennen lassen. Vor einem *natürlichen* Anblick empfinden sie nämlich das gleiche Vergnügen bzw. die gleiche Freude.

Diese Freude, diese künstlerische Emotion, die das Herz ausdehnt, ist von Mensch zu Mensch mehr oder weniger stark, sie ist aber bei jedem erzeugbar. Streitigkeiten und unterschiedliche Gesichtspunkte kommen nur bei Interpreten und Kritikern vor, und zwar aus tiefen, unausgesprochenen, außerkünstlerischen Gründen.

Bis Ende des 19. Jahrhunderts waren Kunstmaler und Bildhauer nur auf das eine bedacht: einen Anblick, der sie bewegt, ja ergriffen hatte, für immer festzuhalten. Da sie sich auch ernähren mußten, gaben sich einige Porträtmaler damit einverstanden, die Gesichtszüge von Persönlichkeiten für die Nachwelt festzuhalten. Diese Persönlichkeiten wollten dadurch bewirken, daß sich ihre Nachkommen an sie erinnern. Diese figurativen, das heißt konkreten, gegenständlichen Gemälde wurden ebensowie die Skulpturen von Praxiteles, Phidias oder Michelangelo, die die Vollkommenheit der natürlichen Schönheit verkörpern, von allen bewundert.

Versuchen wir nun zu erklären, wie der Diskurs über Kunst allmählich die Kunst ohne Diskurs abgelöst hat, wie das Schöne nicht mehr durch die erzeugte Emotion anerkannt wurde, sondern gemäß Kriterien, die von Intellektuellen bestimmt wurden. Nehmen wir unseren Schönheitswettbewerb als Beispiel.

Auf Grund jener spontanen Emotion lassen sich für ein Frauengesicht der hübscheste Teint, die schönsten Augen, die hübscheste Nase, die Schönheit der Stirn, der Augenbrauen, des Mundes, des Kinns usw. bestimmen. Man kann nun versuchen, Beurteilungsmaßstäbe festzulegen. Wer diese Maßstäbe vollkommen beherrscht, mag den Eindruck bekommen, daß er über die Schönheit eines Gesichts besser als alle anderen urteilen könne. Er kann nun alle ablehnen, deren spontanes Urteil argumentativ nicht durch die festgelegten Kriterien gestützt wird – obwohl diese Kriterien jenem Gefühl für das Schöne entspringen

Seit der Vorgeschichte hat nur die genetische Lotterie Künstler mit Schaffensdrang geboren. Die Technik war ursprünglich sehr einfach, wenig ausgebildet, sie hat sich aber seitdem auf allen Gebieten immer wieder verbessert. Die Technik ist jedoch nie Selbstzweck gewesen, sondern ein Mittel, Emotionen zum Ausdruck zu bringen. Einen Künstler darf man niemals an seiner Technik beurteilen. Je besser er sie aber beherrscht, desto besser kann er sein Werk vollenden.

Der echte Künstler benutzt die Technik nur in dem Maße, wie er sie braucht. Sie darf in seinem Werk zum Vorschein kommen, und nur die Fachkundigen seiner Kunst können sie erkennen.

Wagner hatte wohl verstanden, daß in einem Opernwerk nur das Schauspiel auf der Bühne und die Musik zählen. Das Orchester muß dem Publikum verborgen bleiben, der Anblick des Dirigenten und der Instrumentalisten lenkt nämlich den Opernbesucher ab, hindert ihn daran, sich auf das einzig Zählende zu konzentrieren.

Der echte Musikliebhaber hört Musik allein, im Halbdunkel. Wer ins Konzert geht oder Musik im Fernsehen aus Konformismus bzw. Snobismus, das heißt, ohne sie richtig zu mögen, hört, will zerstreut werden. Er möchte, daß man ihm nacheinander den Dirigenten und seine Instrumentalisten zeigt, auch wenn manche von ihnen Gefühle hervorrufen, die mit den durch die Musik zu weckenden Gefühlen eigentlich nichts zu tun haben.

Bei den Solisten schätzen sie mehr die Virtuosität als die Sensibilität des Künstlers. Akrobatische Kunststücke oder Akte haben bekanntlich immer Erfolg. Auf diese Weise wird der eigentliche Zweck der Kunst jedoch verfälscht.

Ein überzeugendes Beispiel liefert uns der Eis*kunst*lauf,

bei dem man nur mit *technischen* Meisterleistungen auf die ersten Plätze gelangen kann. Führt ein Eiskunstläufer oder eine Eiskunstläuferin sein/ihr künstlerisches Programm, den Kürlauf, vor, kündigt der Kommentator an, was der Eiskunstläufer gleich vollzogen wird, zum Beispiel einen dreifachen Axel. Da spürt man beim Eiskunstläufer eine mit leichter Angst erfüllte Spannung, die von allen Zuschauern geteilt wird. Ist das wirklich Kunst?

Während Eiskunstlauf für alle tanzbegeisterten Künstler eine wunderbare Technik, sich zu äußern, darstellt, haben die Techniktrainer jegliche Spontaneität, jegliche Leidenschaft, jegliche Emotion aus ihm vertrieben. Eiskunstlauf wurde zu rhythmischem Tanz mit einigen akrobatischen Figuren, an denen der Läufer oder die Läuferin beurteilt wird.

Wie bereits zu Beginn dieses Buches erläutert, haben im Laufe der Jahrhunderte einige technische Innovationen das Leben der Menschen grundlegend verändert. Eine vor allem sollte das Schaffen der Kunstmaler im 19. Jahrhundert stark beeinflussen, die Fotographie nämlich. Das Auftreten dieser Technik rief ein großes Interesse unter ihnen hervor. Und sogar der große Impressionist Manet verwendete sie, um fotographisch festzuhalten, was er zu malen gedachte.

Vor der Erscheinung dieser Innovation waren Zeichnen und Malen die einzigen technischen Erfindungen, die eine Wiedergabe und Erhaltung des Gesehenen ermöglichten. Bei den Malern und Zeichnern war das Porträt den besseren Klassen vorbehalten, doch die Mehrheit der Kunden bevorzugte nunmehr die Fotographie, so daß die Porträtmalerei innerhalb einer einzigen Generation zerstört wurde. Die gegenständliche Kunst, die seit Anbeginn des Zeichnens und der Malerei bestanden hatte, wurde in ihrer Gesamtheit gefährdet. Nunmehr mußten die Künstler entweder Fotographen werden oder nichtgegenständliche Gemälde verwirklichen, die mit den Fotoaufnahmen nicht konkurrieren konnten.

Zur selben Zeit – während das von der künstlerischen Emotion herrührende spontane Urteil dem Diskurs über

Kunst allmählich Platz machte und ›Vordenker‹ über das Schöne und das Häßliche entschieden – tauchten infolge des gewerblichen Aufschwungs zahlreiche Neureiche auf.

Während die Gemälde seit den Anfängen ähnlich wie Möbelstücke von Menschen mit Geschmack erworben wurden, die ihren Wohnsitz damit verschönern wollten, während die Erwerber nur den Wunsch hatten, daß diese Kunstwerke ewig in der Familie blieben, begann der spekulative Handel, sich für Kunstwerke zu interessieren.

Die Liebe zum Kunstwerk wurde durch die Suche nach günstigen Geldanlagen und aussichtsreichem Wertzuwachs abgelöst. Damit setzte die Korruptierung der Kunst ein.

Folgende drei Erscheinungen verschworen sich also gemeinsam gegen die bildende Kunst:

– die Erfindung des fotographischen Verfahrens,

– der von ›Vordenkern‹ bestimmte künstlerische Wert,

– das Auftreten zahlreicher Neureichen, die größtenteils ihre Herkunft vergessen lassen wollten. In dem *Bürger als Edelmann* wußte Molière besser als jedermann diesen Durst nach sozialem Aufstieg zu analysieren, den alle möglichen ›Vordenker‹ und Besserwisser ausnütz(t)en.

Diese Faktoren bewirkten den Untergang jener figurativen, sprich gegenständlichen Malerei, die sich an der natürlichen Schönheit orientierte und die von Männern und Frauen aus sämtlichen Gesellschaftsschichten bewundert werden konnte.

Die Malerei wurde surrealistisch, und manche Künstler, von Kunsthändlern unter ihre Fittiche genommen und von den Vordenkern unterstützt, betrieben Klientelismus, das heißt, sie richteten nunmehr vordergründig nach den Erwartungen ihrer potentiellen Kundschaft.

Da die früheren Künstler ihre Sensibilität nicht verändern konnten, schufen sie von Anfang an im selben Stil einen gleichbleibenden Typus. Mozart schuf bereits fünfjährig die typische Mozartsche Musik. Wagner hat stets Wagnersche Musik komponiert, das Gesamtwerk von Bach, Rembrandt oder Vermeer weist ebenso einen eigenen, typischen Stil auf.

Unsere neuen Künstler, zu den namhaftesten gehörte

Picasso, hatten plötzliche ihre ›Perioden‹. Diese waren nicht das Ergebnis einer langsamen Entwicklung, einer langsamen inneren Reifung, sondern plötzliche Umschwünge, um eine neue Marktlücke zu füllen – genauso wie die großen Couturiers und Modeschöpfer, die in ihrem Bereich Künstler sind und die Mode Jahr für Jahr zu einem rein kommerziellen Ziel verändern.

Picasso war von der Begeisterung beeindruckt worden, die der geschickte Henri Rousseau, genannt Le Douanier, erzeugt hatte.

Picasso war klug und geschickt, sich ein bei den damaligen Intellektuellen geschätztes politisches Etikett zu verleihen: Er gab vor, ein Kommunist zu sein, obwohl er in Wirklichkeit geizig und überhaupt nicht großmütig war.

Sein politisches Gemälde über ›Guernica‹ brachte ihn endgültig in die Nähe der linken Intellektuellen.

Es ist im übrigen interessant festzustellen, daß Picasso, die Galionsfigur der antifaschistischen Künstler, während der deutschen Besatzung nicht etwa nach England floh oder in der nichtbesetzten Zone blieb, sondern sich in dem unter deutscher Kontrolle befindlichen Paris niederließ. Dort konnte er in aller Ruhe arbeiten, ignorierte er den gaullistischen oder kommunistischen Widerstand und unterhielt höfliche Beziehungen zu den Deutschen.

Erst kurz vor der Befreiung schloß sich Picasso kommunistischen Kreisen wieder an. Man muß hierbei seinen genialen Geschäftssinn sowie seine perfekte Nutzung der Kunstkritiker und -händler bewundern.

Und wo bleibt das Volk in alledem? Das Volk, das einst Maler und Bildhauer *mit ganzem Herzen* bewunderte, bleibt vor modernen Malereien und Plastiken einfach verblüfft und sprachlos. Man sagt ihm, daß die künstlerische Emotion erlernbar sei, und es fehlt nicht an ›Lehrern‹, die denen, die ›keine Kultur bzw. keine Bildung‹ haben, welche geben wollen. Wir müssen ihnen beibringen, zwischen dem Schönen und dem Häßlichen zu unterscheiden.

Erblichkeit und kulturelles Erbe

Der Leser möge uns verzeihen, wenn wir auf den wichtigen Unterschied zwischen Naturordnung und kultureller Ideologie und seine Folgen noch einmal zurückkommen.

Wir hören jeden Tag von kulturellem Erbe sprechen. Wenn die Deutschen anders als die Spanier sind, sei es ausschließlich darauf zurückzuführen, daß sie nicht das gleiche kulturelle Erbe bekommen hätten. Das gehört zu einer überkommenen Vorstellung, die keiner in Zweifel zieht.

Diese Vorstellung hat nichts Anstößiges an sich, wir stellen lediglich fest, daß sie falsch ist. Aufgrund dieser irrigen Meinung glaubt man, es würde genügen, allen Völkern der Erde ein und dieselbe Kultur anzubieten, damit sie alle gleich werden und dieselben Sitten und Werte annehmen. Darin liegt ein tragischer Irrtum, den die Franzosen – und andere – in Afrika begangen haben und dessen abscheuliche Folgen wir heute sehen können.

Die Annahme einer anderen Kultur kann – zumindest nach außen hin – stattfinden, dies erfolgt aber aus Notwendigkeit, Interesse oder Eitelkeit. Das verdeckt das Naturell, das allerdings jedes Mal wieder an die Oberfläche kommt, wenn eine echte Wahlentscheidung bevorsteht. In Wirklichkeit ist es der ›dritte Mensch‹, der Mensch des geistig Erworbenen, der eine andere Kultur annimmt, das hat aber keinen Einfluß auf sein natürliches Verhalten.

Da wir bei dieser Diskussion die Begriffe ›Kultur‹, ›Rasse‹ und ›Ethnie‹ gebrauchen werden, ist es wichtig, deren genaue Bestimmungen zu kennen.

Der Begriff ›Kultur‹ in seiner heutigen Bedeutung ist relativ neu.

Als die Intellektuellen ihn zu gebrauchen begannen, hatte er eine ähnliche Bedeutung wie ›Kultur‹ im Sinne von

Anbau, Aufzucht, Pflege, bezogen auf *Kultur*pflanzen. Man baut Kohl an, damit er sich entwickelt. Man pflegt die Mathematik, die Physik oder die Sternkunde, um diese Wissenschaften weiterzuentwickeln.

Der Ausdruck ›sich kultivieren‹ war in der damaligen Zeit nicht zu hören. Er wäre ohnehin sinnlos gewesen oder hätte dann einen narzistischen Sinn bekommen, der die eigentliche Bedeutung des Begriffs ›Kultur‹ völlig auf den Kopf gestellt hätte, da Kultur eine Hingabe voraussetzte, die die Entwicklung dieser oder jener Wissenschaft ermöglichte. Leider ging die ursprüngliche Bedeutung mit der Zeit verloren, wahrscheinlich weil die Hingabe im Schwinden ist. Währenddessen fordert uns die Werbung von tausend Erzeugnissen dazu auf, daß wir uns zunächst um unsere eigene Person – selbstsüchtig – kümmern, damit wir uns in der Gesellschaft sehen lassen.

So wird Kultur zu einem Mittel, sich zur Geltung zu bringen. Man kümmert sich um seinen Körper und seinen Geist. Schönheitspflege und Kultur zielen auf das Gleiche hin.

Cézanne hat einmal gesagt, Kunst wende sich nur an eine kleine Anzahl von Leuten.

»Er hat sich ausnahmsweise geirrt«, sagte ein Rundfunkmoderator bei der Feststellung, daß rund eine Million Menschen die Ausstellung seiner Gemälde in Paris und London besucht hatten.

Nein, er hatte sich nicht geirrt.

Viele wunderbare Kunstwerke schlummern in den Museen kleinerer Städte, die sehr wenig Besucher haben. Sie warten auf den medialen Tamtam, der verlauten wird: »Das muß man unbedingt gesehen haben!«

Wenn wir ›Kultur‹ als »die Gesamtheit der erworbenen Kenntnisse« definieren, so möchten wir gleich hinzufügen: »die notwendig sind, um in der Gesellschaft glänzen zu können«.

Was ›Rasse‹ und ›Ethnie‹ anbetrifft, ist die Begriffsbestimmung schwieriger. Wir verfügen dabei über drei Nachschlagewerke: Das *Larousse Universel* von 1922, das *Petit Larousse* von 1965 und das Petit Robert von 1984.

Obwohl der Gegenstand der Definitionen sich nicht verändert hat, ist ihre Entwicklung symptomatisch.

Rasse: Das *Larousse Universel* führt die *Encyclopédie* an: »Die Rassen sind natürlich, wenn sie spontan entstehen, wenn Gattungen durch die Erblichkeit der Merkmale beständig werden; sie sind künstlich, wenn der Mensch sie entstehen läßt und aufrecht erhält, wie bei vielen Haustieren zu beobachten. Es ist bemerkenswert, daß viele künstliche Rassen, sind sie einmal sich selbst überlassen, zu den natürlichen Typen zurückkehren, von denen sie abstammen. Das gilt auch für das Ergebnis der Kreuzungen verwandter Rassen oder Mestize.«

Es ist bemerkenswert, daß die *Encyclopédie,* die 1922 die Einstellung der meisten Intellektuellen widerspiegelt, nicht von ›reiner Rasse‹, sondern von ›natürlicher Rasse‹ spricht. Sie geht sogar viel weiter:

»Das Ergebnis der Kreuzungen, genannt künstliche Rasse, verschwindet letztlich, indem es – wahrscheinlich durch natürliche Auslese – zum natürlichen Typ zurückkehrt.«

Kommen wir nun zum *Petit Larousse* aus dem Jahre 1965.

Rasse: »Gruppe von Einzelwesen, deren biologische Merkmale beständig sind und durch Fortpflanzung aufrechterhalten werden.«

Das ist eine gute Definition, wenn auch vorsichtig und etwas einschränkend. Wenn man ein Buch über Hunde nachschlägt, stellt man fest, daß außer ihrem Aussehen Angaben gemacht werden, ob sie liebevoll, gehorsam, mutig usw. sind. Das sind keine körperlichen Merkmale. Jahrhundertelang wurde der Begriff ›Rasse‹ in allen sozialen Schichten ständig benutzt. ›Rasse‹ bezeichnete nicht nur die körperlichen Merkmale, sondern auch die Verhaltenstypen. Ein weltweit anerkannter Sprichwort lautete: »Aus seiner Rasse weiß guter Hund zu jagen«. Jagen ist aber kein körperliches Merkmal, sondern eine Verhaltensweise.

Die kulturelle Ideologie erkennt die Gültigkeit dieses Sprichworts jedoch nicht an, da dieses dem Angeborenen vor dem Erworbenen den Vorrang gibt und zeigt, daß das Verhalten mit der Rasse verbunden ist.

Es ist übrigens interessant, daß dasselbe Sprichwort weitere Abwandlungen im deutschen Sprachraum erfahren hat: »Der Apfel fällt nicht weit vom Stamme« oder »Art läßt nicht von Art«.

Im *Petit Robert* von 1984 lesen wir unter ›Rasse‹:

»Ethnische Gruppe, die sich von den anderen durch einen Zusammenhang von physischen und erblichen Merkmalen (Hautfarbe, Kopfform, Prozentsatz der einzelnen Blutgruppen) unterscheidet.«

Diesmal ist es eindeutig: die Zugehörigkeit zu einer Rasse hat überhaupt nichts mehr zu tun mit dem Verhalten, das nun ausschließlich dem Bereich der Kultur angehört. Früher war man der Ansicht, die erblichen Merkmale befänden sich im Blut. Man sagte: »Das hat er im Blut.«

Genauso wie heute schrieben die Menschen die Ursache des sie treffenden Unglücks den Bösen zu. Die Guten hatten ein ›gutes Blut‹, und ein Sprichwort lautete: »Gutes Blut lügt nicht.« Der Gute hatte ein reines Blut, der Böse ein unreines, Zeichen schlechter Erbanlagen. Aus diesem Grund übernahmen die französischen Revolutionäre von 1789 mit Begeisterung die Worte der *Marseillaise,* um den Feind zurückzustoßen:

»Vorwärts, vorwärts, daß ein *unreines* Blut die Furchen unserer Felder betränke.«

Einen Feind bekämpfte man damals nicht, weil er eine teuflische Ideologie vertrat, wie heute der Fall, sondern weil er einer unreinen Rasse angehörte.

Der Begriff ›Rasse‹ wurde in jüngster Zeit durch den Begriff ›Ethnie‹ abgelöst.

Hat sich der Begriff ›Ethnie‹ im Laufe der Zeit gewandelt?

Zu unserer großen Überraschung und nach langer Suche haben wir in unserem *Larousse Universel* von 1922 keine einzige Spur von diesem Begriff gefunden.

Das ist also ein ziemlich neuer Begriff, der den Begriff ›Rasse‹ abzulösen versucht hat. Doch die Kriege im ehemaligen Jugoslawien und in Ruanda haben ihn sehr bald befleckt.

Dagegen finden wir den Begriff ›ethnisch‹ mit der Bestimmung: ›die Rasse betreffend‹. Wir finden ebenfalls ›Ethnologie‹ mit der Bestimmung: »Wissenschaft, die Bildung und physische Merkmale der Menschenrassen behandelt.«

Man durfte annehmen, daß der Begriff ›Ethnie‹, da mit ›Ethnologie‹ verwandt, sich auf die anatomische Seite der Rassen beschränken würde, doch das Gegenteil geschah!

Kommen wir nun zum *Petit Larousse* von 1965. Alles ändert sich. Der Begriff ist nicht mehr mit ›Rasse‹ gleichbedeutend:

Ethnie: »Organische Menschengruppe einheitlicher Kultur.«

Nun haben wir es: Das kulturelle Erbe hat die genetische Erblichkeit verdrängt. Wenn die Einwohner ein und desselben Landes ähnliche Sitten haben, dann nicht mehr aufgrund ihres genetischen Erbes, sondern ausschließlich wegen ihrer Kultur, das heißt der erworbenen Kenntnisse.

Hier zeigt sich, wie sehr sich die Bedeutung der Wörter je nach den Umständen verändert und wie derselbe Text innerhalb von 50 Jahren eine Bedeutungsverschiebung erfahren kann.

Die Sprache ist ein schlechtes Kommunikationsmittel, sie ist unklar, annähernd, zweideutig, da die Wörter je nach den Epochen nicht dieselbe Bedeutung haben.

So hat zum Beispiel der Begriff ›Ethnie‹ innerhalb von dreiundvierzig Jahren einen völlig anderen Sinn bekommen.

Das *Petit Robert* von 1984 schließlich drückt noch deutlicher den grundlegenden Unterschied zwischen ›Ethnie‹ und ›Rasse‹.

Ethnie: »Gruppe von Menschen, die eine gewisse Zahl von zivilisatorischen Merkmalen zueinander bringt, unter anderem die Sprach- und Kulturgemeinschaft (während die Rasse durch anatomische Merkmale gekennzeichnet wird).«

Die kulturelle Ideologie hat hier das Ihrige getan.

Zwischen der Kultur, die sich erlernt, und der Rasse, deren erbliche Merkmale die Anatomie und das Verhalten betreffen, gibt es *nichts*.

Kämen die Begabungen, die Neigungen, das Verhalten ausschließlich von der Kultur? Wären sie nur Erworbenes?

Warum haben dann die Waisenkinder, die zusammen großgezogen werden und dieselben Schulen besuchen, nicht dieselben Fähigkeiten, dieselben Neigungen, dasselbe Verhalten?

Daß das Erlernte das Wichtigste sei, das spricht dem gesunden Menschenverstand und dem, was jeder tagtäglich sehen und feststellen kann, derart hohn, daß es absurd, ja sogar komisch wird...

Es sei daran erinnert, daß das Angeborene, das genetische Erbe, durch die Fortpflanzung des Lebens fortbesteht. Es wird dem Einzelwesen nicht hinzugefügt: Es ist das Leben selbst, das Individuum ist lediglich der Träger, eine vergängliche Form dieses genetischen Erbes, das wiederum ewig ist.

Woher kommt aber die Kultur? Warum hat jedes Land, manchmal sogar jede Gegend eine eigene Kultur?

Warum haben benachbarte Länder wie zum Beispiel Deutschland und Italien, die gleichermaßen Musik lieben, so unterschiedliche Komponisten wie Wagner und Rossini?

Liegt es einfach daran, daß Rossini durch die italienische Musikkultur geprägt wurde und Musikschulen seines Landes besuchte, während Wagner durch die germanische Dichtung und Musikkultur geprägt wurde und Musik mit deutschen Musiklehrern erlernte?

Darin liegt der springende Punkt: Ist der Mensch das Produkt der Kultur oder die Kultur das Produkt des Menschen?

Heute behaupten berühmte Wissenschaftler, die als Vermittler in ethischen Fragen wirken, es gäbe keine Menschenrassen. Der Beweis: Alle Männer und Frauen sind – mit Ausnahme der eineiigen Zwillinge – einzigartig. Menschen, die nur durch ihre Einzigartigkeit ähnlich sind, könnten also keine Rassen bilden.

Beantworten wir dies mit dem gesunden Menschenverstand. Vergleichen wir einen Dachhasen, sprich einen herumlaufenden Kater, und einen Hundemix. Es gibt gewiß viele Katzen, alle einzigartig durch ein paar Einzelheiten im Fell oder im Verhalten. Dennoch haben alle diese Katzen so viele Gemeinsamkeiten, daß sie niemals mit einem Hundemix oder gar mit irgendeinem Hund verwechselt werden können!

Wir nennen ›Katze‹ eine Tierrasse, deren Erbanlagen viel mehr Gemeinsamkeiten als Unterschiede aufweisen. Sie sind weder mit Hunden, noch mit Steinmardern, noch mit Iltissen oder Mardern zu verwechseln.

Jedermann – außer manchen Naturwissenschaftlern – weiß, daß das Aussehen eines Mannes oder einer Frau – insbesondere das Gesicht – den Charakter und das Verhalten widerspiegelt. Zu behaupten, daß die Rasse nur anatomische Merkmale definiere, ist ein Unsinn!

Eineiige Zwillinge haben denselben Charakter und dasselbe Verhalten. Sie sind erblich identisch.

Zweieiige Zwillinge waren durch ihre Mutter und während ihrer frühen Kindheit denselben Einflüssen ausgesetzt. Sie sind trotzdem anatomisch und charakterlich ebenso verschieden wie zwei Brüder, Schwestern oder Geschwister, die keine Zwillinge sind. Darin liegt der Beweis, daß das Angeborene die Anatomie, das Verhalten, den Charakter, die Begabungen bestimmt – und nicht das kulturelle Umfeld bzw. das Erworbene.

Kommen wir zu unserer Frage zurück: Woher kommt die Kultur?

Dazu ein Beispiel. Ein Lehrer bringt seinen Schülern die bretonische Baukunst bei. Die Schüler werden dann, wenn sie den Unterricht richtig aufgenommen haben, Häuser bretonischen Stils bauen können, aus welcher Region der Welt sie auch stammen. Diese Bauten werden zivilisatorische Werke sein, und nicht das Produkt einer künstlerischen Eingebung. Ebenso kann ein sehr guter Tischler eine Kommode im Stil Ludwig des Sechzehnten herstellen, indem er eine bereits bestehende nachbildet.

Ursprünglich muß aber doch eine Schöpfung, eine Erfindung, eine Innovation erfolgt sein.

Nun aber ist die – technische oder künstlerische – Erfindung nicht das Ergebnis des Erlernten, sie ist vielmehr die Frucht einer inneren Eingebung. Wenig Leute besitzen diese Gabe echter Schöpfung. Diese Gabe kommt vom Innersten und wird dem Einfluß unserer Umwelt ausgesetzt, denn wir sind Herdentiere.

Die Kultur ist also das Produkt des Menschen. *Verschiedene Menschenrassen rufen verschiedene Kulturen hervor.* Sofern die Rasse ihre erblichen Merkmale behält, ist sie der Kultur vollkommen angepaßt, die in der Geschlechterfolge, von den ersten künstlerischen und technischen Neuerungen an, geschaffen wurde.

Auch Tiere haben schöpferische Gaben. Vögel bauen Nester, die wunderbare technische und künstlerische Werke darstellen. Es gibt keine Schule, an der sie den Nestbau erlernen könnten. Wenn das Vogeljunge das Nest verläßt, dessen Bau es nicht erlebt hat, weiß es kaum, wie das Nest gebaut ist. Zu diesem Nest wird es nicht mehr zurückfliegen, und im nächsten Frühjahr wird es bereit sein, sein eigenes zu bauen, das, wenn auch sein erstes, gleich vollkommen sein wird.

Dies alles liegt in seiner Angeborenheit, und man kann annehmen, daß dieses Nest im Laufe von Tausenden von Jahren verbessert wurde.

Doch jede Vogelart hat eine typische Nestform! Die Zahl der Dinge, die die Tiere instinktiv und ohne jede Lehre zustande bringen, ist schon phantastisch!

Und uns Menschen will man glaubhaft machen, daß wir nichts verrichten könnten, wenn man es uns nicht beibrächte! Alles in allem ist Zivilisation die Gesamtheit der erworbenen Kenntnisse, und diese erworbenen Kenntnisse bilden die Gesamtheit der technischen und künstlerischen Schöpfungen, die ursprünglich echte Neuerungen waren, von Menschen eingeleitet, die überhaupt nicht ›kultiviert‹ waren.

Der erfinderische Einfall kommt aus der Tiefe des Wesens. Man lernt nicht, Erfinder zu werden, man wird als Erfinder geboren. Man stellt fest, daß manche Völker viel erfinderischer sind als andere, daß Frauen, die bei der Aufnahme neuer Kenntnisse ebenso begabt wie die Männer sind, andererseits weniger erfinderisch sind.

Die Erfindung ist genetisch bedingt, nicht kulturell.

Die Völker, deren genetisches Erbe mehr Ähnlichkeiten als Unterschiede aufweist, haben künstlerische Schöpfungen und technische Erfindungen vom selben Typus, also eine einheitliche Kultur.

Das Gleichnis der beiden Milchproduzenten
Die Hierarchie der Lebewesen

Unsere Überlegungen über den Vorrang des Angeborenen möchten wir mit dem ›Gleichnis der beiden Milchproduzenten‹ veranschaulichen.

Zwei Freunde, die ein Vermögen erworben hatten und sich für Landwirtschaft leidenschaftlich interessierten, beschlossen jeder für sich, ihr Geld in einen Bauernhof zu investieren und Milchkühe zu züchten.

Der erste war naturwissenschaftlich und methodisch veranlagt und wandte sich an die besten Fachleute in aller Welt, meistens Tierärzte, um einen Musterbetrieb mit kontrollierter Temperatur, Lüftung und Helligkeit errichten zu lassen.

Er ließ ebenfalls die bestmögliche Fütterung untersuchen, die beste Atmosphäre, um die beste Milcherzeugung zu erreichen.

Er stellte einen ausgezeichneten Fachmann ein, der seine Zucht ständig überwachen sollte, und kaufte seine Färsen auf einem Viehmarkt in der Umgebung.

Der zweite verfuhr ganz anders. Er kaufte einen bereits bestehenden Bauernhof mit einem herkömmlichen Stall und guten Weideflächen.

Dafür legte er größten Wert auf die Abstammung der Färsen, die er kaufte.

Er verlangte, daß die Mütter, Großmütter und Urgroßmütter jährlich über 10 000 Liter Milch gegeben hatten.

Auf seinem Hof ließ er die Tiere sich satt fressen, entweder Gras auf den schönen Wiesen oder gutes Heu im Stall.

Welcher von beiden erzielte die besten Ergebnisse? Bei weitem der zweite, der die Auffassung vertrat, daß die Milcherzeugung einer Kuh vor allen Dingen von ihrem genetischen Erbe, von ihrem Angeborenen, abhänge. Nicht der erste, der an die wissenschaftliche Zucht glaubte und den Kühen in Sachen Ernährung und Umfeld das Beste geben wollte, damit sie die höchsten Milcherträge erzielten.

Wir möchten außerdem darauf hinweisen, daß die Kühe des zweiten viel ›glücklicher‹ sein werden. Sie führen ein friedliches Dasein, fressen nach Belieben und stehen nicht unter ständiger Aufsicht und Kontrolle.

Dagegen findet am Eingang dieses zweiten Hofes eine strenge Auslese statt, die im ersten nicht besteht.

Manch einer wird bemerken, daß unser ›Gleichnis der beiden Milchproduzenten‹ rassistisch angehaucht sei, wenn man es auf die Menschen beziehe, und daß wir damit eine bestimmte Lehre befürworten würden.

Unser Gleichnis zielt einzig darauf hin, die Bedeutung des Angeborenen gegenüber dem Erworbenen zu zeigen. Sich dieser Wahrheit in der Viehzucht mit Hilfe der Auslese zu bedienen bedeutet keineswegs, daß dieselben Folgerungen auch für den menschlichen Bereich gelten.

Wir sind keine Haustiere, deren Endzweck wohl bekannt ist (zum Beispiel Milch- und Fleischerzeugung bei den Milchkühen), sondern menschliche Wesen, deren eigentliche Rolle auf Erden und oberster Endzweck – außer der Notwendigkeit zu überleben – immer noch nicht definiert wurden.

Die Wahrheit ist ›unumgänglich‹, und selbst wenn man sich ihr auf verwerfliche Weise bedient, ist sie nicht deswegen falsch. Mit Dynamit kann man töten, Dynamit kann aber auch beim Bau von Staudämmen helfen, die öde Landschaften fruchtbar machen werden.Im Namen der Heiligen Schrift und der Evangelien wurde in Frankreich nicht nur die Inquisition auf die Beine gestellt, sondern auch in der Bartholomäusnacht zum 24.8.1572 die Ermordung von 2000 Hugenotten vollbracht.

Enthielten die Evangelien diese äußerste Gewalt im Keim, und muß man sie deshalb verurteilen?

Demfranzösischen Wörterbuch *Petit Robert* zufolge ist

»Rassimus die Lehre von der Hierarchie der Rassen, die auf die Notwendigkeit schließt, die sogenannte höhere Rasse vor jeder Kreuzung zu schützen, und auf deren Recht, die anderen zu beherrschen.«

Über die Frage der Hierarchie der Lebewesen möchten wir unseren Standpunkt erläutern.

In der Naturordnung gibt es keine Hierarchie. Kein Tier und keine Pflanze wurde dazu programmiert, die anderen zu beherrschen, sondern einfach dazu, jenes ewige Leben in sich zu bewahren, das sie unbedingt weitergeben sollen.

Gewiß, alle Tierarten sind Raubtiere, die sich entweder von Tieren oder von Pflanzen ernähren. Das will aber nicht heißen, daß sie sich für höher halten als die Tiere, die sie jagen, bzw. als die Pflanzen, von denen sie sich ernähren.

Auch die Menschen töten täglich Millionen von Tieren, um sich zu ernähren, und glauben Sie mir, der Tod ist niemals eine erfreuliche Angelegenheit. Die Art, wie sie getötet werden, wird sorgfältig verheimlicht – für unser geistiges Wohlbefinden.

Über das Erlegen eines Hirsches bei einer im Fernsehen gezeigten Hetzjagd empören sich Millionen von Menschen Dagegen wird die tägliche Schlachtung von Millionen Hähnchen, Enten, Kälbern, Kühen, Pferden, Lämmern usw. offenbar von allen ignoriert, denn wir alle kommen in deren Genuß, während die Hetzjagd nur einigen wenigen Vergnügen verschafft.

Gibt es eine Hierachie unter den Menschenrassen? Die Kultur der Khmer aufrechtzuerhalten und zur Entfaltung zu bringen, wer könnte es besser als die Khmer selbst?

Die Kultur der Bantus aufrechtzuerhalten und zur Entfaltung zu bringen, wer könnte es besser als die Bantus selbst?

Gibt es eine Kultur, die einer anderen überlegen wäre? Jeder meint, seine Kultur sei der der anderen überlegen. Das ist zwar legitim, aber keineswegs objektiv. Es gibt überhaupt keine Hierarchie unter den Kulturen. Demnach gibt es keine Menschenrasse, die einer anderen überlegen wäre.

Man kann aus den Ergebnissen im Sport den Schluß ziehen, daß die Schwarzen bei allen Laufdisziplinen und im Basketball den Weißen überlegen sind. Oder aus den Wirtschaftszahlen, daß die Deutschen bessere Industrielle sind als die Griechen usw.

Dagegen kann man – im Gegensatz zur kulturellen Ideologie – behaupten, daß die Deutschen völlig untauglich wären, um die Kultur der Bantus aufrechtzuerhalten und zur Entfaltung zu bringen – genausowenig die Bantus die deutsche Kultur.

Die Naturordnung anzuerkennen heißt anzuerkennen, daß die Mehrzahl der Mitglieder eines Volkes eine gewisse genetische Verwandtschaft aufweist, daß diese genetische Verwandtschaft im Laufe der Jahrhunderte eine bestimmte Kultur hervorgebracht hat und daß das Volk diese Kultur über alles lieben sollte.

Die Naturordnung untersagt, daß man die Verdienste der verschiedenen Völker und Zivilisationen miteinander vergleicht, daß man seine Zivilisation den anderen durch militärische Gewalt oder durch wirtschaftliche Herrschaft aufzwingt. Die Naturordnung anzuerkennen heißt jegliche Hierarchie abzulehnen. Naturordnung bedeutet, jeglichen Wettbewerb zwischen den Völkern, auf welchem Gebiet auch immer, abzulehnen.

Der Friede verlangt diesen Preis.

Das genetische Abdriften

In den Kapiteln *Erblichkeit und kulturelles Erbe* und *Das Angeborene und das Erworbene* haben wir gezeigt, daß die Entwicklung jedes Einzelwesens weitgehend programmiert ist.

Jedes Lebewesen besitzt ein genetisches Programm, das seine Bedürfnisse bestimmt. Zur Befriedigung dieser Bedürfnisse wird sich das Lebewesen bemühen zu erwerben, was es unbedingt braucht. Beispielsweise wird es die – materiellen oder geistigen – Nahrung ablehnen, für die es nicht programmiert worden ist.

Es hat keinen Zweck, einem Pflanzenfresser Fleisch oder einem Fleischfresser Gras zu geben: Beide werden diese Nahrung ablehnen, da sie nicht beschaffen sind, um sie zu verdauen

Diese grundsätzliche Ansicht wird von der herrschenden Ideologie, der sogenannten ›kulturellen‹ Ideologie, einstimmig zurückgewiesen. Ohne Beweise anzuführen, behauptet sie dogmatisch, daß die Unterschiede zwischen den Menschen auf unterschiedliche erworbene Kenntnisse zurückzuführen seien. Hat ein französischer Staatspräsident, übrigens ein Sozialist, nicht folgende Überzeugung geäußert: »Je mehr in das Schulwesen investiert wird, um so sicherer kann man das Niveau der Franzosen in jeder Hinsicht heben.«?

Die Schulpflicht besteht in Frankreich zwischen 3 und 16 Jahren, und wenn die Schule dennoch 20 Prozent Analphabeten oder fast Schreibunkundige entläßt, beruht das auf Gründen, die *nie* eindeutig erklärt werden. Daß eine so hohe Prozentzahl scheitert, erschüttert keineswegs die Gewißheit der Verfechter der kulturellen Ideologie.

Wir haben außerdem unterstrichen, daß die Schulprogramme von Lehrern zusammengestellt werden, die sich mehr oder weniger als die vollendetste Form des *Homo sapiens* betrachten, worin sie sich wie alle Menschen verhalten. Es ist also durchaus verständlich, daß sie die Kinder nach ihrem Bilde formen wollen.

Nun aber sind Lehrer Intellektuelle, die einen guten Verstand und ein gutes Gedächtnis besitzen und das geordnete Leben eines anständigen Bürgers führen. Leider gibt es aber nur eine geringe Prozentzahl von Kindern, die alle erforderlichen Eigenschaften, Anlagen und Fähigkeiten besitzen, um ihren Lehrern vollkommen zu gleichen. Solche Kinder sind sehr glücklich, in die Schule zu gehen; den anderen gefällt es dort wenig oder manchmal überhaupt nicht.

Ist ein Volk unveränderlich? Jedes Jahr sterben Hunderttausende von Staatsbürgern in Frankreich; und Hunderttausende von Babys kommen auf die Welt. Sind die Neugeborenen mit den Dahinscheidenden identisch? Ist der Nachwuchs gesichert?

Formt das kulturelle Erbe die Menschen, dann werden die kennzeichnenden Merkmale dieses Volkes bei Weiterführung der Tradition bewahrt bleiben. Diese These verfechten die Anhänger der kulturellen Ideologie.

Verleiht vielmehr die Erblichkeit den Menschen ihre besonderen Merkmale, dann sieht es ganz anders aus. Entweder weist jede Familie die gleiche Fruchtbarkeit in einem Land auf, in dem es weder Einwanderung noch Auswanderung gibt; in diesem Fall bleiben die Merkmale des Volkes *beständig*.

Oder bestimmte Gesellschaftsschichten oder bestimmte regionale Volksgruppen sind sehr fruchtbar oder auch nicht; in diesem Fall können sich die Merkmale dieses Volkes im Laufe der Jahrzehnte langsam verändern.

Die Verfechter der kulturellen Ideologie weigern sich schon deshalb, sich mit dieser Form der Entwicklung zu befassen, da das Angeborene für sie nicht existiert und sie daher den Einfluß der Erblichkeit verneinen. In ihren Augen zählt nur das kulturelle Erbe. Wir dagegen, die an die Naturordnung glauben, müssen diese Untersuchung über die Veränderungen, die unterschiedlichen Fruchtbarkeitsziffern sowie andere nicht zu unterschätzende Faktoren, etwa die Ein- und Auswanderung, vornehmen.

Unterschiedliche Fruchtbarkeit und andere Entwicklungsfaktoren

Für ein Paar war die Geburt eines Kindes früher ein Segen. In der überaus starken Landbevölkerung tat man nichts, um Kinder zu bekommen, und ebensowenig, um sie zu vermeiden. In Frankreich und in ganz Europa lag die Geburtenziffer sehr hoch.

Mit einer äußerst realistischen Geistesschärfe – die Zynismus genannt wird, wenn sie zum Ausdruck kommt – sagte Napoleon am Abend einer besonders blutigen Schlacht, bei der die menschlichen Verluste sehr hoch gewesen waren: »Eine Pariser Nacht wird meine Armee neu aufstellen!«

Der durch Kriege, Seuchen und Hungersnöte verursachte Bevölkerungsrückgang wurde sehr bald, wie in der Natur, durch eine hohe Geburtenrate ausgeglichen.

Eine Reihe von Erfindungen, die zur Antibabypille führten, sollte nun aber diesen uralten Mechanismus verändern.

Während das Kind früher als etwas Natürliches angenommen wurde, wird es seit rund dreißig Jahren zum Ergebnis eines überlegten Entschlusses. Das Geschlecht, das die Gesellschaft bis dahin als ›genitales Fortpflanzungsorgan‹ betrachtete, behält diese Funktion nur nebenbei. Es wandelt sich nahezu ausschließlich in ein ›Lust- und Genußorgan‹ um, dessen Mechanismus nur zu diesem Zweck zu untersuchen ist.

Da die Geburten nunmehr ›gewollt‹ sind, von einem freien Entschluß ausgehen, müssen wir untersuchen, aus welchen Gründen ein Paar ein Kind haben möchte. Von wirtschaftlichen Überlegungen abgesehen, denkt es zunächst über die gefühlsmäßigen Aspekte des Problemes nach: Verschafft ein Kind mehr Glück als ein Hund oder eine Katze? Ist es nicht einfacher, ein Kind zu adoptieren und damit allen organischen Zwängen der Schwangerschaft zu entgehen? Sorgt ein Kind nicht für seelische Harmonie? Usw.

Doch bei zahlreichen Paaren wird der wirtschaftliche Aspekt sorgfältig abgewogen und analysiert. Man weiß, daß

Kinder zu manchen sozialen Leistungen (Kindergeld) und Steuervergünstigungen (Kinderfreibetrag) berechtigen. Ob die Eltern Führungskräfte, Freiberufler, Kaufleute, Arbeiter, Bauern oder gar Arbeitslose sind, die Vorteile sind dieselben.

Es ist klar, daß für obere Führungskräfte diese staatliche Unterstützung ›unbedeutend‹ ist. Ist die Frau außerdem berufstätig, dann können die mit der Schwangerschaft zusammenhängenden Verpflichtungen ihre berufliche Laufbahn erheblich stören. Das wird sich durch einen manchmal beträchtlichen Verdienstausfall äußern.

Auf der unteren Leiter finden wir die Arbeitslosen und vor allem die Bevölkerungen der Überseeprovinzen, die ohnehin an ein sehr niedriges Lebensniveau gewohnt sind und für die die staatliche Unterstützung eine echte Goldgrube darstellt. Da das Kindergeld mit der Zahl der Kinder überproportional steigt, während ihre Ernährung und Verpflegung verhältnismäßig weniger kostet, werden kinderreiche Familien in diesen benachteiligten Bevölkerungen immer zahlreicher.

Na und? sagen unsere Verfechter der kulturellen Ideologie, die Gesellschaft ist da, um diese Kinder auszubilden und für ihre Zukunft zu sorgen.

Das ist *leider* ein Irrtum. Die Gesellschaft kann die Eigenschaften der Kinder, deren erblichen Merkmale nicht verändern.

Die Unterschiede in der Fruchtbarkeit werden nun die Gesellschaft verändern. In jedem Land ändert eine tiefe, unauffällige Entwicklung die Anteile der Menschen, die dieselben Fähigkeiten besitzen.

Wir müssen hier zwei weitere Ursachen für die Entwicklung der kennzeichnenden Merkmale einer Bevölkerung vermerken: den Krieg und den Überfluß an Konsumgütern.

Bis zur Französischen Revolution waren alle Soldaten Freiwillige. Krieg zu führen war ein Beruf wie jeder andere, und nur der Sold und die Lebensbedingungen bestimmten die Entscheidung des Freiwilligen. Die Schweizer kämpften zahlreich für die eine oder die andere Seite. Ihre

Wahlentscheidung war weder ideologisch noch sentimental geprägt.

Obwohl die revolutionäre Ideologie die individuelle Freiheit anpries, waren es ihre Anhänger, die 1798 die Wehrpflicht einführten, das heißt den Militärdienst, wie sie heute genannt wird.

Die Intellektuellen behaupteten gegenüber dem Volk, daß es im Krieg kämpfen würde, um seinen Grund und Boden, seine Güter und vor allem das Vaterland zu verteidigen. Denn diese Vertreter des souveränen Volkes (und das ist ein Paradox hinsichtlich ihrer Ideologie!) glaubten nicht – und glauben es immer noch nicht –, daß das Volk *freiwillig* in den Krieg ziehen würde. In der Praxis war es besser, es zu *zwingen*, zu den Waffen zu greifen.

Die freiwillige Meldung zog nur Männer ohne Beruf und Tätigkeit an, die noch keine Familie gegründet hatten. Mit der Wehrpflicht verhielt es sich ganz anders.

Da die Kriege in körperlich immer härtere Konflikte ausarteten und technisch immer ausgeklügeltere Waffen einsetzen, wurden ausgezeichnete Gesundheit und große Wirkungskraft zu den beiden einzigen Auswahlkriterien. Die tatkräftigen, intelligenten, mutigen und in ausgezeichneter seelischer und körperlicher Verfassung befindlichen Männer wurden in die Kampfeinheiten geschickt – die die meisten *Gefallenen* zu verzeichnen haben. Die übrigen Einberufenen wurden im Nachschubgebiet kaserniert oder befreit bzw. als dienstuntauglich entlassen.

Die blutigen Schlachten mit sehr starken Verlusten an Menschenleben wie die des Ersten Weltkriegs (des Großen Kriegs von 1914–18) führten eine strenge Selektion in den deutschen und französischen Reihen durch.

Eine solche Auslese *widersprach* der früheren Auslese, als die Gesellschaft von der Hungersnot bedroht war und man sein Brot im Schweiß seines Angesichts verdiente. Diese Gesellschaftsform förderte die Art des aktiven Mannes, des fanatischen Arbeiters, und bewahrte sie vor dem Tod auf dem Schlachtfeld. Gerade sie wären aufgrund ihres Muts und ihrer Tapferkeit gefallen. Früher vergeudete man nicht die besten menschlichen Teile einer Bevölkerung, und zwar die jungen kräftigen Männer, die für die Ernährung ihrer Familie und das Überleben ihrer Volksgruppe sorgten.

Diese Gesellschaftsform hat sich dank des Fortschritts gewandelt. Denn der Überfluß an Konsumgütern in den Ländern weißer Rasse ermöglicht uns eine früher unmögliche Solidarität mit den Bedürftigen. Menschen, die ihren Lebensunterhalt – aus welchem Grund auch immer, manchmal wegen angeborener Unfähigkeit – nicht verdienen können, werden unterstützt. Sie können die Freuden des Lebens genießen, auch die der Zeugung. Unsere Überflußgesellschaft kann sich leisten, die Zahl der Behinderten steigen zu lassen. Sie ist reich genug, um sich ihrer anzunehmen und sie, wenn möglich, erziehen und in die nichtbehinderte Bevölkerung einzugliedern zu können. Das ist ein neuer und bemerkenswerter Gesichtspunkt.

Auswanderung

Der Einfluß der Emigration auf die Wandlung eines Volkes ist nicht zu verschweigen. Wenn ein Land eine hohe Geburtenziffer aufweist und über die Auswanderung das Ernährungsproblem lösen kann, hat dieser Exodus immer große Auswirkungen.

So wurden viele Engländer und Iren sowie später Italiener von den Vereinigten Staaten angezogen, einem Land, dessen Einwanderungspolitik streng und einschränkend war. Die Amerikaner wollten auf ihrem Boden nur Männer und Frauen mit Pioniergeist aufnehmen; außerdem sollten sie sehr gesund sein und der beruflichen Nachfrage in den USA entsprechen. Die anderen Einwanderer wurden abgewiesen und in ihr Ursprungsland ohne jede humanitäre Überlegung zurückgeschickt.

Man sprach in den USA englisch: Dieser Umstand bewegte zahlreiche britische Staatsangehörige, in dieses Land unbegrenzter Möglichkeiten auszuwandern, das nach dynamischen, unternehmungsfreudigen Menschen suchte. Man kann glauben, daß diese Auswanderung eine der Ursachen für den Untergang der Industrie in Großbritannien war, das seine Führungsrolle auf diesem Gebiet verlor und von mehreren Nationen des europäischen Festlandes überholt wurde.

Heutzutage willigen zahlreiche afrikanische Staaten (Nordafrika und Sahel-Staaten) in die Abwanderung ihrer Eliten nach Europa ein. Unter diesen Auswanderern befinden sich Mitglieder verschiedener Berufe, die für die gute Entwicklung ihres Herkunftslandes unentbehrlich sind. So lassen sich viele afrikanische Ärzte und Zahnärzte in Europa nieder, während europäische Staaten Mitglieder ihrer eigenen Ärzteschaft nach Afrika entsenden müssen. Welch ein Unsinn!

Der Grund: Die Arzteinkünfte sind viel höher in Europa, und die nationale Solidarität scheint in diesem Fall kaum zu funktionieren. . .

Einwanderung

In einem Land können bestimmte Gesellschaftsschichten durch andere Gründe als den Rückgang der Geburtenziffer dezimiert werden. Beispielsweise wurde der Bauernstand durch den technologischen Fortschritt nahezu völlig zerstört. Und die Arbeiterklasse hat heute ganz andere Merkmale als im 19. und zu Beginn des 20. Jahrhunderts.

Früher glaubte man, ohne sich viele Fragen zu stellen, an die erblichen Fähigkeiten. Richelieu verbot das Duell, als er merkte, daß dieser Brauch den Schwertadel, den Frankreich für seine Verteidigung brauchte, stark dezimierte.

Um Kanada zu besiedeln, wählte man kräftige, arbeitsame und fruchtbare Paare aus. Diese bäuerliche Bevölkerung wies alle erforderlichen Merkmale und Fähigkeiten auf, um zu gedeihen.

Menschen auszulesen, wie man Tiere ausliest, entsprach dem Naturgesetz und war für niemanden schockierend. Man faßte es als gesunde Vernunft auf.

Bis in eine verhältnismäßig jüngere Zeit waren größere Immigrationszüge auf militärische Eroberungen zurückzuführen.

Hätten die Römer die Gallier nicht eines Tages besiegt, würde man nicht von Italien als ›unserer latinischen Schwester‹ sprechen. In ganz Südfrankreich wurden die blonden und blauäugigen Gallier allmählich durch dunklere Römer mit schwarzen Augen abgelöst. Wir brauchen nicht zu betonen, daß die gallische Kultur in diesen Gebieten einer tiefgründigen Veränderung unterzogen wurde. Alle erobernden Völker zwingen den besiegten ihre Zivilisation auf, sofern sie sich im eroberten Land niederlassen und Wurzeln schlagen.

Die neue Zivilisation wurde um so besser angenommen und assimiliert, als die ethnischen Unterschiede gering waren. Der Sieger brachte fast immer eine Technologie mit sich, die weiter entwickelt war als die des Besiegten und die diesen anzog.

Bis zum Ende des 19. Jahrhunderts war die individuelle Einwanderung um so schwieriger, als alle Gemeinschaften, vor allem auf dem Land, in dem ›Fremden‹ eine Quelle von Unannehmlichkeiten sahen. War er ein in seinem Land gesuchter Straffälliger, der sich der Justiz zu entziehen suchte? War er Träger neuer Krankheiten, potentieller Überträger von Seuchen? Das waren die Fragen, die man sich stellte und die ein gewisses Mißtrauen, ja sogar Feindschaft erzeugten.

Erst nach dem Ersten Weltkrieg plante die französische Regierung die Einwanderung polnischer Bergarbeiter in Nordfrankreich. Zur selben Zeit ließen sich Italiener im Süden nieder. Obwohl fleißig und zu allen Arbeiten bereit, wurden sie nicht immer sehr gut empfangen. Im Schweiß ihres Angesichts verdienten sie ihr Leben in Frankreich. Als Maurer oder Erdarbeiter konnten sie Handarbeit verrichten. Doch ihr Können war fruchtbar und wurde anerkannt.

Die eigentliche Wende bezüglich der individuellen Einwanderung erfolgte nach dem Zweiten Weltkrieg. Die Beschleunigung des Fortschritts ließ die traditionellen Strukturen zusammenbrechen, vor allem die des sich auflösenden Bauerntums.

Die kulturelle Ideologie feierte ihren Triumph. Die Gesetze der Vererbung wurden verleugnet, als falsch und rassistisch zurückgewiesen. Dieses ungeschriebene, jedoch von den meisten vertretene Recht des Blutes ersetzte man durch das Bodenrecht. Was bedeutete aber dieser Begriff genau? Er bedeutete einfach, daß die Rechte eines Menschen nicht mehr von der Arbeit, den Anstrengungen und den Opfern der Generationen seiner Vorfahren, die ihm in seiner Heimat vorausgegangen waren, herrührten, sondern ihm in aller Legalität durch seine Existenz oder durch seine zufällige Geburt auf dem Boden bzw. in dem Land verliehen wurden, in dem dieses Bodenrecht eben angewandt wurde. Also entstand das *jus solis* (Bodenrecht) im Gegensatz zum *jus sanguinis* (Blutrecht) der vorigen Jahrhunderte.

Während des Großen Krieges von 1914–18 waren die Soldaten größtenteils Bauern, bodenständige Männer, die alle tief davon überzeugt waren, ihr Vaterland, ihre Heimat, ihr Familien- und Erbgut, das sie seit erdenklichen Zeiten besaßen, verteidigen zu müssen. Sie kämpften um die Erhaltung dieses heiligen Erbes gegen einen Feind, der sie anscheinend seiner zu berauben suchte.

Nach dem Zweiten Weltkrieg erklärte man ihren Söhnen und Enkeln, daß jeder auf französischem Boden lebende Ausländer dank der neuen Gesetze dieselben Rechte wie sie besitze.

Der Besitz nationalen Bodens war keine ›blutsmäßige‹ Frage mehr, sondern nur noch eine finanzielle. Nichts mehr hinderte Staatsangehörige eines sehr reichen Landes, französischen Boden, französische Immobilien oder Unternehmen zu erwerben. Das Geld bestimmte das Eigentumsrecht, irgendwelches Geld.

Man ist sich der tiefgreifenden Veränderung zu wenig bewußt, die dies im Gefühlsbereich nach sich zieht. Es gibt nämlich einen Unterschied zwischen einer Frau, die man aus Liebe erobert, und einer, die man kauft, weil sie sich prostituiert. . . Viele Männer und Frauen der älteren Generation leiden darunter zu sehen, wie ihr Land dem Meistbietenden verkauft wird. Und möglicherweise leiden auch echte junge Franzosen mit. Ist ein verkäufliches Frankreich wirklich die Zukunft ihres Landes?

Als Fürst von Bismarck, ein preußischer Adliger, die erste Sozialversicherung in Europa schuf, entstand der Begriff der nationalen Solidarität. Wohl bemerkt, nicht im damals linksregierten republikanischen Frankreich wurden die ersten Sozialgesetze verkündet, sondern im kaiserlichen Deutschland. Warum? Weil diese Solidaritätsgesetze dem deutschen Wesen und der deutschen Gesinnung entsprachen. Die Franzosen debattierten ihrerseits lieber über die abstrakten, hochtrabenden Prinzipien des Sozialismus. Nicht kulturelle Ideale leiten uns aber, sondern das Angeborene.

Diese deutschen Sozialgesetze galten nur den Angehörigen des eigenen Volkes. Die alte Familiensolidarität wurde auf die Nation ausgedehnt – und mit dem Blutrecht verknüpft.

Da dieses uralte Recht seit dem Zweiten Weltkrieg sehr umstritten war, warum sollten dann die in Frankreich lebenden Ausländer das andere, von der kulturellen Ideologie erlassene Recht, also das Bodenrecht, nicht genießen?

Was beim ersten Hinsehen menschlich und gerecht zu sein schien, sollte sich sehr bald als eine gefährliche Falle herausstellen.

Ein reicher Mann erklärt jedem, der ihm zuhören will, daß er allen vorbeigehenden Armen reichlich zu essen geben könne, und so verbreitet sich die Nachricht von Mund zu Mund. . . Bald laufen die Armen und die Hungrigen von allen Seiten herbei. . . Der reiche Mann kann sie nicht alle ernähren, doch aufgrund welchen Rechts wird er die einen empfangen und die anderen abweisen? Diejenigen, die er aufnimmt, werden untergebracht, gekleidet und wohl ernährt. Diejenigen aber, die vor der Tür stehen, verhungern oder sterben an Krankheiten. Wo ist die Gerechtigkeit?

Wohltätige Menschen interessieren sich kaum für die materielle Organisation ihrer Vorhaben und sind sogar unfähig, alle Notwendigkeiten in Betracht zu ziehen, die sie bedingen. Hierin unterscheiden sie sich von den pragmatischen Menschen, die der Ansicht sind, daß Unmögliches von niemandem verlangt werden könne und daß es verlorene Zeit sei, phantastische Pläne aufzustellen, die wegen fehlender materieller Mittel überhaupt nicht zu verwirklichen sind. Muß man Paul entblößen, um Pierre anzuziehen?

In diesem Kapitel befassen wir uns nur mit der Entwicklung der ›genetischen Familien‹ (die als kulturelle Familien erscheinen) innerhalb einer Nation, und zwar immer mit dem Leitgedanken, daß das Angeborene die Entwicklung jedes Einzelnen programmiert.

Die Gesellschaft kann diese Entwicklung nicht lenken, sie kann sie nur unterstützen oder behindern.

Weder die Erziehung, noch die Religion, noch die kulturelle Ideologie werden neue Sitten formen, da diese sich aus dem natürlichen Verhalten gegenüber Innovationen entwickeln.

Diese genetischen Bewegungen innerhalb einer Nation sind also von größter Bedeutung, einer Bedeutung aber, die man vernachlässigt oder nicht erkennt.

Die kulturelle Immigration ist auf die Liebe zurückzuführen, die der Auswanderer für das Land, das Volk, die Kultur dieser oder jener Nation empfindet, in der er sich niederlassen möchte. Dieser Auswanderer hat mit der einheimischen Bevölkerung ›Affinitäten‹, Berührungspunkte. Wir möchten sogleich anmerken, daß diese Form der Immigration, die zu jeder Zeit bestanden hat, eine insgesamt seltene Erscheinung ist.

Heutzutage wohnen wir hingegen einer ungeheuren ›alimentären‹ Immigration bei, deren Beweggründe offenkundig sind.

Auf der ganzen Welt leben Hunderte Millionen von Menschen in sehr großer Armut. Ist ihre Auswanderung nicht legitim, wenn sie in den Ländern, die sie aufzunehmen bereit sind, Wohnungen, Ernährung, Pflege und Schulen für ihre Kinder finden? Was können wir solchen massiven Einwanderungen entgegensetzen, ohne des Rassismus bezichtigt zu werden? Nichts, meint man nach der kulturellen Ideologie, da das Blutrecht durch das Bodenrecht abgelöst worden ist, da der freie Güter- und Menschenverkehr zu einem Ideal geworden ist, das wir wohl oder übel annehmen müssen. Um den widerwärtigen Vorwurf des Rassismus (der trotz Gesetze und Moral durch den Zwang der Umstände leider unausbleiblich sein wird) zu vermeiden, können wir nur über die Folgen der außergewöhnlichsten ethnischen Umwälzung nachdenken, die Europa jemals innerhalb eines so kurzen Zeitraums erlebt hat.

Für die Weißen hat sich die herrschende ideologische Lehre gegenüber den Andersrassigen seit Jules Ferry nicht mehr geändert! Der ehemalige Ministerpräsident war nämlich der Ansicht, daß alle nichtweißen Völker ›Barbaren‹ seien.

Ein solches Wort wird heute freilich nicht mehr gebraucht, doch die Grundvorstellung ist dieselbe geblieben. Man befürwortet die Integration, die man als vollendet ansieht, wenn der Immigrierte international wird (das heißt sich von seiner uralten Religion lossagt), seine Wurzeln vergißt, die Sitten und die Werte seiner Vorfahren aufgibt, um die seines Gastvolkes (die er sehr wenig oder sehr schlecht kennt) anzunehmen.

Das läuft nach dem Motto: »Gibst Du mir, so gebe ich Dir!« Mit anderen Worten: »Wenn Du Deine Kultur, Deine Herkunft verrätst, sind wir bereit, Dir alle Annehmlichkeiten zu geben, die wir genießen.« Ein schlechtes Geschäft – sowohl für den Geber als auch für den Empfänger. Der erste investiert ohne echte wirtschaftliche Gegenleistung; der zweite verliert seine Würde oder, noch schlimmer, seine Ehre als freier Mensch.

Viele Einwanderer weigern sich jedoch, auf ihre Würde zu verzichten und ihre tausendjährige Kultur zu verleugnen. Mit solchen Menschen wird eine neue Ordnung entstehen können, in der jedes Volk für sich selbst sorgen und dabei das Geld internationaler Finanzleute ausschlagen wird, dessen Gegenleistung eine echte Einmischung in die inneren Angelegenheiten ist.

Die Ursachen für genetische Veränderungen oder Entwicklungen sind zahlreich, wie man sieht.

Wenn die Gesellschaft die Menschen formte, wie es ihr beliebt, dann wären diese Veränderungen unbedeutend. Nun aber kann sie nur neue Gewohnheiten (die zweite Natur) schaffen oder Lebensweisen anregen, sie kann aber auf keinen Fall das Naturell, also das Angeborene, verändern.

Dieses Angeborene, das jedem von uns innewohnt, bestimmt die Begabungen, Fähigkeiten, das Verhalten (die Mentalität) und die Kreativität, also die Innovationen. Wie entsteht eine Zivilisation? Durch eine Reihe von konstruktiven Innovationen, und zwar allmählich, Generation nach Generation.

Eine Kultur (ebenso die dazugehörige Sprache) kann nur lebendig bleiben, wenn eine genetische Kontinuität zwischen denen besteht, die diese Kultur aufbauen und im Sinne des Lebens fördern.

Geht diese genetische Beständigkeit verloren, dann wird die gesprochene und die geschriebene Sprache zu einer toten Sprache, sind die urbanisierten Denkmäler und Stätten nur noch touristische Orte, treten die künstlerischen Werke in den Schatten der Museen bzw. werden von liebevollen Kulturvereinen aufbewahrt. Alles erstarrt und mumifiziert sich in der Dekadenz.

Wir wissen mittlerweile, daß Kulturen sterblich sind, das hat auch Paul Valéry geschrieben.

Die kennzeichnenden Merkmale der Menschen sind angeboren: Begabungen, Fähigkeiten, Mentalität, Sach- oder Fachbegabungen. Doch aus allen Gründen, die wir eben genannt haben, kann sich eine Bevölkerung sozusagen unterirdisch allmählich wandeln, das heißt, ohne daß die sie betreffenden Veränderungen deutlich wahrgenommen und am Anfang begriffen werden.

Ideologien und Religionen können ab und zu nur ›Massenbewegungen‹ hervorrufen, die, auch wenn sie beeindrukkend sind, die langsame Entwicklung der genetischen Merkmale um keinen Zollbreit ablenken, sie jedoch beschleunigen oder verlangsamen. Auf diesem Gebiet muß man dem trügerischen Schein mißtrauen und genügend Scharfblick haben, um diese durch Rassenmischungen, und nur durch sie, erzeugte Entwicklung nicht zu verkennen.

Zu wissen, ob eine Entwicklung gut oder schlecht ist, gehört zu einem anderen Thema.

Man muß trotz lauter Bäumen den Wald sehen.

Fazit

Wenn auf einem Schiff der erste Kapitän einen neuen Kurs einschlägt, kennen alle ihn und wissen, wohin sie fahren.

Kommt es wegen Meeresströmungen oder Winde zum

Abtrieb, begibt sich das Schiff ins Unbekannte, das sich als wunderbar oder als verheerend herausstellen kann. Das Schlimmste ist, wenn keiner von diesem Abdriften etwas merkt.

Niemand redet von genetischem Abdriften. Warum? Weil die Intellektuellen die Vergangenheit sehr gut kennen und Erfahrung haben; und die Erfahrung ist nach den Worten Konfuzius' wie die an der Rückseite des Wagen befestigte Laterne: Sie beleuchtet nur den zurückgelegten Weg.

Sucht man nach Gemeinsamkeiten mit der Vergangenheit, dann kann man die Zukunft nicht voraussehen.

So vergleichen viele die individuellen Einwanderungen unserer Tage mit den organisierten Militärinvasionen der Vergangenheit.

Wären die Römer nicht in Gallien eingedrungen, würde unsere Kultur anders aussehen. Sie haben uns viel gebracht, denn ihre entwickeltere Technologie konnte von den Galliern assimiliert werden. Sie haben uns aber auch viel entzogen, was eine eigentlich gallische Kultur bildete. Indem sich die Römer bei uns niederließen, konnten sie andere genetische Merkmale als die gallischen einbringen.

Während die Veränderungen, die Militärinvasionen mit sich bringen, sichtbar sind, da der Sieger seine Gesetze, seine Sitten, seine Kultur und seine Technologie aufzwingt, verhält es sich bei den individuellen Einwanderungen, auch wenn sie massiv sind, ganz anders, vor allem, wenn sie von keinem ›Pioniergeist‹ getragen werden.

Das Abdriften, das wir zu erklären versucht haben, verläuft meistens langsam, unmerklich und daher lange Zeit unbemerkt. Unser Ziel ist nicht, entschieden zu behaupten, daß diese Abweichungen die schlimmsten Katastrophen in sich tragen, sondern allen klar zu machen, daß *sie existieren.*

Wir sind wie der Arzt, der dem chronischen Raucher sagt: Ihr Organismus verschlechtert sich unmerklich, das sind die möglichen, jedoch nicht hundertprozentigen Folgen Ihrer Unart. Ich warne Sie zwar, natürlich können Sie frei entscheiden.

Beziehungen zwischen den Volksgruppen

Die Rassismen

Wir dürfen nie vergessen, daß die Mächte, die die Menschen führen, unbewußt sind und in dessen Wesen gründen. Die von diesen Mächten hervorgerufenen Taten gehen der Rechtfertigung voraus, die man ihnen gibt. Diese kann manchmal völlig falsch sein.

Es ist auch wichtig zu wissen, daß Ideologien oder Glaubensüberzeugungen das Verhalten wenig beeinflussen. Manchmal decken sie sich mit diesem Verhalten, und es hat den Anschein, als hätten sie es verursacht. In Wirklichkeit bestimmt das angeborene Wesen allein. Die Bevölkerung Ruandas war zu 90 Prozent christlich und zu 65 Prozent katholisch, dies verhinderte jedoch in keiner Weise jene Gemetzel, die offenbar zum Teil rassische Gründe haben. Priester und Pfarrer zeigten überhaupt keine Milde, riefen auch nicht zur Mäßigung auf, denn der Haß war in ihren Herzen.

Wir alle können irgendwann bei einem Massenmord mitwirken, denn diese Möglichkeit ist in unseren Genen vorhanden, und danach wieder friedliche Bürger und gute, großherzige Familienväter sein.

Napoleon war ein Eroberer wie Julius Cäsar und Alexander der Große. Jedoch hielt er es für gut zu verkünden, daß er in die Länder einfiel, um die Könige zu verjagen und die Bevölkerungen in den Genuß der republikanischen Errungenschaften zu bringen. So konnte er Beethoven begeistern, der zumindest zunächst ein großer Bewunderer der Französischen Revolution war. Doch der Komponist erkannte letztlich, daß sich hinter dieser Fassade nur ein schrecklicher Diktator verbarg, der allein darauf bedacht war, die Könige durch Mitglieder seiner Familie abzulösen.

Zu allen Zeiten war man der Ansicht, es gebe eine Hierarchie zwischen den verschiedenen Kulturen in technischer, künstlerischer und moralischer Hinsicht. Diese Überzeugung bewirkte eine besondere Liebe zu der Volksgruppe, der man angehörte, und eine mehr oder weniger große Herablassung gegenüber den anderen.

Es mag vielleicht schmerzen, diese Tatsachen wahrzunehmen, es ist aber notwendig, die eigentlichen Beweggründe des Menschen zu begreifen. Mit den Ideologien, die ihnen als Schirm dienen, haben sie nämlich nichts zu tun.

Wenn die IRA, die sehr katholische Irisch-Republikanische Armee, sich zum Faschismus bekannt hätte, hätten sämtliche Medien der westlichen Welt erklärt, die von der IRA verübten Terrorakte rührten von dieser Ideologie her. Da es nicht der Fall ist, schreibt keiner die Gewalttaten dieser Organisation der republikanischen Ideologie oder der katholischen Religion zu.

Die Unterschiede in der Mentalität lösen echte Abneigungen aus, die nach einer ideologischen Rechtfertigung suchen, um sich zu äußern. Diese Unterschiede in der Denkweise, diese unterschiedlichen Geistes- und Bewußtseinshaltungen sind genetisch bedingt.

Der Rassismus drückt genetische Unterschiede aus.

Dennoch kann sich dieser ›Rassismus‹ auf unterschiedliche Weise äußern, manchmal gewaltsam (»wer unserem Volk fremd ist, muß raus«), manchmal großmütig und pazifistisch (»wir müssen die Denkweise, die Sitten, die Lebensart, die Glaubensüberzeugungen, die Kultur des rassisch Andersgearteten abändern, damit sich dieser bessert, das heißt uns ähnlich wird«).

Der Unterschied zwischen dem gewalttätigen und dem ›kulturellen‹ Rassismus ist also rein äußerlich.

Als das religionsneutrale, republikanische Frankreich einige Teile Afrikas und des Fernen Ostens eroberte, um sie zu kolonisieren, mußten die Verfechter des Selbstbestimmungsrechts der Völker einen ideologischen Vorwand für diese imperialistischen Unternehmungen finden.

Damals hieß der große Mann der republikanischen Laizität Jules Ferry. Er war der Vater der staatlichen, also konfessionslosen Schule. Er war ein sehr intelligenter und aufrichtiger Mann und wurde zum Verfechter des kulturellen Rassismus – sofern ›Rassismus‹ Überlegenheit einer Menschengruppe gegenüber einer anderen bedeutet.

Zur Rechtfertigung der kolonialen Eroberungen Frankreichs sagte er folgendes:

»Eine höhere Zivilisationspflicht legitimiert allein das Recht, bei den Barbaren einzudringen.

Eine höhere Rasse erobert nicht zu dem Zweck, den Schwächeren auszubeuten, sondern ihn zu zivilisieren und zu sich heraufzuziehen.« Diese grundlegende Erklärung zeigt die Zweideutigkeit der kulturellen Ideologie. Es lohnt sich, daß wir uns dieser Erklärung kurz widmen, denn sie ist ein echtes Glaubensbekenntnis.

Was sagt Jules Ferry genau? Zunächst daß es »eine höhere Zivilisationspflicht« ist, zu den Barbaren zu gehen. In diesem Fall waren die Barbaren die afrikanischen Neger und die Indochinesen. Er betrachtet sich als weltlichen Missionar, der die Menschen retten will. Jules Ferry redet weiter von der »höheren Rasse«, das heißt von der Rasse, der er angehört. Damals löste der Ausdruck »höhere Rasse« nicht die geringste Entrüstung bei den Verfechtern der Kultur aus. Jules Ferry fährt fort, diese höhere Rasse habe das Ziel, den Barbaren zu zivilisieren und zu sich heraufzuziehen.

Jules Ferry meinte, daß seine französischen Zeitgenossen eine Kultur und Kenntnisse hatten, die denen der Schwarzen weit überlegen waren; es war also ihre Pflicht, die Afrikaner zu zivilisieren und sie dabei an ihren Kenntnissen teilhaben zu lassen.

Das nennen wir ›kulturellen Rassismus‹, denn die mit den ›Barbaren‹ zu teilenden Werte sind kennzeichnende Merkmale dieser ›höheren Rasse‹. Letztere glaubt ehrlich, ihre Werte seien wirklich allgemeingültig und sie habe das Glück gehabt, sie vor allen anderen zu entdecken. Nun wolle sie den Rest der Welt von ihren Entdeckungen profitieren lassen.

Auch der Begriff ›Entdeckung‹ ist zweideutig, denn diese Werte sind in Wirklichkeit neue Ideen, Schöpfungen. Entdecken heißt etwas finden, was sich außerhalb seiner befindet. Christoph Columbus hat Amerika entdeckt. Das Segelschiff, das er benutzte, war aber das Ergebnis zahlreicher Erfindungen.

Die Europäer haben die Erklärung der Menschenrechte nicht aus dem Boden ausgegraben. Sie haben diese Werte geschaffen, über die man sich streiten kann. Völker, die diese Werte nicht annehmen, als Barbaren zu bezeichnen ist willkürlich. Sich für überlegen zu halten, weil man sie anwendet, ist subjektiv.

Auch hier wählt die ›höhere Rasse‹ selber die Kriterien aus, die eine Hierarchisierung der Kulturen ermöglichen. Es handelt sich also einwandfrei um einen kulturellen ›Rassismus‹.

Von den Völkern wird nicht nur verlangt, daß sie bestimmte Werte anerkennen und sich nach bestimmten Glaubensüberzeugungen richten. Nein, ihre ganze Lebensweise wird unter die Lupe genommen.

Erklärt die ›höhere Rasse‹ die Todesstrafe für barbarisch, dann werden die Völker, die dieser Einstellung nicht beipflichten, auf die schwarze Liste gesetzt. Theoretisch sind die Völker laut der Erklärung der Menschenrechte jedoch frei, über sich selbst zu bestimmen.

Weicht die Lebensweise eines ›barbarischen‹ Volkes zu sehr von dem Lebensstil der Völker ab, die zur ›höheren Rasse‹ gehören, dann werden alle möglichen wirtschaftlichen Maßnahmen – das Embargo zum Beispiel – getroffen, deren Folgen manchmal viel verheerender sind als die Anwendung von Kriegswaffen. Damit will man das ›barbarische‹ Volk überzeugen, seine Gesetze zu ändern.

Kredite zu verweigern, den Kauf von einheimischen Erzeugnissen abzulehnen oder ihm die Waren zu verwehren, die für seine Wirtschaft unbedingt notwendig sind, bedeutet den langsamen, aber sicheren Tod.

Da dies zu dem Zweck geschieht, das Land zur Annahme einer edleren, die Menschenrechte einhaltenden Zivilisation zu bewegen, findet die kulturelle Ideologie es in Ordnung.

Diese Maßnahmen, die Arbeitslosigkeit und Hungersnot nach sich ziehen können, werden als angebracht und berechtigt angesehen.

Um die Verhältnisse der einzelnen Kulturen zueinander richtig zu begreifen, muß man zwischen den Techniken zur Produktion materieller Güter, den Sitten (Brauchtum, Recht, Justiz, Religion) und den künstlerischen Aktivitäten unterscheiden.

Zwei Dinge kennzeichnen die Technik. Zum einen kommt jede Erfindung zu den vorausgegangenen hinzu. Sie ist wie ein Stein, den man auf andere setzt, um weiter zu bauen. Zum anderen kann dann im Prinzip jeder von diesen Erfindungen Gebrauch machen. Die Erfindung des Rades hat sich um die ganze Welt verbreitet.

Über den zweiten Punkt läßt sich jedoch streiten. In einer kleinen Gemeinschaft wird die Erfindung des einen von den anderen leicht begriffen und angewandt. Das trifft aber nicht zu, wenn zu große genetische Unterschiede bestehen. Die europäische Technologie wird von den Asiaten leicht begriffen und bestens angewandt. Die Afrikaner wiederum können sich dieselbe Technologie viel weniger aneignen und sie auch weniger einsetzen. Darin liegt aber keine Unterlegenheit, sondern ein *Unterschied.*

Auch wenn man nicht endgültig sagen kann, ob eine Erfindung von heute einer vor zwanzig Jahrhunderten gemachten überlegen ist, ist eines vom technischen Standpunkt sicher: Die früheren Techniken werden durch den ›Fortschritt‹ schnell überholt.

Mit der Moral, der Philosophie oder der Religion verhält es sich ganz anders. Niemand kann behaupten, daß das Denken eines modernen Philosophen zu allen früheren Philosophien hinzukommt und diese uninteressant macht. Aristoteles und Platon bleiben nach wie vor ›Leuchttürme‹ für die Menschheit.

Das Gleiche gilt für die Kunst. Wer würde wagen zu behaupten, daß die moderne Bildhauerkunst die von Phidias oder Michelangelo lächerlich macht?

Wir könnten also die Behauptung aufstellen, daß wir die Afrikaner zivilisieren, indem wir ihnen unsere Technologie bringen – obwohl wir es eigentlich nicht glauben. Es in bezug auf die Sitten, die religiösen Glaubensüberzeugungen, die künstlerischen Aktivitäten zu behaupten ist dagegen völlig absurd.

Wir kommen zu dem Schluß, daß das Einstufen von Kulturen willkürlich ist. Die Kriterien, die diese Hierarchie ermöglichen sollen, werden nämlich von denen ausgewählt, die ihre eigene Kultur als die schönste und die bewundernswerteste von allen hinstellen wollen.

Gewaltsamer Rassismus und kultureller Rassismus rühren immer von der Schwierigkeit her, Mentalitäten, also Kulturen, anzunehmen und zu dulden, die sich von unseren unterscheiden. Man kann keine Mentalitäten verändern, da das Angeborene sich nicht ändern läßt. Wenn in einer Partnerschaft Unstimmigkeiten aufkommen, können sie gewaltsame Formen annehmen oder zu endlosen Diskussionen führen, bei denen jeder sein Verhalten zu rechtfertigen und das des anderen zu verurteilen versucht. Die Trennung ist dann die einzige vernünftige Lösung.

Die Apartheid oder das getrennte Leben

Die Apartheid bedeutet nicht die vollständige Trennung zweier Rassen, auferlegt von der Ethnie, die an der Macht ist. Apartheid bedeutet Trennung der Lebensräume, nicht unbedingt Trennung der Beschäftigungsorte.

Die Geschichte der Menschheit liefert zahlreiche Beispiele von Apartheid. Denken Sie an die Ghettos, in die die Juden von den mehrheitlichen Bevölkerungen verdrängt wurden: in Italien, in Frankreich (zur Zeit Ludwigs IX., 1214–1270) und vor allem in den slawischen Ländern. Die Juden lebten und arbeiteten dort und hatten zahlreiche Handelsbeziehungen mit der übrigen Bevölkerung.

Die Apartheid kann je nach den betroffenen Ethnien unterschiedliche Formen annehmen. Manchmal kann es sich sogar um eine Trennung in gegenseitigem Einvernehmen handeln.

Überall, wo sich die Chinesen niederlassen, neigen sie dazu, ihre eigenen Städte oder ihre eigenen Viertel zu gründen. In diesen ›Chinatowns‹ bleibt die chinesische Kultur erhalten. Die Mitglieder dieser Gemeinschaften nehmen die Werte anderer Ethnien nicht an und legen keine Proselytenmacherei an den Tag, das heißt, sie werben auch nicht für ihre Kultur an. Zum anderen sind Chinesen begabt genug, um sich die Technologien und die Handelsgepflogenheiten jedes anderen Volkes anzueignen.

Das Einvernehmen zwischen Schwarzen und Weißen scheint dagegen problematischer zu sein.

In den USA sind die Schwarzenviertel vor allem aus wirtschaftlichen Gründen entstanden. Die Schwarzen passen sich der Technologie der Weißen meistens schlecht an und schinden sich bei unterbezahlten Jobs. Daher leben sie auch in den ärmsten Vierteln. Wenn besser integrierte Schwarze in die Viertel der Weißen ziehen, dann wechseln letztere zunehmend ihren Wohnort.

Daran erkennt man den grundsätzlichen Unterschied zwischen Chinesen und Schwarzen. Die ersten weigern sich, ihr Gastgebervolk nachzuahmen, während sich die Schwarzen beeilen, es als Vorbild zu nehmen. Sie müßten sich demnach viel leichter integrieren können. Die Integration erfolgt jedoch nur unvollständig, denn nur die zweite Natur, die der Gewohnheiten, paßt sich dem Lebensstil der Weißen an.

Wegen der Apartheid hat Südafrika die größten Schwierigkeiten bekommen. Ursprünglich war es vor mehr als 400 Jahren nahezu menschenleer. Da wurde die eine Hälfte des südafrikanischen Gebiets von den Weißen besetzt, die andere von den Schwarzen. So fanden zwei Einwanderungen statt, und keine kann ein historisches Recht auf den Boden geltend machen.

Die Weißen haben nicht die Macht auf Grund ihrer Überzahl, wie etwa in den USA, übernommen, sondern dank ihrem technologischen Vorsprung, der ihnen zu einer viel größeren Leistungsfähigkeit verhalf, sowie dank ihrem Organisationstalent. Um an der Macht zu bleiben, hatten sie keine andere Wahl, als das allgemeine Stimmrecht zu verwehren.

Da die Weißen befürchteten, erstickt und ausgeschaltet zu werden, schufen sie eine ganz besondere Form von Apartheid. Statt die Ethnien räumlich voneinander zu trennen und beiden ihre Selbständigkeit zu geben, benutzten sie aus Profitgier die Schwarzen als Arbeitskraft und zwangen sie gleichzeitig, getrennt zu leben.

Aus Ehrlichkeit – oder aus Heuchelei? – sorgten sie dafür, daß dieselben Bestimmungen auch für die Weißen galten, die beispielsweise die Schwarzenviertel nicht betreten durften. Schließlich wollten die Schwarzen bei den Weißen leben, und nicht umgekehrt, so daß dieses Gesetz nur einseitig beachtet wurde. Dieses System ist heute im Begriff zusammenzubrechen, und die schwarze Mehrheit ist dank massiven ausländischen Einflusses an die Macht gekommen. Das ist ein einzigartiges, sehr interessantes Experiment, das allerdings mit vielen Risiken verbunden ist.

Der melting pot (der Schmelztiegel)

Die ersten Einheimischen auf dem Boden der USA, die *Rothäute*, wurden von den einwandernden Weißen nahezu ausgerottet. Bei der Ankunft der Engländer lebten rund zehn Millionen Indianer. Heute sind es nur noch 500 000, die in Reservate umgesiedelt wurden. Es war ein Völkermord de facto, und das Land wurde dann ausschließlich von Einwanderern bevölkert.

Der ›amerikanische Traum‹ war, allen diesen Einwanderern dieselbe Sprache, dieselbe Kultur, dieselben Werte, dieselben Möglichkeiten zu geben, damit sie alle Amerikaner werden, neue Menschen, die ihre Herkunft vergessen haben.

Sofern das Angeborene bei einem zivilisierten Menschen nicht mehr gilt, reichte ein gleiches Erworbenes aus, um ein und dasselbe Volk zusammenzuschmieden. Die Rassenmischung wurde überflüssig, konnte aber durch die Zufälle des Lebens und der Liebe auf natürliche Weise stattfinden. Der kulturellen Ideologie zufolge sollte das Projekt gelingen.

Ein erfolgreicher Film wie ›Bis ans Ende der Welt‹, der unter anderem die Hochzeit eines amerikanischen Paares polnischer Herkunft zeigt, belehrt uns eines Besseren. Das Fest, die religiöse Heirat, die Tänze, das Essen sind ›wie dort‹.

Fast polnischer als in Polen.

›Der Pate‹, ein erfolgreicher Film in Folgen, zeigt uns das Leben der Italiener in New York. Auch hier ist alles italienisch, noch italienischer als in Süditalien.

Als weiße Europäer hätten Italiener und Polen sich doch leicht integrieren und im riesigen Schmelztiegel verschwinden müssen, um Amerikaner durch und durch zu werden.

Das hat nicht funktioniert, außer bei einem Teil der Bevölkerung, der sich schnell vermischte. Die anderen sind Italiener, Polen, Iren, Juden geblieben, von den Afrikanern, den Mexikanern und den Chinesen ganz zu schweigen.

In Berührung mit andersgearteten Ethnien versuchten die Einwanderer nicht, sich zu integrieren, sondern zu ihren Wurzeln zurückzufinden und ihre Identität zu behaupten. Über diese Trennungen nach Nationalitäten hinaus kommt es ebenfalls zu größeren Gruppierungen: Asiaten, Afrikaner, Latino-Amerikaner.

Zur Zeit leiten die zahlreicheren Europäer fast alle Unternehmen. Das allgemeine Stimmrecht ist ihnen günstig, außer in den Städten mit schwarzer Mehrheit, in denen ein Schwarzer automatisch zum Bürgermeister gewählt wird. Allerdings haben die Europäer die niedrigste Geburtenrate und verzeichnen eine sehr geringe Einwanderung. Die Afrikaner und die Latinos haben die höchsten Geburtenraten. Die stärkste Einwanderung stellen die Latinos.

Was die Sprache betrifft, hat der melting pot bis jetzt sehr gut funktioniert: Englisch wurde als Amerikanisch abgewandelt und allgemein angenommen. Es klappt aber nicht mehr im Süden, wo eine starke mexikanische Einwanderung stattfindet, größere Gruppen sich der spanischen Sprache bedienen und das Amerikanische überhaupt nicht beherrschen. Dort sind die Verkehrsschilder zweisprachig, um nur ein Beispiel zu nennen.

Afrikaner und Latinos haben Schwierigkeiten, die typisch europäische Technologie zu erlernen und sich anzueignen. Diese Unangepaßtheit treibt sie in die Arbeitslosigkeit oder in Tätigkeiten, die das Gesetz der Europäer untersagt.

Wenn Afrikaner und Latinos eines Tages in der Mehrheit sind, wird die politische Macht für sie greifbar sein. Dann wird das Chaos ausbrechen. Alle bis dahin von der weißen Mehrheit aufgezwungenen Werte werden in Frage gestellt werden.

Die politisch Verantwortlichen in Europas alten Nationen wollen uns an einen ›amerikanischen Traum‹ glauben lassen. Damit er in Erfüllung geht, wollen sie die Vermischung der Völker und der ethnischen Gruppen sowie die Vereinheitlichung der Kulturen und der Werte fördern.

Dieser europäische melting-pot wird viel schwerer zu verwirklichen sein als in den USA. Bevor wir in diese Richtung weiterschreiten, sollte man sich daher unbedingt mit der amerikanischen Zivilisation auseinandersetzen. Sie ist uns vor allem durch Filme und Fernsehserien bekannt, von Leuten hergestellt, deren Erfolg den Beweis liefert, daß der ›amerikanische Traum‹ verwirklichbar ist. Da sie aber furchtbare Angst haben, daß die Integration scheitert, stellen sie diese in ihren Werken als vollzogen dar. Diese stillschweigend tendenziöse *Propaganda* verschönert das Zusammenleben aller ethnischen Gruppen, insbesondere das der Schwarzen und der Weißen. Die Europäer, die sich diese Filme und Fernsehserien anschauen, machen sich dann eine ganz falsche Vorstellung von der amerikanischen Wirklichkeit.

Auch in Frankreich vermitteln die Medien ein falsches Bild vom Leben der Afrikaner in unserem Land. Die Wirklichkeit sieht ganz anders aus.

In den USA haben die Aufstände von Los Angeles einen ungeheuren Haß der Schwarzen und Latinos gegen die Asiaten offenbart. Deren angeborene Eigenschaften ermöglichen ihnen eine leichtere und schnellere Anpassung an die von den Weißen geschaffenen Techniken und daher einen Erfolg, den erstere nicht erzielen können.

Warum gibt es in den USA, deren Bodenschätze je Einwohner zehnmal größer als in der Schweiz sind, weite, drekkige Elendsviertel, in denen die Menschen von der Kriminalität leben, während die Schweiz ein solches Elend nicht kennt?

Warum gibt es keine echte amerikanische Kunst, sondern lediglich ein Mosaik künstlerischer Schöpfungen, die vom Herkunftsland des jeweiligen Künstlers inspiriert werden?

Sind die USA wirklich das Paradies, das Europa als Vorbild dienen soll?

Die natürliche Ordnung

Jeder Mensch läßt sich aus drei Hauptelementen bestimmen.

Zunächst das Angeborene, das innere, unabänderliche Wesen.

Dann die Gewohnheiten, die die zweite Natur bilden. Es sind – meistens vor dem Erwachsenenalter – erworbene Fähigkeiten, die unser Verhalten regeln.

Als drittes Element schließlich das kulturell Erworbene, das meistens aus abstrakten Kenntnissen besteht.

Das Einvernehmen zwischen zwei Menschen wird tief und ausgezeichnet sein, wenn die beiden ersten Elemente ähnlich sind, das heißt, wenn sie ein ähnliches genetisches Erbe haben und in derselben Gegend sowie im selben sozialen Umfeld aufgewachsen sind. Denken Sie an das Beispiel mit den Zwillingen!

Gegenüber diesen beiden Elementen bleibt das Einvernehmen in kulturellen Dingen sehr oberflächlich. Weichen die Erbanlagen und die Gewohnheiten stark voneinander ab, dann ist auch das kulturelle Einvernehmen instabil und anfällig, dann droht es immer dann zu brechen, wenn es nicht mehr nur um Reden, Diskussionen und Gedankenaustausche geht, sondern wenn es *sich zu verhalten* gilt.

Leben heißt Wahlentscheidungen treffen. Gewiß, unser Herdentrieb veranlaßt, daß wir uns von unseren Mitmenschen nicht abheben oder manchmal, aus Provokation, genau das Gegenteil tun. (In beiden Fällen liegt Anpassung vor.)

Der Mensch, der empfänglich für Moden ist, zeigt damit, daß er einer Gemeinschaft angehört. Wenn diese Moden aber seinem Wesen widerstreben, sucht er unter seinen Mitmenschen welche mit dem gleichen *Naturell* wie er, um sich der Mehrheit zu widersetzen.

Erfindungen, künstlerische Schöpfungen sind die Frucht der inneren Natur, des Angeborenen, des genetischen Erbes. Eine Zivilisation baut sich auf durch die Anhäufung ihrer Erfindungen, Schöpfungen und Neuerungen.

Jede ethnische Gruppe erzeugt ihre eigene Kultur, ihre eigene Architektur, ihre eigene Musik, ihre eigenen Tänze, ihre eigenen Sitten, ihre eigene Religion.

Zu behaupten, daß eine Kultur einer anderen überlegen sei, ist vollkommen absurd, sie ist nur anders.

Vernünftig ist dagegen zu erkennen, daß ein Volk glücklich ist und eine beständige Gesellschaft bildet, wenn die Erbanlagen seiner Mitglieder mehr Ähnlichkeiten als Unterschiede aufweisen, wenn es sich gegen genetisches Abdriften wehrt und wenn es in seiner Heimat, mitten in einer von seinen Vorfahren geschaffenen Kultur lebt.

Der verhängnisvolle Fehler der Griechen, Römer und weißen Amerikaner bestand darin, Sklaven für die Verrichtung bestimmter Arbeiten eingesetzt zu haben, deren sie angeblich unwürdig waren. Es hat ihnen an Mut gefehlt. Die amerikanische Gesellschaft läuft Gefahr, aus den gleichen Gründen zusammenzubrechen. Menschen anderer ethnischen Gruppen zur Erledigung gewisser Arbeiten einzusetzen, um – im Endeffekt – den eigenen Reichtum zu erhöhen, ist eine kurzsichtige Rechnung mit unberechenbaren Folgen.

Warum wird dieser alte *Traum* einer Weltgesellschaft weiter geträumt – nach so vielen Beispielen abgelehnter Integration oder zwar gelungener Integration, verbunden jedoch mit einer allmählichen Veränderung der angeborenen Eigenschaften der Einheimischen und letztlich mit einer schlechten Anpassung an die Kultur der Vorfahren?

Die Menschen, die auf allen Gebieten Macht haben, glauben ehrlich an die kulturelle Ideologie.

Für sie sind die Unterschiede zwischen den Völkern nur auf kulturelle, also erworbene Unterschiede zurückzuführen, und nicht auf angeborene, natürliche.

Sie glauben also ehrlich, die Errichtung einer Weltkultur und die weltweite Anerkennung bestimmter Werte, wie jener in der Erklärung der Menschenrechte bestimmten, könnten die Probleme lösen, die Unterschiede aufheben und eine neue Ordnung schaffen, in der Eintracht herrschen würde.

Wenn wir meinten, diese Vorstellungen seien richtig, würden wir sie mit großer Begeisterung aufnehmen.

Der Zweck ist wunderbar und die Mittel dafür einfach und zudem leicht einzusetzen. Doch die objektive Beobachtung der Konflikte, die überall auf der Welt unablässig auftreten, zwingt uns leider zu der Ansicht, daß dieses schöne Ideal nicht zu verwirklichen ist.

Man vergeudet unsinnig Zeit und Kraft, einem solchen Hirngespinst nachzujagen.

Es gibt nur einen Wert, den die am meisten ›zivilisierten‹ Nationen mit der ganzen Menschheit teilen können. Wir meinen das Geld.

Doch das Geld dient mehr der Korruption, als Menschen zueinander zu bringen. Geld ermöglicht den Handel, Handelsbeziehungen sind aber anders als gefühlsmäßige Beziehungen, die spontan und ohne Hintergedanken sind. Bei den Griechen war der Gott des Handels übrigens auch der Gott der Diebe.

Diejenigen, die von der Notwendigkeit überzeugt sind, zur Naturordnung zurückzukehren, müssen begreifen, daß der unumgänglich gewordene Handel in aller Ehre, das heißt fern von jedem Betrug, zu betreiben ist. Man muß gegen das heutige Abdriften ankämpfen, wonach der geschäftliche Erfolg von der Geschicklichkeit abhängt, den Kunden zu betrügen. Der Handel hat mit dem Geschäftsgebaren im Souk nichts zu tun.

Die Naturordnung bedeutet die Zusammenführung der ethnischen Gruppen in die Heimat ihrer Vorfahren. Der große israelische J.-L. Talmon schrieb 1980 zu Recht: »So ironisch und enttäuschend das klingen mag, das einzige Mittel heute, ein friedliches Beisammenleben der Völker zu erreichen, ist, sie zu trennen.«

Alle ethnischen Gruppen müssen von dieser Wahrheit *überzeugt* werden, damit die Trennung in natürlichem Einvernehmen erfolgt.

Es reicht aber nicht, die Völker voneinander zu trennen, man muß auch dafür sorgen, daß sie selbständig werden, daß sie zu ihrer Kultur zurückfinden und daß sie *die* Technologie erfinden, die ihnen ermöglicht, zu leben und sich fortzupflanzen.

Für die Menschheit ist das die einzige Überlebenschance.

Die Integration

In dem letzten Kapitel über die Beziehungen zwischen den ethnischen Gruppen haben wir unsere Ansichten zur Einwanderung und Integration vielfach dargelegt. Es wäre nützlich, diesen Fragenkomplex zu vertiefen.

Es ist bedauerlich, daß in unserem Land diese überaus wichtige Diskussion weiterhin auf der moralischen (ethischen) oder auf der kulturellen Ebene stattfindet. Man weigert sich, wieder auf den Boden der Realität herunterzukommen, um die konkreten Folgen der Masseneinwanderung von Menschen verschiedener ethnischer Gruppen zu untersuchen. Wie bei allen rein intellektuell geführten Diskussionen gelangt man bedauerlicherweise zu einer schwarz-weißen Sicht der Dinge.

Entweder sind Sie ein überzeugter ›Mondialist‹ und betrachten als niederzuschlagenden Rassisten jeden, der gegenüber den heutigen Bevölkerungswanderungen den geringsten Vorbehalt äußert; oder Sie sind ein ›Nationalist‹, und Ihre Standpunkte werden für den Gegner ebenso einseitig und gehässig sein.

Wir müssen daher versuchen, aus dieser teuflischen Logik herauszukommen, die eigentlich die zusammenführt, die Gegner zu sein behaupten.

Neben der rein intellektuellen Problemsetzung ist eine zweite größere Klippe zu meiden, nämlich Haß zu erzeugen, indem man den einen oder den anderen kränkt – selbst unfreiwillig. Wenn das Empfinden eines Menschen überreizt ist, nährt es häufig sein Leiden mit falsch verstandenen Worten. Wir sollten daher ›positiv‹ sein, und zwar in beiden Sinnen des Wortes:

– zunächst sollten wir konkret sein und die Dinge beobachten, die getan werden, statt endlos darüber zu reden, was getan werden müßte;

– dann möchten wir unsere Meinung mit einem Beispiel

veranschaulichen, das mehr an den Wohlstand und die Eintracht als an den Unfrieden und das Elend denken läßt.

Wir meinen die Schweiz.

Ich kenne dieses Land sehr gut, da ich es aus beruflichen Gründen öfter bereist habe. Dabei bin ich vielen Unternehmern und Ingenieuren begegnet, die meine Geschäftspartner waren.

Ich möchte ein paar Bemerkungen vorausschicken.

Die Schweizer stammen von altersher aus mindestens drei Volksgruppen: einer deutschen, französischen und italienischen, was sich heutzutage durch die drei Amtssprachen äußert.

Diese Sprachgemeinschaften haben gelernt zusammenzuleben, ohne dabei ihre Identität zu verlieren. Es ist in diesem Zusammenhang bemerkenswert, daß in der deutschen Schweiz nur die Personen, die mit der französischen Schweiz und Frankreich verkehren, französisch können. Umgekehrt können in der französischen Schweiz vergleichsweise wenige Leute deutsch oder schwyzerdütsch.

Während in Frankreich die die langue d'oil sprechende Mehrheit dank der zentralisierenden Republik und der Schulpflicht ihre Sprache in allen Provinzen durchsetzen konnte, ist die Schweizer Bundesregierung nicht dazu befugt.

In der Schweiz können die Kantone über alles entscheiden, was nicht unbedingt Angelegenheit des Bundes ist.

Wie schaffen sie es zu einer Zeit weltweiter Gleichschaltung, das zu erhalten, was ihre Eigenart ausmacht?

Indem sie sich nach einer Gesetzgebung streng richten, deren Grundsätze sehr einfach sind:

1. Jeder Ausländer, der kein Privatvermögen besitzt, darf nicht in der Schweiz wohnen, wenn er keine Arbeitsstelle hat.

2. Das Grundprinzip der schweizerischen Staatsangehörigkeit ist das ›Blutrecht‹, und nicht das ›Bodenrecht‹.

3. Der Erwerb der schweizerischen Staatsangehörigkeit durch Einbürgerung ist der Gegenstand eines langwierigen Verfahrens, das mehr Wert auf die Integration des

Antraggebers im Alltag legt als auf sein Vermögen oder seinen Persönlichkeitsgrad.

4. Der Kauf von Grundstücken oder Immobilien durch Ausländer ist streng geregelt und praktisch nur in touristischen Städten, etwa den Wintersportorten, möglich.

Diese Maßnahme bringt die Schweiz um ein unglaubliches Vermögen. Die Immobilien sind sehr teuer, und die reichen Ausländer würden sie schleunigst aufkaufen.

Frankreich hält es dagegen nicht für unter seiner Würde, das Staatseigentum zu verkaufen, um die Zahlungsbilanz auszugleichen.

Aus diesen Gründen fühlt sich der Schweizer Bürger als Herr über sein Schicksal, und dies fördert keineswegs den Fremdenhaß, ganz im Gegenteil. Hat einer das Gefühl, daß die Gesetze ihn in seiner Identität gut beschützen, dann wird er um so gelassener einem Fremden gegenübertreten und ihn keineswegs als Bedrohung wahrnehmen. Darin gründet die echte gastgeberfreundliche Tradition der Schweiz.

Ein Ausländer wird bekanntlich herzlicher empfangen, wenn man ihn selber eingeladen hat, als wenn er sich aufgedrängt hat. Dazu ein paar Beispiele aus der jüngsten Geschichte.

Zu Beginn des Jahrhunderts läßt sich ein russischer Emigrant für mehrere Jahre in der Schweiz nieder und widmet sich in aller Ruhe der Vorbereitung seines Lebenswerks. Sein Name: Lenin. Diese Tatsache widerspricht der allgemeinen Vorstellung, die Schweiz sei nichts anderes als die Plattform des internationalen Kapitalismus.

Im Zweiten Weltkrieg bildete die Schweiz infolge der Gebietseroberungen NS-Deutschlands sozusagen eine demokratische Insel im Ozean der Diktatur. Sie wurde zur Zufluchtstätte für rund hunderttausend Juden und sonstige Verbannte. Das entsprach ihrem Standpunkt strenger politischer Neutralität.

Was hat der Schweiz ermöglicht, in all diesen Jahren auszuhalten?

Ihr Patriotismus, ihr Nationalgefühl, die Erinnerung an Wilhelm Tell (gekennzeichnet durch die Definition eines uneinnehmbaren ›nationalen Winkels‹, der mit dem Gebiet der Kantone, die 650 Jahre zuvor die helvetische Idee begründet hatten, zusammenfiel).

Hätten solche Werte ebenso mobilisierend gewirkt, wenn sie eine stark gemischte Bevölkerung angesprochen hätten, für die Wilhelm Tell nur ein legendärer Held gewesen wäre, jedenfalls kein Landsmann und kein Eidgenosse aus Fleisch und Blut?

Nur weil die Schweiz fast peinlich darauf achtete, sie selbst zu bleiben, konnte sie anderen am besten helfen und 18 Prozent Ausländer problemlos aufnehmen.

Damit die Diskussion ausgeglichen bleibt, möchten wir uns einem anderen Land zuwenden, und zwar den USA. Die Entwicklung der ersten Weltmacht wurde durch einen völlig anderen politischen Kurs bestimmt als in der Schweiz. Die Bürger sind nach der de facto Vernichtung der Indianer alle Einwanderer (oder Nachkommen von Einwanderern) jeder Herkunft. Die nationale Einheit ist aus dem ›melting pot‹, dem Schmelztiegel, hervorgegangen.

Über bestimmte Punkte sollte man sehr genau informiert sein. Die Größe der Vereinigten Staaten baute sich in einer Zeit verhältnismäßig einheitlicher Bevölkerung auf, sagen wir bis etwa 1960. Die Macht lag zum großen Teil in den Händen einer ethnisch und kulturell eindeutig abgegrenzten Gruppe, nämlich der ›white anglo-saxons protestants‹, die immer noch ›waps‹ genannt werden und bis 75 Prozent der Bevölkerung ausgemacht haben.

Die fremdstämmigen Hauptgruppen (Deutsche, Skandinavier, Polen, Italiener, Juden) waren alle europäischer Herkunft, und auch wenn sie sich ihre Eigenart bewahrten, lag es in ihrem Interesse, bei der Demokratie und dem Business auf angelsächsische Art mitzuwirken. Die einzige Ausnahme bildeten die Schwarzen. Doch zu keinem Zeitpunkt, selbst nach der Aufhebung der Sklaverei, haben diese den Lebensstil der Nation, so wie ihn die herrschenden Gruppen definiert hatten, bemerkenswert beeinflußt.

Seit dreißig Jahren verhält es sich aber anders. Die Immigration hat sich gewandelt; sie kommt nun vorwiegend aus Asien und vor allem Südamerika. Daher das Aufkommen einer Kultur spanischer Sprache, die kräftig genug ist, um es mit der herrschenden englischsprachigen aufnehmen zu können. Der ›melting-pot‹ funktioniert nicht mehr, vorausgesetzt, er hat jemals funktioniert.

Daß die Urheber und Förderer der Doktrin selbst ernsthaft daran geglaubt haben, liegt übrigens nicht auf der Hand. Warum hätten sie sonst mehrmals falsch gespielt?

Das taten sie bereits 1929 durch die Einführung von Quoten, die die ›nordische‹ Einwanderung begünstigte. Dann seit 1992 mit der Einführung einer Gesamtquote, die die Europäer mit gesuchter Berufsausbildung ›ermutigt‹ und die Latinos, insbesondere die Mexikaner und die Kubaner, ›entmutigt‹. Wichtiger, als *quantitative* Überlegungen über Quoten auszuführen, ist es aber, die *Qualität* der so entstandenen Gesellschaft zu beurteilen.

Auch hier ist es nicht überflüssig, einen Vergleich mit der Schweiz anzustellen.

Befassen wir uns zunächst mit den sozial besonders Schwachen: In den USA ist Armut mit sozialem Ausschluß und meistens mit Gewalt und Droge gleichbedeutend. Das ist nichts Erstaunliches in einem Land, in dem der Kult des Individualismus aufs äußerste getrieben wird. »Kommst du nicht zurecht, dein Pech. . .!«

In der Schweiz ist die Armut nirgendwo so ausgeprägt: Die Einheimischen haben einen gesellschaftlichen Konsens erarbeitet, der jedem ein würdiges Leben sichert; wir haben gesehen, daß die Ausländer nur dann zugelassen werden, wenn sie keine finanziellen Probleme mitbringen oder ausgesorgt haben; und was die kleine Zahl politischer Flüchtlinge betrifft, so erhalten sie notfalls eine Unterstützung von der Gemeinschaft.

Unsere Beschreibung würde freilich besser zu der Schweiz vor fünfzehn Jahren passen als zu der heutigen. Wir haben trotzdem an dieser Beschreibung gehalten, denn zum Glück gilt sie immer noch für den größten Teil der Bevölkerung dieses Landes.

Den Verfall, der heute allmählich zutage tritt, kann man nicht ohne weiteres den Schweizern zuschreiben. Wir sehen darin vielmehr die Hand der ›One-World‹-Ideologie, die um jeden Preis versucht, dieses kleine Land zu ›normalisieren‹, das heißt gleichzuschalten. Ein letztlich überaus aufreizendes kleines Land, das weiterhin gedeiht und sich weigert, seine Besonderheiten auszuradieren.

Wie erfolgt diese ›Normalisierung‹?

Durch den wirtschaftlichen Liberalismus und das Erzeugen von schlechtem Gewissen. Für eine Regierung liegt die Versuchung immer nah, die öffentliche Meinung zu manipulieren, wenn die ideologische Kluft zu dieser größer wird. In der Schweiz bekennt sich die Elite von Politik und Finanz nunmehr zum wilden Liberalismus, während das Volk immer noch instinktiv spürt, daß die beste Garantie für seinen Wohlstand in seinem Partikularismus liegt. Die Krise der neunziger Jahre kam für die politisch Verantwortlichen zum richtigen Zeitpunkt. Sie hat eine leichte Arbeitslosigkeit verursacht. Die herrschende Schicht tat, als würde sie die Lage in den Nachbarstaaten ignorieren, und führte nach außen hin diese Entwicklung auf die Abkapselung der Schweiz sowie auf ihr mangelndes Bekenntnis zu Europa zurück. Und sie ließ es sich nicht entgehen, die öffentliche Meinung davon zu überzeugen.

Ist es ihr dabei gelungen?

Fast. . . Die Volksbefragung vom 6. Dezember 1992 über den Beitritt zur EU ergab nur eine knappe Mehrheit für ein ›Nein‹. Und die Schweiz steht immer noch da, obwohl die Verfechter des ›Ja‹ chaotische Zustände vorausgesagt hatten, falls die Antwort negativ ausfallen würde, nur der Beitritt zur Europäischen Union könne angeblich die Schaffung von Arbeitsplätzen ermöglichen.

Ebenso wie in Frankreich, wo nach dem ›Ja‹ für Maastricht am 20. September 1992 die Arbeitslosigkeit ständig gewachsen ist.

Die politischen Führer und die Großunternehmer haben die Entscheidung des Volkes jedoch nicht erfreut zur Kenntnis genommen. So haben die Großbanken trotz Rekordgewinne im Jahre 1993 ihre Politik der ›Rationalisierung‹, also des Abbaus von Arbeitsplätzen, fortgesetzt. Die Arbeitslosigkeit ist noch etwas gestiegen (obwohl sie weit unter dem europäischen Durchschnitt liegt); mit der Arbeitslosigkeit zeichnen sich das Elend von manchen sowie der Europa-Beitritt als Erpressungsmittel am Horizont der kommenden Jahre ab.

Nach den ›sozial Schwachen‹ und ›Ausgeschlossenen‹ möchten wir uns nun denen zuwenden, die die wirtschaftlichen und sozialen Grundpfeiler der beiden Länder bilden: den Tätigen, die glücklich sind, es zu sein.

Betrachten wir als Beispiele New York und Genf, die am meisten kosmopolitischen Städte beider Länder.

In der ersten bestehen die Herkunftsgemeinschaften der Bürger stark strukturiert fort. Es herrscht nicht nur Trennung, sondern oft auch Abneigung gegeneinander. Man lebt nicht miteinander, sondern nebeneinander (und wenn möglich nicht zu nah!).

Worin liegt das Interesse am anderen? Er erweitert den potentiellen ›Markt‹ und ist gut für das Geschäft.

Wenn eine Gesellschaft keine gemeinsamen traditionellen Werte mehr hat, werden die anderen nur noch unter dem Blickwinkel des Geldes betrachtet. Die notwendige Gefühlsbefriedigung erlebt man in der Abkapselung innerhalb der Herkunftsgemeinschaft. Soviel zur sogenannten ›melting-pot‹-Gesellschaft.

In der zweiten Stadt weiß jeder über jeden Bescheid; die oberen Zehntausend geben gern zu, in einem ›Dorf‹ zu leben. Wie wir gesehen haben, spielt die Herkunft eines jeden eine große Rolle, damit sich alle zurechtfinden können. Ist von einem Dritten die Rede, so wird man Ihnen mit großer Wahrscheinlichkeit seine Vorfahren nennen, manchmal sogar an erster Stelle. Abwertende Andeutungen kommen aber selten vor. Und man verkehrt um so lieber, um so entspannter miteinander, als die Stadt eine menschliche, noch überschaubare Größe behalten hat und der Bürgeradel der Stadt weiß, daß er immer Bürgeradel bleiben wird.

Alle Länder der Welt nehmen die Folgen des Fortschritts

passiv hin, allen voran die Entvölkerung der ländlichen Gegenden und die Entstehung von Mega-Städten. Bislang ist es der Schweiz jedoch gelungen, sich dieser Entwicklung zu widersetzen.

Die Schweiz will das gesunde Gleichgewicht zwischen den einzelnen Tätigkeitsbereichen aufrechterhalten und wußte ihre Bauern klug zu unterstützen, die keine ewigen Subventionsempfänger sind und mit ihren Erträgen ihr Auskommen haben.

Sie spürt, daß der Zustrom von Ausländern aus allen Teilen der Welt – die größtenteils vom hohen Lebensstandard angezogen sind, der selbst den Ärmsten zugute kommt – diesen mit soviel Geduld errichteten Bau ins Wanken bringen würde.

Leider fühlt sich die Schweiz manchmal sogar schuldig in dem bisherigen Bestreben, sich der herrschenden Weltideologie zu widersetzen, der zufolge die Erde allen gehöre und kein Land Ausländern die endgültige Niederlassung auf seinem Boden verwehren dürfe.

Falls die Schweiz eines Tages ihre Gesetzgebung über die Ausländer aufgibt, wird sich alles grundlegend verändern.

Wird sie dann ihren Lebensstil noch lange bewahren können? Hoffentlich.

Anmerkung zur Immigration in Frankreich

Zu behaupten, daß wir alle ›Immigranten‹ seien, ist nach Ansicht von Jacques Dupâquier, einem bekannten Demographen und Mitglied des Institut de France, ein Hirngespinst. Zwischen 700 und 1800 gab es so gut wie keine Immigration, außer im Adel und vor allem in der königlichen Familie. Diese betrieb eine systematische Vermischung, indem sie das politische Interesse in den Vordergrund rückte. So konnten die Aufrechterhaltung und der Fortbestand ihrer genetischen Merkmale nicht mehr gewährleistet werden, wie es auch heute in regierenden Adelshäusern in benachbarten Staaten der Fall ist.

Der vom Volk empfundene Haß gegen Marie-Antoinette, die ›Österreicherin‹, zeigt, daß das Volk das Prinzip der Vermischung nicht duldete. Dieses ›intolerante‹ – das heißt hier unduldsame – Volk führte bekanntlich die Revolution herbei.

Im Jahre 1789 waren die Bauern zu 90 Prozent kleine Grundbesitzer und zu 100 Prozent Handwerker. Sein Haus und sein Werkzeug zu besitzen, bedeutet das nicht Unabhängigkeit und daher Freiheit? Man ist weit weg von jener allgemein anerkannten Vorstellung eines von den Grundherren beherrschten Frankreich, in dem die Bauern Leibeigene waren.

Als im 19. Jahrhundert eine beachtliche Einwanderung erfolgte, war sie mit der in der Schweiz praktizierten vergleichbar: Man kam, um zu arbeiten, zu sparen und sodann heimzukehren.

Die Franzosen, die zwischen 700 und 1800 in einer geschlossenen Gesellschaft, das heißt ohne Immigration und mit wenig ausländischen Einflüssen, lebten, schufen und erzeugten nahezu alles, was unseren Stolz und unsere Bewunderung heutzutage erzeugt: Häuser, Kirchen, Herrensitze, Schlösser und Gärten, Kathedralen, Segelschiffe, Kutschen, Gemälde, Skulpturen, Musikwerke, literarische und philosophische Werke, Gastronomie usw.

Nach allgemein anerkannten Kriterien (unter anderen technischer Stand, künstlerischer Aufschwung, wirtschaftliche und militärische Stärke, Geburtenrate) war Frankreich in der damaligen Welt führend, ohne sich dessen zu rühmen, denn einen solchen Wettbewerb gab es nicht.

Die Kolonisierung Afrikas

Die oben angeführten Worte Jules Ferrys, die einen der Aspekte der kulturellen Ideologie so treffend ausdrücken, wurden anläßlich der Kolonisierung Afrikas durch die Franzosen ausgesprochen. Sie rechtfertigten diese Kolonisierung, indem sie ihr die besten Absichten unterstellen.

Waren diese Menschen aufrichtig oder heuchlerisch? Wurde ihr Auftrag, ihre ›Mission‹, mit Erfolg gekrönt, oder war er ein Mißerfolg?

Sie waren aufrichtig. Afrika stellte für europäische Idealisten ein großartiges Experimentierfeld zur Verwirklichung ihrer Vorstellungen dar. Christliche Kirchen und Schulen sollten dazu beitragen, daß sich alle afrikanischen Völker von der ›Barbarei‹ zur ›Zivilisation‹ hin entwickeln.

Versuchen wir, sachlich zu sein und genau zu begreifen, was sich abgespielt hat.

Nachfolgend möchten wir die französische Kolonisierung Afrikas in groben Zügen schildern.

Dank einer großen Erfindungsgabe und einer hohen Geburtenrate konnten sich die europäischen Bevölkerungen in der Vergangenheit trotz Kriege, Hungersnöte und Seuchen vermehren. Angesichts des Mangels an Ackerland entschloß sich eine größere Zahl von Menschen, woanders, vor allem in Afrika, zu leben. Sie bildeten zunächst Siedlungen an bestimmten Stellen der Küste und eröffneten Handelshäuser, um afrikanische Erzeugnisse, die in Europa nicht aufzutreiben waren, gegen europäische Erzeugnisse zu tauschen, die in Afrika Mangelware waren.

Dann versuchten etliche Europäer ihr Glück in der Landwirtschaft, indem sie die einheimische Arbeitskraft beschäftigten. Die Afrikaner galten als billige Arbeitskraft.

Die Kolonisten jener Zeit waren keine Chorknaben. Das Leben war hart, das Klima streng, der Komfort gleich null, die Krankheiten zahlreich und schwer zu heilen. Sie brachten den Afrikanern die in der Plantage anfallenden Arbeiten bei, waren aber keineswegs darauf bedacht, sie zu unterrichten, sie zu bekehren oder sie um ihre Stammsitten zu bringen. Die afrikanische Kultur, die den Einheimischen ermöglicht hatte, sich bei einem relativen Gleichgewicht fortzupflanzen, blieb auf diese Weise unangetastet.

Es wurde eine reine Kolonisation des Profits, die nur mit Waffengewalt Fuß fassen und sich durchsetzen konnte.

Als die Lebensbedingungen und die Ernährung verbessert wurden, wurde es für Menschen mit weniger Abenteuergeist und Durchhaltevermögen möglich, sich in einem inzwischen gastfreundlicheren Land niederzulassen.

Nun begann die kulturelle Kolonisierung.

Es ist hier wichtig, den grundlegenden Unterschied zwischen der einzig auf Profit hinauslaufenden Kolonisierung und der kulturellen Kolonisierung zu erklären – auch wenn wir dabei etwas schematisch vorgehen.

In der Natur leben die einzelnen Tierarten nebeneinander, ohne daß sich eine der anderen gegenüber überlegen oder unterlegen fühlt.

Die einzig auf Profit bedachten Kolonisten fühlten sich den Afrikanern ebensowenig überlegen. Sie benutzten diese als Arbeitskraft, nur um ihre Pläne zu verwirklichen, und legten ihnen ihre Gesetze auf.

Bei den Verfechtern der kulturellen Kolonisierung sah es indes ganz anders aus. Sie waren von ihrer absoluten Überlegenheit in jeder Hinsicht überzeugt.

Zum einen dachten die religiösen Missionare, daß die afrikanischen Religionen auf einer niedrigeren Stufe stünden und schlecht seien. Es galt, sie auszumerzen und durch gute europäische Glaubenslehren zu ersetzen. Zum anderen fanden die Laien die Lebensweise der Afrikaner barbarisch im Vergleich zu ihrer Lebensart.

Es sei an die Worte Jules Ferrys erinnert: »Eine höhere Zivilisationspflicht legitimiert allein das Recht, bei den Barbaren einzudringen. Eine höhere Rasse erobert nicht zu dem Zweck, den Schwächeren auszubeuten, sondern ihn zu zivilisieren und zu sich heraufzuziehen.«

Diese völlig klaren Worte machen deutlich, was die kulturelle Kolonisierung sein sollte.

Sie verurteilt implizit die Ausbeuter der zu Profitzwecken geführten Kolonisierung.

Als die kulturelle Kolonisierung in vollem Gange war, wurde sie von Léon Blum, einem weiteren führenden Sozialisten jüdischen Bekenntnisses, am 9. Juli 1925 in der Abgeordnetenkammer wie folgt gerechtfertigt: »Wir lieben zu sehr unser Land, um die Expansion der französischen Denkart und der französischen Kultur in Abrede zu stellen (. . .). Wir anerkennen das Recht und sogar die Plicht der höheren Rassen, diejenigen an sich zu ziehen, die nicht dieselbe Kulturstufe erreichen, und sie zu den Fortschritten aufzurufen, die dank der Bemühungen von Wissenschaft und Industrie erzielt worden sind.«[1]

Damals dachten die Europäer, sie gehörten einer Rasse an, die denen der kolonisierten Völker überlegen war. Sie waren innerlich davon überzeugt, daß alle Menschen denselben Weg zu einer vollkommenen Gesellschaft, zu einer vollkommenen Zivilisation verfolgen würden. Mit dem einzigen Unterschied, daß sie auf diesem Weg weit voraus seien und den anderen Völkern helfen müßten, sie einzuholen.

Kommen wir zur kulturellen Kolonisierung zurück und zu ihrer Entwicklung in Afrika.

In einer ersten Phase willigte sie ein, mit der Kolonisierung des Profits zusammenzuarbeiten. Die Intellektuellen waren auf die Kolonisten angewiesen, um ihren Komfort, ihre Sicherheit, ihren Lebensunterhalt zu sichern. Die Kolonisten beobachteten mit viel Skepsis diese mehr oder weniger tiefe Wandlung der afrikanischen Sitten.

Doch die als brutal und roh geltenden Sitten der Kolonisten reizten bzw. empörten allmählich die Verfechter der kulturellen Ideologie. Letzten Endes sei das Beste, jene des

---

1 Etwas später fand in Paris die ›Exposition Coloniale‹ statt zu Ehren des französischen Kolonialreichs und derer, die es gegründet hatten. Diese Ausstellung wurde ein Riesenerfolg, und nahezu alle Franzosen waren begeistert.

Landes zu verweisen, damit diese ihr zivilisatorisches Werk fortsetzen könnten.

Diese Ideologen waren der Ansicht, daß sich die europäischen Kolonisten die Reichtümer Afrikas aneigneten. Zugegeben: Durch die Schaffung größerer Plantagen, die vor ihrer Ankunft nicht existierten, hatten sie dem Land unbestritten zu Reichtum verholfen. Es sollte aber möglich sein, die Afrikaner so auszubilden, daß sie die Kolonisten wirkungsvoll ersetzten.

Da die Verfechter der kulturellen Kolonisierung an das Angeborene nicht glaubten und meinten, daß nur das Erworbene die zivilisierten Völker lenken würde, war der Substitutionsvorgang durchaus möglich. Man brauchte lediglich viele europäische Lehrkräfte nach Afrika zu schikken und ebenso viele afrikanische Studenten nach Europa. In zwei bis drei Generationen würden die afrikanischen ›Barbaren‹ zivilisiert sein und mit der ›höheren Rasse‹ auf einem Niveau stehen – wie Jules Ferry es gesagt hatte.

Heute würde man nicht mehr von ›höherer‹ oder ›überlegener‹ Rasse sprechen. Das kommt trotzdem auf das Gleiche hinaus: Diese sogenannten *universalen* Werte sind den europäischen Völkern wohl eigentümlich, und das setzt stillschweigend deren Überlegenheit über die Werte der afrikanischen Völker voraus, die aus ihrer Sicht ebenso gültig sind.

Kommen wir aber zu unserer Geschichte der kulturellen Kolonisierung zurück.

Damals waren die Beziehungen zwischen den Pionieren der Kolonisierung des Profits und den Ankömmlingen der kulturellen Kolonisierung ›durchwachsen‹, also wie das Wetter, manchmal gut, manchmal abscheulich.

Die Lage blieb ziemlich stabil bis zum Zweiten Weltkrieg. Da dachten die USA, daß sie großes Interesse daran hätten, die europäischen Kolonialreiche zu befreien, um zu ihnen freien Zugang zu bekommen und somit ihre Herrschaft als mächtigste kapitalistische Unternehmer der Welt zu behaupten.

Zu Beginn des Krieges rühmten die beiden politischen Führer Frankreichs, de Gaulle und Pétain, bei allen Ge-

gensätzlichkeiten die Größe des französischen Kolonialreichs. De Gaulle wollte es vor einer Einnahme seitens der Deutschen schützen, Pétain vor den Engländern. Doch allmählich veränderte sich de Gaulles ideologische Position wohl oder übel unter dem Druck der Amerikaner. Bei diesen verbargen die schönen Gefühle das kapitalistische Großbusiness.

Es galt nicht mehr, ein von einem Feindstaat begehrtes Kolonialreich zu verteidigen, sondern eine Ideologie der Menschenrechte, eine Ideologie der Gleichheit aller Menschen und aller Rassen gegen eine Ideologie, die die Ungleichheit sowie die Überlegenheit der europäischen weißen Rasse gegenüber der afrikanischen schwarzen Rasse behauptete.

Von nun an unterstützte de Gaulle zunehmend die kulturelle Kolonisierung, obwohl viele seiner Soldaten Kolonisten der alten Tradition waren – das heißt äußerst nationalistisch eingestellt und von der Überlegenheit ihrer Rasse überzeugt.

Die damaligen Entwicklungspläne gründeten auf der Vorstellung, daß sich Afrika auf demselben Stand wie Europa im Mittelalter befand. Wohlbemerkt: Aufgrund der damaligen bautechnischen Kenntnisse und der Technologie stand der Bau einer Kathedrale den modernen Großbauten künstlerisch und technisch in nichts nach. Ganz im Gegenteil.

In bezug auf Technologie und Werkzeuge mag Afrika vielleicht dem europäischen Mittelalter entsprochen haben; was aber die Verwirklichungen anbetrifft, stand es Europa weit nach. Kurzum, es war von Anfang an eine Fehleinschätzung mit unausbleiblichen Folgen.

Afrika hatte keinen Karl den Großen gehabt, um Schulen zu gründen. Doch mit Hilfe der Europäer sollte es bald beschleunigte Ausbildung treiben können.

Die Afrikaner sind sehr redegewandt und gehen gern mit Wörtern um. Sie kommen gern abends zusammen, um über tausend Dinge zu reden. Man erkannte, daß sie Politiker, Anwälte oder Schriftsteller werden könnten, die denen in

Europa in nichts nachstehen würden. Und da dieser Menschengattung ohnehin die kulturelle Ideologie behagt, schien dies sehr ermutigend zu sein.

Schreib- bzw. Redegewandtheit und die Fertigkeit, ein Unternehmen in der Landwirtschaft, im Handel oder in der Industrie auf die Beine zu stellen und zu führen sind allerdings – und leider – zwei völlig verschiedene Dinge.

Ungebildete Menschen können sich als geborene Organisatoren herausstellen, ebenso wie die besten Abgänger einer betriebswirtschaftlichen Hochschule ihr Unternehmen in den Bankrott führen können. Regieren, also verwalten, heißt voraussehen. Je besser man sich die Entwicklung seines Unternehmens morgen, in einer Woche, in einem Jahr, in zehn Jahren vorstellt, um so besser wird man es führen können.

Alle ethnischen Gruppen, die in Gegenden mit langen und strengen Wintern lebten, mußten sich organisieren, um zu überleben. Sorglose Menschen verschwanden, und mit ihnen ihr genetisches Erbe. In Afrika ist es das ganze Jahr über möglich, ohne Kleidung von dem Sammeln und der Jagd zu leben. Unvorsichtigkeit ist dort nicht katastrophal, und das erklärt möglicherweise die sorglosere Veranlagung der Schwarzen.

Unsere Verfechter der kulturellen Ideologie sind der Auffassung, daß beim Menschen des 20. Jahrhunderts das Erworbene nahezu die ganze Persönlichkeit ausmache. Eine angestrengte Ausbildung entweder vor Ort oder in Europa, verbunden mit beträchtlichen Finanzhilfen, sollte den Afrikaner in die Lage versetzen, ohne die Europäer auszukommen.

Die Gewinne sollten phantastisch werden, da die riesigen Gelder, die die Kolonialherren bislang von den Einnahmen Afrikas abzweigten, nunmehr den Afrikanern selbst zufließen würden. Manche Länder ließen sich ganz überzeugen, beispielsweise auf Madagaskar, wo einheimische Madagassen mit allen Führungsaufgaben betraut wurden. Alte französische Familien, die ausgezeichnete, freundschaftliche Beziehungen zu der einheimischen Bevölkerung hatten, wurden genauso wie später zugezogene

Kolonisten ausgewiesen. Das Ergebnis fiel ganz und gar negativ aus: Dieses ziemlich gut ausgerüstete Land, in dem der Lebensstandard gar nicht schlecht war, wurde zu einem Hort der Hungersnot und einem Ort, wo alles verfällt: Straßen, Gebäude, Häuser, verschiedene Anlagen und Einrichtungen. . . Kurzum, der hundertprozentige Mißerfolg trat ein.

Wir dürfen über diese Schwarzafrikaner nicht spotten, die alles in allem so sympathisch sind und deren schlechte Anpassung an die europäische Zivilisation deren Verhalten stört.

Sie sind eigentlich die *Opfer* von unfähigen Ratgebern, aber wie das Sprichwort so schön sagt: Raten ist wohlfeil.

Was taten die USA bei dieser Entkolonisierung, die sie vorbereitet hatten? Die amerikanischen und internationalen Finanziers hatten über die multinationalen Konzerne ihre Pläne bereit. Mit Geld läßt sich alles erreichen, noch eher als mit Waffen. Die Zeit, als die afrikanischen Könige mit Kanonenbooten gezwungen wurden, war längst vergangen. Die Zeit der Bestechungen war angebrochen oder – für die Könige – die Zeit der numerierten Bankkonten in den Steueroasen.

In den Ländern, in denen die politische Kaste nicht die Würde der Madagassen besaß, begannen die multinationalen Konzerne Regierende und Verwalter regelrecht zu bestechen, um völlig ungestört Unternehmen zu gründen oder ihre Produkte zu verkaufen, genauso wie in der guten alten Zeit, als die Waffen der Kolonialherren für ungestörtes Walten sorgten.

Die europäische Kolonialverwaltung begnügte sich nicht damit, die Siedler und Betreiber zu schützen, sie gab auch dem Land eine oft hervorragende Organisation und Struktur. Sie war bestrebt, eine kompromißlose Ordnung ohne Günstlingswirtschaft herrschen zu lassen. Der internationale Kapitalismus, der nur an seinen Profit dachte, ließ dagegen zu, daß sich solche abscheulichen Unsitten entwickelten.

Zur Zeit der Kolonialverwaltung sorgte ein Gesundheitsdienst (der an die Folgen seiner Politik nicht gedacht hatte) für die Ausrottung der typisch afrikanischen Krankheiten. Wie man damals sagte, brachte die Unabhängigkeit nicht die Zivilisation mit sich, sondern die ›Syphilisation‹.

Heute ist die Syphilis weitgehend bekämpft, andere Krankheiten machen die Lage noch viel verheerender.

Das Bündnis von Kultur und Geld hat wahrlich keine Wundertaten vollbracht.

Letzten Endes kam es zur Bildung einer Art afrikanischer Nomenklatura: Leute, die an ihrer Wesensart einander erkennen, an ihrem Willen, die Macht zu besitzen und zu erhalten, um sich zu bedienen. Leute, die ihre Bestechlichkeit und ihre Tyrannei hinter den ideologischen Schirm der Menschenrechte zu verbergen wissen.

Man kann dank seiner Sachkenntnis und der Achtung der Regierten an der Macht bleiben, aber auch, indem man die Schlüsselpositionen der Polizei, der Armee und der Medien mit zuverlässigen Männern zu besetzen weiß, die von der herrschenden Obrigkeit reichlich belohnt werden.

Die an den europäischen Universitäten (aus-)gebildete afrikanische Nomenklatura ist besonders verdorben und unfähig. Ihre Mitglieder waren wirklich die Nutznießer der Entkolonisierung.

Dagegen ist die Lage der Bauern und der Handarbeiter in den Städten viel schlechter als zu der Zeit, als ihr Land von den Europäern besetzt war. Sie sind zu Parias (Ausgestoßenen) geworden, um die sich niemand kümmert – außer ein paar Ordenschwestern in humanitärer Mission.

Zur Zeit der Entkolonisierung war Afrika ein wichtiger Gesprächs- und Diskussionsstoff für die europäische Intelligenzija. Man begrüßte die Wiedergeburt eines Kontinents, der lange Zeit unterjocht worden war, und jeder unterbreitete ein Projekt, um dessen Aufblühen zu beschleunigen.

Was für einen Jubel, was für eine Euphorie! Es war eine Freude zuzusehen, wie diese so aufrichtigen und treu ergebenen Leute vor Ungeduld bebten.

Einige Zeit später verfaßte Louis Dumont, der Afrika seit langen Jahren gut kannte und eines der einflußreichen Mitglieder der kulturellen Ideologie war, das Buch *L'Afrique noire est mal partie* (Wortwörtlich: ›Schwarzafrika hat einen schlechten Start gehabt‹, mit anderen Worten: Es ist um Schwarzafrika schlecht bestellt). Das war wie ein Mißklang in diesem Konzert von Gewißheiten.

Ja, das stimmt, Afrika war so schlecht gestartet, daß es niemals ans Ziel gekommen ist.

Mittlerweile ist von Afrika nicht mehr die Rede. Jeder kennt den katastrophalen Mißerfolg der letzten Jahrzehnte, und niemand weiß Abhilfe zu schaffen, selbst nicht die verrücktesten Utopisten.

Aus dieser afrikanischen Geschichte sind einige Lehren zu ziehen.

Grundsätzlich ist es besser, daß die ethnischen Gruppen ihre Probleme selber zu lösen suchen, als daß man ihnen fremde Lösungen aufdrängt. Hätte man Afrika den Afrikanern überlassen, hätte es weiterhin Stammeskriege, Hungersnöte, Sklaverei oder Seuchen gegeben, jedoch im Rahmen eines bestimmten althergebrachten Gleichgewichts. Die ersten Kolonisten, die bekanntlich Waffen gegen afrikanische Erzeugnisse tauschten, begannen, dieses Gleichgewicht zu stören. Die Einrichtung von Plantagen erwies sich dagegen als gewinnbringend und veränderte das wirtschaftliche Gleichgewicht, ohne es zu stören. Die Ausbeutung der Wälder bewirkte ihrerseits viel Übel.

Dann kamen Menschen voller guter Vorsätze (ist der Weg zur Hölle nicht auch mit solchen gepflastert?), die Stammesstrukturen, Sitten und Religion verändern, Krankheiten und Seuchen bekämpfen wollten. Die Ausmerzung endemischer Krankheiten bewirkte eine demographische Explosion. Unsere Soziologen dachten, sie könnten diese explosionsartige Bevölkerungszunahme mit Wohlstand leicht eindämmen, der dazu veranlasse, weniger Kinder zu bekommen, um mehr vom Leben zu haben.

Dieses soziologische Gesetz erwies sich als falsch. *Außerdem zeigen die Afrikaner überhaupt kein Interesse für die*

Art und Weise, wie die Europäer ihre Produktion organisieren.

Den Europäern ist es gelungen, eine beträchtliche Zunahme der afrikanischen Bevölkerung herbeizuführen und dieser die europäische Konsumart beizubringen; sie haben ihr allerdings nicht beibringen können zu produzieren.

Der Bevölkerungsüberschuß in jedem Dorf hatte keine andere Möglichkeit als auszuwandern: zunächst in die Großstädte, wo sich riesige, menschenunwürdige Slums bildeten, später in Länder, in denen der ärmste Arbeitslose hundertmal besser lebte als diese Ausgestoßenen.

Diese elenden Umherirrenden, die oft Krankheitsträger sind, wurden zur Traumbeute der Drogendealer. Wenn man Drogen nimmt und keinen Groschen in der Tasche hat, ist die einzige Lösung, mit Drogen zu handeln, also ein *Dealer* zu sein. Das ist das traurige Ergebnis von Jules Ferrys Lehre, die so schön in ihren Vorsätzen, so häßlich und ekelerregend in ihren Auswirkungen war.

Was tun? Es gibt nur zwei Lösungen, die eine ebenso grausam wie die andere – es sei denn, man läßt weiterhin gleichgültig die Dinge laufen.

Erste Lösung: Afrika uneingeschränkt den Afrikaner zu überlassen und allmählich jegliche Hilfe einzustellen.

Das wäre schrecklich. Und in diesem Fall würde sich Europa von einem Kontinent abschneiden, der es selbst destabilisieren könnte, wenn es auf seinem Boden diese Zehntausende von Menschen duldet, deren Lebensweise von der unserigen so verschieden ist.

Zweite Lösung: Afrika erneut zu kolonisieren, nicht etwa, um es auszubeuten, sondern um dem schwarzen Kontinent neue Strukturen zu geben und dort Ordnung zu schaffen.

Man sollte Kolonisten zurückholen, um die Produktion von Lebensmitteln zu organisieren, die Hygiene wiederherstellen, pragmatische Lösungen finden, um die demographische Entwicklung zunächst aufzuhalten, dann umzukehren.

Natürlich müßte man alle Nomenklaturen beseitigen und afrikanische Tatmenschen auslesen. Es gibt welche. Geschieht dies *ohne Profit- und Beherrschungsgedanken,* also einzig aus der Leidenschaft heraus, etwas Großes zu schaffen, worauf man stolz sein kann, dann ist alles möglich.

Wer will, der kann!

Gewiß, diese Rückkehr nach Afrika widerspricht unserer Überzeugung der politischen Eigenständigkeit nach dem Motto: »Am besten bleibt jeder bei sich zu Hause.« Die weiße Rasse war es aber, die die uralte afrikanische Kultur zerstört hat. Ihr gebührt es also, die Bedingungen zu einer neuen Eigenständigkeit zu schaffen.

Afrika braucht weder Ideologen noch karitative Organisationen, sondern Menschen mit praktischer Erfahrung, die sich darauf verstehen, etwas zu organisieren und alle wieder an die Arbeit heranzuführen. Es ist aber wichtig, daß die Macht in ihren Händen liegt und sämtliche Nomenklaturen erbarmungslos vertrieben werden.

Den Afrikanern kommt es zu, frei darüber zu entscheiden, ob diese Entscheidung ihnen paßt oder nicht.

Kindererziehung und Schulbildung

Früher gab es keinen dummen Beruf, sondern nur dumme Leute. Fast alle Berufe waren Handwerksberufe, die ein Können verlangten, die wenigsten waren Geistesberufe, die Redegewandtheit und Formulierungsgabe voraussetzten. Doch alle erforderten Verstand und eine lange Lehrzeit, um ausgeübt zu werden, und alle waren verbesserungsfähig. Jeder konnte seine Technik, seine Leistung, sein Können, seine Kenntnisse verbessern und seiner Arbeit den Stempel seiner Persönlichkeit aufdrücken. Jeder arbeitete für sich selbst. Das war die Blütezeit des landwirtschaftlichen Familienbetriebs und des Handwerks.

Heutzutage gibt es immer mehr dumme Berufe. Wir nennen einen Beruf ›dumm‹, wenn er in einem sehr kurzen Zeitraum erlernt werden kann und nicht verbesserungsfähig ist. Das sind Berufe, die sich nicht entwickeln, es sei denn, daß eine von anderen erfundene Technologie deren Handgriffe verändert.

In dem von mir gegründeten Betrieb bestand das Personal zu zwei Dritteln aus Hilfsarbeitern. [Die Qualifikation ›Facharbeiter‹ entsprach keineswegs den Anforderungen] Die Tätigkeit bestand darin, Einzelteile in Kartons zu tun, die Kartons zu schließen und sie auf Paletten zu legen. In nur wenigen Stunden waren die nötigen Fachkenntnisse erworben, und eine Verbesserung der Qualität und der Schnelligkeit der Arbeit war nicht möglich. Die Maschine diktierte den Rhythmus des Verpackens.

Außerdem waren die Arbeitszeiten mit dem Bio-Rhythmus und einem harmonischen Familienleben unvereinbar.

War es meine Schuld? Ich war bloß ein armer Arbeitgeber, der gegen eine furchtbare französische und ausländische Konkurrenz zu kämpfen hatte und dessen unerbittliches Gesetz Produktivität hieß.

Diese Hilfsarbeiter hatten keine andere Hoffnung und

auch keinen anderen Wunsch, als ihre Stelle bis zur Pensionierung zu behalten.

Hilfsarbeiter gibt es in Frankreich Millionen und Abermillionen. Und es wird immer mehr davon geben, es sei denn, Roboter zwingen sie eines Tages in die Arbeitslosigkeit.

Wie sind die damaligen Bauern und Handwerker zu Hilfsarbeitern geworden? Durch Erfindungen im Dienst des Fortschritts. Die vom Handwerker einzeln entworfenen und hergestellten Gegenstände wurden durch massenhaft produzierte Serienartikel ersetzt, und zwar infolge der elektrischen Mechanisierung, die die Energie der Steinkohle, des Erdöls und der Kernspaltung benutzte und somit die Menschenkraft verdrängte.

Mit der Invasion der Computer, dem Einbruch des künstlichen Gedächtnisses und der künstlichen Intelligenz stehen wir am Beginn einer noch viel bedeutenderen Entwicklung oder Umwälzung. Diesmal sind es die geistigen Berufe, die umgeformt werden sollen.

Bringt uns diese Entwicklung nicht näher an die Freizeitgesellschaft, die vor bereits dreißig Jahren als unmittelbar bevorstehend angekündigt wurde? Ist eine Gesellschaft, in der die meisten konsumieren, ohne arbeiten zu müssen, überhaupt lebenstauglich? Ist Müßiggang nicht das sicherste Mittel, um jemanden aus dem Gleichgewicht zu bringen?

Wenn ich mir meine Hilfsarbeiter bei der Arbeit ansah, fragte ich mich, was sie vom dritten bis zum sechzehnten Lebensjahr in der Schule gelernt hatten. Zu lesen und schreiben.

Sie schreiben aber fast nicht mehr. Das Telefon hat den Brief weitgehend verdrängt. Manchmal, wenn sie nicht anders können, schreiben sie, was man ihnen diktiert. Viele haben Leseschwierigkeiten und ziehen Radio und Fernsehen vor.

Was haben sie zwischen drei und sechzehn gelernt?

Trotz Schulpflicht gibt es in Frankreich 20 Prozent Analphabeten! Wozu nützt das Abitur diesen Millionen [Facharbeitern], zu denen die Millionen Arbeitslosen hinzugerechnet werden müssen.

Zu nichts.

Früher gab es keine Schulpflicht, auch keine staatliche Schule. Man begriff schon, daß jedes Kind eine eigene Veranlagung, einen eigenen Geschmack, eine eigene Begabung haben konnte. Das Kind wählte seinen Beruf unter denen aus, die in seinem Umfeld ausgeübt wurden. Die Eltern fanden immer einen Lehrmeister für ihr Kind. Diese Form von Solidarität ermöglichte auch dem ärmsten Kind, gemäß seiner Berufung und seiner Fähigkeiten es zu etwas zu bringen.

Heute ist es anders. Der Staat übernimmt die Ausbildung des Kindes bereits ab seinem dritten Lebensjahr, ohne genau zu wissen, was er aus ihm machen wird.

Vor dem Krieg hatte das Schulwesen noch eine genaue Zielsetzung: allen Kindern die nötige Allgemeinbildung vermitteln, um ein zivilisierter Bürger zu werden, der den richtigen Studiengang zu wählen weiß, damit er einen seinen Fähigkeiten und Zuneigungen entsprechenden Beruf ausüben könne.

Damals kam es überhaupt nicht in Frage, die geringste Berufsausbildung zu geben. Das Schulwesen wies mit Entsetzen die Vorstellung zurück, die Bedürfnisse der Unternehmen zu beachten und der ›Negerhändler‹ der einzig auf Profit bedachten Kapitalisten zu werden.

Die ungebundene Allgemeinbildung war das einzige Ziel.

Zusammengestellt wurden die Schulprogramme von Lehrern und Intellektuellen mit rein abstraktem Wissen, die danach strebten, aus allen Kindern ›kleine Enzyklopädisten‹ zu machen. Ein solcher Schulunterricht wurde von den Schülern mit Freude besucht, die für den Lehrerberuf oder irgendeinen anderen Geistesberuf veranlagt waren.

Das war der Fall vor dem Krieg, als es noch jährlich zehntausend Abiturprüflinge gab. Heute sind es sechshunderttausend.

Jeder Mensch betrachtet sich zu Recht als ein Vorbild auf Erden und wünscht, seine Kinder nach seinem Bild zu formen. War eine von *Lehrern* zusammengestellte und vermittelte Schulbildung für den Lehrerberuf besonders geeignet?

Geben Lehrer aber außerhalb ihres Berufs gute Fleischer, gute Ingenieure, gute Kaufleute, gute Offiziere ab?

Nur eine kleine Zahl von Schülern, die besten, durften hoffen, den Lehrerberuf oder einen anderen intellektuellen Beruf zu ergreifen. Bei den meisten anderen rutschte die Allgemeinbildung, die sie zu vollkommenen Staatsbürgern formen sollte, wie Regen über ein Kohlblatt – ohne ins Innere zu dringen.

Diese Unterrichtsform bevorzugte die Schüler, die mit abstrakten Begriffen leicht umgehen konnten und ein gutes Gedächtnis hatten.

Wer über ein hervorragendes Gedächtnis verfügte, hatte die besten Aussichten, in den Fächern Fremdsprachen, Erdkunde, Geschichte und Biologie gut abzuschneiden. Nur Mathematik und Französisch verlangten eine besondere Form von Intelligenz.

Ein wenig intelligenter Schüler, der sich aber eines guten Gedächtnisses erfreute, schnitt alles in allem besser ab als einer, der über Beobachtungsgabe und Kreativität verfügte.

Diese Begabungen werden bei Prüfungen keineswegs berücksichtigt, während sie im Berufsleben die größte Bedeutung haben.

So wurden Köpfe vollgestopft im Hinblick auf die Prüfung, die als Selbstweck angesehen wurde, und auf die Gefahr hin, daß die Schüler nach der ›Reifeprüfung‹ gründlich aufräumten.

Es wäre interessant, die Kenntnisse von hundert Abiturienten drei Jahre nach ihrer Prüfung zu kontrollieren. Man würde feststellen, daß von den Kenntnissen, die zwischen ihrem dritten und achtzehnten Lebensjahr angehäuft wurden, bereits nicht mehr viel hängen geblieben ist. Welch eine haarsträubende Vergeudung! Annähernd fünfhunderttausend Francs je Schüler fast umsonst ausgegeben! Allerdings sind die Einübung und Vertiefung von logischem Denken und Problemlösungen nicht zu vergessen.

Ein anderer Gesichtspunkt ist zu beachten. Vor sechzig Jahren erforderten viele Berufe eine größere Speicherung von Kenntnissen. Diese konnte nämlich ein Leben lang nutzen, denn der Fortschritt ging sehr langsam vorwärts. Das zur Erlangung eines Diploms so nützliche Gedächtnis half also auch im Berufsleben.

Heutzutage ermöglicht das künstliche Gedächtnis eines Computers, viel mehr Kenntnisse als das menschliche Gedächtnis zu speichern und sie leichter zu aktualisieren, was inzwischen unbedingt notwendig geworden ist. Außerdem versagen diese künstlichen Gedächtnisse nie, sie finden sofort die erwünschte Angabe und werden ständig von anderen Personen als den Benutzern selbst auf den neuesten Stand gebracht.

So kann sich der Fachmann und Profi die lästigen Auffrischungs- und Weiterbildungslehrgänge vom Hals schaffen.

Ein Steuerberater, der die Einkommensteuer nur mit Mühe errechnete, kann heute innerhalb von wenigen Minuten die Steuerschuld zuverlässig angeben, vorausgesetzt, er besitzt einen Computer und ein entsprechendes Programm.

Hat man bei der Aktualisierung der Studienprogramme die mögliche Anwendung des Computers in sehr vielen Berufen berücksichtigt?

Kommen wir auf die schulische Erziehung der Kinder zwischen drei und sechzehn zurück.

Lange Zeit hatte das Schulwesen, wie gesagt, kein anderes Ziel, als durch die Vermittlung einer breiten Allgemeinbildung Staatsbürger zu formen. Solange Kinder aus genetisch mehr intellektuell als manuell veranlagten Schichten den Oberstufenunterricht absolvierten, also rund zehntausend Schülern jährlich, waren die Ergebnisse befriedigend.

Als man sich aber zum Ziel setzte, jährlich sechshunderttausend Schülern das Abitur zu geben, wurden die Ergebnisse verheerend. Die größte Mehrheit der Schüler stammte aus sozialen Schichten, in denen die Arbeit vor allem handwerkliches Können verlangt. Rein abstraktes Studium widersprach ihrem Wesen. Die Verantwortlichen im Schulwesen versuchten dann, die Abiturprüfung dem Niveau dieser Schüler anzupassen. Trotz dieses beispiellosen Entgegenkommens weigern sich mindestens zwanzig Prozent, sich für den erteilten Unterricht zu interessieren, und bleiben Analphabeten.

Manche Schüler lernen gern und leicht. Wer die Schule uneingeschränkt ablehnt, kann sich als Dummkopf betrachten und depressiv werden oder das Erziehungssystem, die Lehrerschaft und die Gesellschaft ablehnen, die ihn tyrannisieren.

Da er sich weigert, dem Wertesystem des Schulwesens beizupflichten, wird er zum Außenseiter. Er ist reif, um ein Gesetzloser, im eigentlichen Sinn des Wortes, zu werden.

Was schlagen wir dagegen vor? Wir sind gegen das Diplom-als-Privileg, das wie früher ein Leben lang ein Anrecht auf eine sichere Arbeitsstelle gibt, auf eine Karriere, deren Verlauf dem Diplom entspricht, und nicht der im Beruf erbrachten Leistung. Wir werden irgendwann unsere ›Nacht des vierten August‹ (1789) haben müssen, um diese Privilegien abzuschaffen.

Außerdem bedauern wir, daß die sogenannten handwerklichen Berufe derart verachtet werden, daß die auf sie vorbereitenden Schulen zu ›Schuttabladeplätzen‹ des Schulwesens werden.

Früher, als nahezu alle Jugendlichen eine Lehre machten und durch Nachmachen lernten, konnte es bisweilen vorkommen, daß einer von ihnen diesen Unterricht nicht assimilierte.

Der Lehrmeister bestellte dann die Eltern zu sich und sagte ihnen: »Sie haben mich darum gebeten, Ihrem Sohn das Schreinern beizubringen. Er ist leider nicht begabt und ungeschickt, so daß ich ihn nicht behalten kann. Ich bedaure es und verstehe Ihre Enttäuschung. Wenn Sie aber den Pfarrer aufsuchen, wird er ihm bestimmt einen Platz in einem Seminar finden. Der Unterricht dort wird besser zu ihm passen, denke ich.«

Früher lehnten die Lehrmeister die Intellektuellen ab, heutzutage ist genau das Gegenteil der Fall.

Gleich zu Beginn der schulischen Erziehung sollte das Schulwesen die ›handwerklichen‹ und die ›intellektuellen‹ Berufe gleichermaßen berücksichtigen. Dabei darf sie nicht ausschließlich in den Händen der Intellektuellen bleiben. *Die handwerklichen Berufe müssen die Ausbildung der Kinder und Jugendlichen organisieren und verwalten, die sich zu ihnen bekennen.* Das Prinzip einer für alle nützlichen Allgemeinbildung muß aufgegeben werden.

Die Schüler müssen zunächst lernen, mit den Mitteln umzugehen, die das abstrakte wie das konkrete Wissen vermitteln. Man sollte den Kindern Lesen und Schreiben *sorgfältig* beibringen; die Wörter sind nämlich das Medium der abstrakten Vermittlung, die man beherrschen muß.

Trotzdem versicherte Napoleon, bekanntlich ein sehr wirkungsvoller Tatmensch, daß eine kurze Skizze besser sei als eine lange Rede. Er kommunizierte lieber mit Entwürfen, Zeichnungen, einfachen Skizzen als mit Worten, deren Unklarheit und Doppeldeutigkeit, Quellen von Mißverständnissen, er befürchtete.

Es erscheint uns daher unverzichtbar, Zeichnen und Sprechen parallel zu unterrichten. Später wird die Zeichnung zum Entwurf, Geometrie zum Grundwissen aller handwerklichen Berufe werden.

Geometrie bedeutet Ordnung, Klarheit, Präzision. Sagte Platon nicht zu denen, die seine Philosophie lernten: »Keiner kommt herein, der kein Geometer ist.«

Geometrie ist das Zusammentreffen des Abstrakten mit dem Konkreten.

Mit Wörtern kann man eine Gerade, einen Kreis, ein gleichschenkliges Dreieck, einen rechtwinkligen Winkel definieren, man kann aber auch die Zeichnung verwenden.

Was stört uns im Grunde genommen am heutigen Erziehungssystem? Zunächst in rein beruflicher Hinsicht scheint sich niemand aufzuregen über die ständige Diskrepanz zwischen dem hierarchischen Studienabgang und der beruflichen Leistung, die den Erfolg ermöglicht.

Niemand erklärt uns, wie es möglich ist, daß heute in Frankreich einer der größten und erfolgreichsten Arbeitgeber kein Abitur hat, während man uns die katastrophale – es gibt leider kein besseres Wort – Geschäftsführung mancher Unternehmensleiter vor Augen bringt, die die höchsten Diplome aus dem In- und Ausland erworben haben? Sind das nur Ausnahmen, die eine Regel bestätigen, oder doch die Regel?

Im Handel und in der Industrie lassen sich die großartigen Erfolge von Menschen mit wenig Diplomen zu Tausenden zählen, ebenso die Mißerfolge von Hochdiplomierten, was allerdings nicht besagen will, daß das Diplom ein Beweis für Unfähigkeit ist. Es müßte einmal genau untersucht werden, ob es einen Zusammenhang zwischen dem beruflichen Erfolg und dem Erfolg während des Studiums gibt – außer im Bereich der Staatsverwaltung, wo das Diplom, und nicht die erbrachte Leistung die weitere Beamtenlaufbahn bestimmt, allerdings auf Kosten der Effizienz des gesamten Verwaltungsapparats.

Früher erfolgte die Ausbildung in den intellektuellen wie in den handwerklichen Berufen direkt durch und mit den Fachleuten in ihrem Unternehmen. Das Ergebnis war, daß, wenn ein Notar oder ein Schreiner einen Schreiber oder einen Lehrling mehr schätzte als die anderen, dieser immer erfolgreicher im Berufsleben war.

Worauf ist die heutige Diskrepanz zurückzuführen?

Auf die Tatsache, daß es nicht mehr die Sachverständigen, die Fachleute sind, die ausbilden und beurteilen, sondern Lehrer, die vom theoretischen Studium direkt in das Lehrwesen übergewechselt sind.

Das soll kein Angriff sein gegen die Lehrer, sehr schätzbare Menschen übrigens, sondern gegen das Abdriften des Bildungssystems.

Ist das alles, was uns stört?

Nein. Es ist auch die Tatsache, daß unser Bildungssystem nur den ›dritten Mann‹ ausbildet, der aufnimmt, was abstrakt ist – und nicht den ›zweiten Mann‹, den des savoir-vivre, der das gute Benehmen lernt.

Es wird ausgebildet, aber nicht erzogen.

Das Kind und seine Eltern sind von der Vorstellung besessen, das Abitur sei für den beruflichen Erfolg unbedingt notwendig. Ohne das Abitur sei man nichts, so daß ihm alles geopfert werden müsse.

Daß das Abitur Jugendliche ausliest, die fleißiger sind und ein besseres Fassungsvermögen haben, stimmt – und diese Auslese erfolgt ebenfalls bei den Angestellten.

Es fragt sich aber, ob das Gelernte ihnen bei der Ausübung ihres Berufs vom Nutzen sein wird.

Gut lesen, schreiben und rechnen können, jawohl! Das übrige aber bitte nicht!

In seinem ersten Betrieb wird der Angestellte alles lernen durch mündliche Erklärungen, Zeichnungen und vor allem Beispiele, das heißt durch Vormachen. In der Schule lernt man zwar zu lesen, zu schreiben und etwas zu zeichnen, man lernt aber zu wenig zu beobachten, was einem gezeigt wird, und es nachzumachen. Das ist aber nicht schlimm, denn es ist eine Begabung, die sich entwickeln läßt.

Kommen wir aber zum Wesentlichen zurück, nämlich zu den Mitteln und Instrumenten, die das Wissen vermitteln: die Sprache, die Zahlen, die Zeichnung und das Beispiel.

Darin liegt die Aufgabe der Lehrer: die Mittel zur Vermittlung des Wissens beizubringen und nie die geringste Kenntnis zu vermitteln, bevor das Kind das Vermittlungsmittel nicht beherrscht. Das heißt, daß man Halbanalphabeten unter anderem keinen Literatur- oder Geschichtsunterricht geben sollte.

Und die Bildung des ›zweiten Mannes‹?

Vor dem Krieg gab es in jeder Schulklasse eine Betragensnote, der eine große Bedeutung beigemessen wurde. Ein schlechtes Betragen wurde mit Schularrest bestraft und konnte bis zur vorübergehenden oder endgültigen Verweisung aus der Schule führen.

Die Eltern billigten uneingeschränkt diese Methode, denn auch sie waren zu Hause bestrebt, ihren Kindern gutes Benehmen beizubringen, darunter absoluten Respekt vor Erwachsenen. Das System funktionierte so gut, daß bei sehr wenigen Strafen gutes Benehmen die Regel war. Daher war der Lehrerberuf angenehm.

Inzwischen hat sich alles grundlegend verändert, und Unterrichten ist für die meisten Lehrer zu einem echten Leidensweg geworden. Wenn die Truppe meutert, wird die Rolle des Anführers zum Albtraum.

Was tun?

Was Napoleon Bonaparte getan hat, als er die Führung des Italienheeres übernahm: ausführbare Befehle geben und nicht dulden, daß sie nicht ausgeführt werden.

In diesem Bereich ist die Rolle der Eltern und der Lehrer nicht zweitrangig. *Ohne Disziplin ist keine Gemeinschaft funktionstüchtig,* und Disziplin läßt sich während der Kindheit erlernen.

Sorgt man wieder für Ordnung, dann werden alle glücklicher sein, Eltern wie Lehrer und später alle Bürger.

Nachlässigkeit und Gewährenlassen sind in keinem politischen System, in keiner Gemeinschaft, in keinem Betrieb zu dulden.

Die Kinder ebenso wie die Angestellten eines Unternehmens haben es letztendlich lieber, sich geführt zu fühlen.

Fassen wir unseren Standpunkt und unsere Wünsche zusammen:

Die Ordnung an den Schulen wiederherstellen, alle Mittel der Kommunikation erlernen (mit Wörtern und Zahlen bestens umgehen und zeichnen können).

Die Kinder erziehen (Disziplin) und sie auf eine Berufsausbildung vorbereiten. Über diese sollen nicht mehr Lehrer, sondern Leute vom Fach entscheiden.

Jede Zunft soll entscheiden, was dann den Jugendlichen beigebracht werden müsse, damit sie in ihrem Berufsleben gut starten.

Es hat keinen Sinn, einer Buchhaltungsgehilfin beizubringen, wie man eine Geschäftsbilanz macht. Sie wird nie eine machen! Daß sie aber ihre Aktenstücke gut ordnet und einen schnellen sowie exakten Zugriff hat, werden ihre Vorgesetzten an ihr schätzen.

Das neue Riesenproblem unserer Zeit ist die Beschleunigung des Fortschritts: Die Zahl der Erfindungen und ihre Umsetzung in die Praxis verändern ständig die berufliche Landschaft. Weiß man bei einem fünfjährigen Schulanfänger, welche Berufe sich ihm noch anbieten werden, wenn er fünfundzwanzig ist?

Keiner weiß es. Deshalb müssen die Mittel zur Vermittlung des Wissens, welches sie auch seien, gründlich erlernt werden.

Dann muß die von Fachleuten erteilte Fortbildung gefördert werden.

In meinem Betrieb hatte keiner meiner Arbeiter Diplome, und trotzdem wurden manche ausgezeichnete Techniker, obwohl ich die neuesten Maschinen in der Branche hatte.

Wie haben sie dann lernen können, da niemand vor Ort war, der sie hätte einführen können?

Sie wissen bestimmt, daß jedes Unternehmen, das Maschinen herstellt oder verkauft, eine spezielle Ausbildung bietet, um die Maschine zu bedienen, zu pflegen oder wieder instand zu setzen. Das sind meistens ausgezeichnete Lehrgänge, denn es liegt im Interesse des Verkäufers, daß die Maschine zur Zufriedenheit des Kunden und der Benutzer läuft.

Ungelöst bleibt aber die Ausbildung der künftigen Hilfsarbeiter. Was soll man ihnen beibringen?

Bevor wir irgendeine Reform in Betracht ziehen und ausarbeiten, sollten wir auf die Werteordnung der herrschenden Ideologie verzichten. Wir müssen endlich damit aufhören, jegliche geistige Arbeit als befriedigend, jede manuelle Arbeit als erniedrigend anzusehen. Hören wir auf, das Abstrakte über das Konkrete zu setzen. Kehren wir zu den Werten des ›Großen Jahrhunderts‹ zurück, als ein Tischler, ein Juwelier, ein Gärtner, ein Architekt, die alle im Bereich des Konkreten wirkten, ebenso wie Wissenschaftler und Dichter geehrt wurden.

Man muß in der Schule aufhören, die Köpfe mit abstraktem Wissen vollzustopfen, das nur die wenigsten interessiert. Die Schüler sollten vielmehr lernen, was sie interessiert und was ihnen liegt. Außerdem muß man einsehen, daß Jungen andere Interessen als Mädchen haben.

Die Mädchen können sich mehr für Nähen, Kochen und Dekorieren interessieren als Jungen. Alle können ebenfalls verstehen, daß Tippen sowohl privat als auch beruflich nützlich sein kann.

Jungen wiederum haben meistens eine Vorliebe für Mechanik und allerlei Handwerksarbeiten.

Jungen und Mädchen können eine Neigung zu künstlerischen Betätigungen haben oder gar künstlerisch begabt sein: Musik, Malerei usw. Kurzum, jeder soll eine Tätigkeit finden, die ihm gefällt, mit Freude in die Schule gehen und glücklich sein zu lernen.

Selbst wenn es ihnen beruflich nicht immer nützt, wird es ihnen in ihrem Privatleben nützlich sein. Sie werden aufhören, nur Zuschauer zu sein, um Akteure, ja vielleicht sogar Schöpfer zu werden.

Der einzige Unterricht, der unbedingt notwendig ist, betrifft die Sprache und das Zeichnen. Gut lesen, schreiben und sprechen können, um besser zu kommunizieren.

Eine weitere Notwendigkeit ist, daß wir die Disziplin akzeptieren, die die Stärke einer jeden Gemeinschaft ausmacht. Die Disziplin, in die man freiwillig einwilligt, verhindert keineswegs das Gefühl der Gleichheit zwischen den Menschen. Wir sind alle andersgeartet, alle nützlich an unserem Platz, und zwischen diesen einzelnen Wirkplätzen gibt es keine Hierarchie der Über- oder Unterlegenheit.

Es gibt nur eine Hierarchie, die der *Entscheidung* nämlich. Und diese Hierarchie ist unbedingt notwendig.

In einem Stoßstrupp, ich spreche natürlich von der Kriegszeit, haben alle – vom einfachen Soldaten bis zum Anführer – den gleichen Anzug, die gleiche Nahrung, den gleichen Schlafort.

Wenn eine Operation vorbereitet wird, fragt der Hauptmann jeden nach seiner Meinung. Alle reden sozusagen auf gleichem Fuß, doch ein einziger entscheidet und begründet seine Entscheidung. Bei der Ausführung wird die

Entscheidung von niemandem in Frage gestellt. Im Fall eines Mißlingens ist nur einer verantwortlich – der Hauptmann.

Hierarchie der Entscheidung also, aber Brüderschaft in der Mannschaft.

Verhaltensstörungen und Geisteskrankheiten

Die kulturelle Ideologie versichert uns, daß alles erworben sei. Damit jemand an einer Geisteskrankheit oder unter Verhaltensstörungen leidet, müssen in dem Erworbenen störende Elemente enthalten sein. Man nennt sie die Traumata des Erlebten.

Manchmal sind diese Traumata so stark, so erschütternd, daß der Betroffene sich nie davon erholt. Er wird wahnsinnig. Oder sein Verhalten ist nur zeitweise gestört, so daß es geheilt werden kann, indem man mit Hilfe der Psychoanalyse nach dem in der Frühkindheit erlebten Trauma sucht. Die Psychoanalyse ist demnach eine Methode zur Heilung von Komplexen und Neurosen. Sie wurde als eine der größten Entdeckungen des Jahrhunderts begrüßt, und die Zahl der Psychoanalytiker ist mit verblüffendem Tempo gewachsen.

Leider gibt es heutzutage nicht weniger Menschen mit Komplexen und Neurosen als früher.

Der Naturordnung gemäß ist das Wesentliche angeboren, so daß Verhaltensstörungen nur zwei Ursachen haben können:

1. Der Betroffene kommt auf die Welt mit einem genetischen Programm, das von seinen Vorfahren beschädigt wurde. Wie eine Plakatwerbung gegen Alkoholismus es treffend formulierte: »Wenn die Eltern trinken, baden die Kinder es aus.«

2. Der Betroffene wird mit einem genetischen Programm geboren, das zwar unbeschädigt, jedoch der Lebensweise unangepaßt ist, die ihm seine Umwelt vorbereitet.

Das Angeborene bestimmt das natürliche, spontane Verhalten, das man nicht vertreiben kann, ohne daß es gleich wiederkommt.

Sie erinnern sich an unser Beispiel mit den kleinen Enten, die von einer Henne aufgezogen werden. Dieses Beispiel möchten wir nun leicht ändern, indem wir der Henne ihre eigenen Eier und ein Entenei zum Ausbrüten geben.

Sie wird also Küken und ein Entchen aufzuziehen haben. Da letzteres sich selber nicht sieht, weiß es nicht, daß es von den Küken verschieden ist, und fühlt sich unter ihnen sehr wohl.

Eines Tages geht Mutter Henne mit ihrem Gefolge an einer Wasserlache vorbei. In diesem Augenblick fühlt sich das Entlein vom Wasser unwiderstehlich angezogen und beginnt zu schwimmen. Die erschrockene Mutter Henne stößt Schreie aus, damit es gleich zurückkomme. Es kommt zurück und nimmt seinen Platz unter den Küken wieder ein, es wird aber zu immer mehr Konflikten mit diesen kommen. Es wird sich in seiner Entenhaut immer unwohler fühlen, ›Komplexe‹ bekommen, d.h. *verklemmt* sein, bis es eines Tages einen Psychoanalytiker aufsuchen wird.

Dieser wird die Ente bitten, alle Konflikte vorzutragen, die sie mit ihrer Familie während ihrer frühen Kindheit erlebt hat. Und da wird jener schreckliche Vorfall an der Wasserlache erwähnt, das eigentliche Trauma des Erlebten, das alles erklärt!

Wir erkennen an diesem Beispiel: Der Psychoanalytiker denkt verkehrt, indem er Folge und Ursache miteinander verwechselt.

Er glaubt im Ernst, daß jenes traumatische Erlebnis in der frühen Kindheit die verschiedenen Störungen erzeugt hat, die die Ente nun im Zusammenleben mit den Hühnern empfindet, während dieser *folgen*schwere Konflikt in Wirklichkeit unausbleiblich war. Er war nicht die Ursache, sondern die Folge des angeborenen Verhaltens des Entleins, das sich manchmal von dem seiner Geschwister, den Küken, vollkommen unterschied.

So wird die Therapie völlig wirkungslos verlaufen. Der Psychoanalytiker wird der Ente noch so viel erklären können, daß sie das durch den Vorfall an der Wasserlache hervorgerufene Trauma aus ihrem Unbewußten ausradieren soll, damit sie wieder wie die Hühner in ihrem Umfeld wird, alles wird zwecklos bleiben.

Jegliche Bemühung wird mißlingen, weil sie gegen die natürliche Bestimmung gerichtet ist.

Was sollen wir nun der Ente empfehlen, damit sie zur früheren Lebensfreude zurückfindet, sich in ihrem Gefieder wohl und glücklich fühlt und aufblüht?

Wir würden ihr folgendes empfehlen: »Liebe Freundin, wir stellen fest, daß die genetische Lotterie Ihnen ein Programm verliehen hat, das sich von dem der Personen, mit denen Sie Ihre frühe Kindheit verbracht haben oder nun zusammenleben, stark unterscheidet. Verlassen Sie dieses Umfeld und suchen Sie sich Lebensgefährten unter denen, die mit Ihnen Affinitäten haben, das heißt, mit denen Sie eine gedankliche Übereinstimmung verspüren. Suchen Sie nicht Ihre Zwillinge, sprich absolut Gleiche, denn Sie haben keine und werden keine finden, sondern Fast-Gleiche.

Je außergewöhnlicher Sie sind, desto schwieriger wird es sein. Doch geben Sie Ihre Suche nicht auf, behalten Sie Ihren Glauben an sich selbst und, wenn Sie religiös sind, an Gott, und Sie werden schließlich die ›verwandte Seele‹ wohl finden.«

So verließ die Ente den Hühnerhof und fand endlich ihre Geschwister, die ihrer Gattung, bei denen sie sich sofort sehr wohl fühlte.

Diese Ente soll nun aber den Fehler nicht begehen, die Hühner, mit denen sie aufgewachsen ist und zusammengelebt hat, geringzuschätzen und sich von einer überlegenen Rasse oder Gattung zu wähnen. Sie ist nur verschieden, das ist alles, und weil die Natur es so gewollt hat.

Dies alles erscheint uns klar und zusammenhängend, um unseren Vorschlag Nr. 2 bezüglich der Ursache der Komplexe, Neurosen und Verhaltensstörungen zu erklären.

Wir möchten nun auf eine Tatsache hinweisen, die die Schwäche der psychoanalytischen Theorien aufzeigt.

Vor dem Zweiten Weltkrieg, als die Psychoanalyse die Intellektuellen zu begeistern begann, hieß das große Modewort *Verdrängung*.

So waren sexuelle Nötigungen und Vergewaltigungen lediglich auf die *Verdrängung* der Sexualtriebe wegen der hauptsächlich herrrschenden katholischen oder evangelischen Moral zurückzuführen. Diese lange Zeit verdrängten Impulse platzten plötzlich auf.

Die in den USA besonders zahl- und einflußreichen Psychoanalytiker erklärten, man solle bereits im jüngsten Alter alle sexuellen Gelüste ausleben lassen und sie niemals verhindern. So wurden die Sitten allmählich so frei, daß alle Jungen ihre Gelüste ohne weiteres befriedigen konnten.

Die Vergewaltigung sollte auf diese Weise verschwinden.

Wenn wir uns amerikanische Krimis im Fernsehen ansehen, stellen wir aber fest, daß Vergewaltigung eines der meistbehandelten Themen ist. Das entspricht übrigens den Statistiken, die keinerlei Rückgang dieser Plage aufweisen gegenüber der Zeit, als strengste Moral die Leute beherrschte, ganz im Gegenteil. Der Mißerfolg ist offensichtlich. Wir müssen also woanders suchen.

Kommen wir zu unserer Erklärung Nr. 1: »Der Betroffene kommt auf die Welt mit einem genetischen Programm, das . . . beschädigt wurde.« Woher kommt diese Schädigung?

Das ist die grundsätzliche Frage, mit der sich die Forscher auf dem Gebiet der menschlichen Gesundheit vorrangig befassen sollten.

In der Wildbahn stellt eine solche Schädigung kein größeres Problem dar, denn jedes degenerierte Einzelwesen ist unangepaßt und wird ungeeignet. Ein Tiger, der infolge eines genetischen Unfalls ohne Kralle geboren wird, verhungert sehr bald und kann daher diese möglicherweise in seinen Genen eingezeichnete Schädigung nicht weitergeben.

In der menschlichen Gesellschaft kann man kaum von Unangepaßtheit reden, so verschieden sind die Mittel, die wir zum Leben gebrauchen und die sich von Generation zu Generation verändern.

Es gibt jedoch Fälle, bei denen der Mensch seine Eigenständigkeit völlig einbüßt; das trifft beispielswiese auf motorisch oder geistig Behinderte zu.

Bis vor nicht langer Zeit achteten die Familien sehr genau auf die Vorfahren der Person, die einheiraten sollte.

Außerdem wurden keine großen Bemühungen angestrengt, um den Behinderten das Leben zu erleichtern. Die Zeiten waren hart, und man mußte viel arbeiten, um die anderen, die gesunden Kinder, zu ernähren.

Die Zeiten haben sich geändert, vor allem infolge verschiedener Erfindungen, die die Mittel zur Produktion unserer Verbrauchsgüter erheblich gesteigert haben. In vielen Staaten leben die Menschen in einer Überflußgesellschaft, so daß sie sich gegenüber den unglücklichen Behinderten solidarisch verhalten können.

Wie dem auch sei, diese Behinderten sind nicht Opfer der Gesellschaft, sondern ihrer Vorfahren.

Wenn man die Ursache einer Erscheinung nicht findet, wird sie irgendeiner außerirdischen Macht, den Sternen oder einer bösen Fee zugeschrieben. Hier gibt es eine *biologische* Ursache, die es zu entdecken gilt.

Bei der Geburt erhalten wir ein genetisches Erbe, das schwer oder leicht beschädigt oder verändert sein kann, was aller Wahrscheinlichkeit auf das zu unnatürliche Verhalten mancher unserer Vorfahren zurückzuführen ist.

Wir können also Opfer sein und sind demzufolge auch verantwortlich für eine gute Weitergabe unseres genetischen Erbes an unsere Kinder. Ja, das stimmt! Doch wird diese Verantwortung weder vom Gesetz noch von der Moral anerkannt.

So wie ein Bauer früher von seinen Eltern einen Hof als Erbe erhielt, den er aufrechterhalten und weitergeben mußte und von dessen Erträgen er zu leben hatte, so erhält jedes Lebewesen ein genetisches Erbe, das es aufrechterhalten und weitergeben muß.

Das Lebewesen weiß zwar nichts davon, es ist aber auf diese für die Gattung lebenswichtige Aufgabe programmiert.

Nur der Mensch wußte die Natur auszutricksen, um das Glück und das Vergnügen von seinem eigentlichen Zweck zu trennen.

Wenn die menschliche Gattung überleben will, dann muß

sie sich um die Gesundheit des genetischen Erbes kümmern, und nicht ausschließlich um die der Einzelmenschen, als wenn diese ein Selbstzweck wären.

Heutzutage kann ein Aids-Kranker sein Virus so vielen Menschen übertragen, wie er will, ohne sich irgendeiner Strafe auszusetzen. Der Arzt, der versuchen würde, künftige Opfer zu warnen, würde von seinem Berufsstand ausgewiesen wegen Verletzung der ärztlichen Schweigepflicht, die einen höheren Stellenwert als das Leben unschuldiger Opfer hat.

Der Triumph der Medizin

Wenn es einen Bereich gibt, in dem der Fortschritt einhellig als ›Ver*besser*ung‹ angesehen wird, dann wohl der medizinische Bereich.

Das stichhaltige und anscheinend unbestreitbare Argument ist, daß die Lebensdauer regelmäßig steigt. Sie lag vor einem bis zwei Jahrhunderten bei 35 Jahren, inzwischen beträgt sie 72 Jahre für die Männer und 79 Jahre für die Frauen. Der Medizin sei Dank!

Der Begriff der ›Lebensdauer‹ ist jedoch nicht eindeutig. Offenbar wird sie auf zwei verschiedene Weisen errechnet.

Lebensdauer bei den Tieren

Da die Weitergabe des genetischen Erbes die höchste und einzige Aufgabe jedes einzelnen Lebewesens ist, verliert ein Tier, sobald es nicht mehr in der Lage ist, sich fortzupflanzen und eventuell seine Kleinen großzuziehen, gleichzeitig seine natürlichen Abwehrkräfte und das Vermögen, sich zu ernähren. Es kann nicht überleben

Außer einem Unfallstod (Hungersnot, Aggression) ist seine Lebensdauer in seinen Genen eingezeichnet. Man wird zum Beispiel sagen, daß eine bestimmte Sperlingsart vierzehn Jahre leben kann. Nach diesem Alter ist ihr Tod programmiert.

Lebensdauer bei den Menschen

Infolge der unzähligen ethnischen Kreuzungen gibt es eine große Vielfalt von genetischen Programmen in der menschlichen Gattung. Bei den echten, also eineiigen, Zwillingen sind die genetischen Programme des Alterns identisch.

Für jeden Menschen ist die programmierte Lebensdauer unbekannt, und jeder versucht, sie aufgrund des Todesalters seiner Vorfahren abzuschätzen. Das kommt praktisch einer Anerkennung des genetischen Faktors gleich.

Angesichts der vielfältigsten Programme des Alterns sind die Bevölkerungswissenschaftler dazu übergegangen, die Lebensdauer der Menschen aufgrund ihres durchschnittlichen Todesalters zu errechnen.

Wenn von zwei Geborenen der eine mit vier, der andere mit achtzig stirbt, beträgt die durchschnittliche Lebensdauer zweiundvierzig Jahre.

Bei unseren Vorfahren, die gemäß einer paranatürlichen Ordnung zu leben bereit waren, war die Fruchtbarkeitsziffer sehr hoch und die Kindersterblichkeitsziffer dementsprechend groß. Die durchschnittliche Lebensdauer war demnach sehr niedrig, sie lag vielleicht bei 30 Jahren!

Wir wissen aber, daß mit Beginn des Erwachsenenalters ihr genetisches Programm ihre ganze Kraft und ihren Tätigkeitsdrang bis zur Selbständigkeit ihrer letzten Kinder (also etwa bis zu ihrem 60. Lebensjahr) bewahrte. Danach schwanden ihre Kräfte, und ihr Überleben hing nunmehr vom Zusammenhalt der Familie ab.

Bei den Tieren, die größtenteils eine überaus hohe Fruchtbarkeitsziffer und eine dementsprechende Kindersterblichkeit aufweisen, ist die durchschnittliche Lebensdauer äußert niedrig. Das erfordert die Naturordnung: Jede Tierart darf eine bestimmte Zahl von Individuen nicht überschreiten, damit das natürliche Gleichgewicht zwischen den Arten aufrechterhalten bleibt.

Kommen wir zur Rolle und Wirkung der Medizin zurück. Es fragt sich eigentlich, ob sie tatsächlich das genetische Programm eines Menschen verändern kann, beispielsweise bewirken, daß jemand, der mit 50 Jahren kahlköpfig werden soll, seine Haare erst mit 60 verliert?

Wirken die zahlreichen Anti-Altern-Präparate tatsächlich, die bei den heutigen Frauen so beliebt sind – bei den Frauen nämlich, die darauf verzichtet haben, vor allen Dingen Mütter zu werden, um in erster Linie begehrenswerte Frauen zu sein? Liegt da nicht eine allgemeine Täuschung vor, von der mächtige Firmen profitieren, die mit anregender Werbung unseren liebenswerten Gefährtinnen eine echte Gehirnwäsche verpassen.

Die erzielten Ergebnisse, mögen sie in manchen Fällen

auch eindrucksvoll sein, sollen nur vorübergehend sein. Nach dem Motto: aufgeschoben ist nicht aufgehoben. In Wirklichkeit verändern diese Produkte nicht das genetische Programm des Alterns. Strahlende Gesichtsfarbe und straffe Haut lassen sich nicht ewig hinausziehen.

Das Leben eines Menschen kann dennoch sehr wahrscheinlich verlängert werden, wenn es ruhiger verläuft, weniger aktiv und mehr beschützt ist. Museumswärter leben durchschnittlich bestimmt länger als Napoleon I., der im Alter von 52 Jahren starb. Hätte er aber Museumswärter sein können? Hat er nicht die Chance und das Glück gehabt, eines der außergewöhnlichen Schicksale zu verwirklichen, die in seinem genetischen Erbe bei der Geburt eingezeichnet waren?

Ein Dichter hat einmal geschrieben: »Ich habe mehr Erinnerungen, als wenn ich tausend Jahre alt wäre.«

Da die Medizin eine Wissenschaft ist, die die Erhaltung oder die Wiederherstellung der Gesundheit bezweckt, sollte man die Chirurgie von allen anderen medizinischen Fachbereichen unterscheiden.

Die Chirurgie ist ein manueller Beruf ebenso wie der eines Tischlers. Der Chirurg arbeitet mit seinen Händen. Das Übel und die Art, es zu behandeln, ist völlig klar. Der chirurgische Eingriff ist erfolgreich verlaufen, oder er war ein Mißerfolg. Auf diesem Gebiet ist es schwer, meistens sogar unmöglich zu betrügen. In allen anderen Fachbereichen verhält es sich anders.

In der Chirurgie kommt es sehr selten zur natürlichen Heilung ohne Hilfe des Arztes. *In Wirklichkeit erhöhen daher chirurgische Maßnahmen die Lebensdauer wesentlich.*

Wir haben jedoch gezeigt, daß in den meisten Bereichen die meisten ›Fortschritte‹ nichts anderes bewerkstelligten, als die Nachteile anderer ›Fortschritte‹ zu beheben. Der Fahrstuhl beispielsweise ist ein Fortschritt für die Bewohner eines Hochhauses, das wiederum ein Fortschritt war gegenüber Häusern ohne Stockwerk, die keinen Fahrstuhl benötigen.

Überlegen wir, was die Chirurgie alles wieder instandsetzt: krankes Herz, verschiedene Frakturen, beschädigtes Organ, und fragen wir uns, ob diese Leiden in der vor dem menschlichen Eingriff völlig geschützten Natur vorkommen.

Alle Knochenbrüche, die beim Sport, vor allem beim Schifahren, bei Autounfällen und verschiedenen Stürzen erfolgen, kommen bei wilden Tieren nicht vor. Das gilt auch für sämtliche Wunden, die durch Verwundung, vor allem in Kriegszeiten, verursacht werden. Die bewundernswerten Fortschritte in der Chirurgie heben, im Rahmen des Möglichen, lediglich die negativen Auswirkungen anderer Fortschritte auf.

Organische Krankheiten und verschiedene Verletzungen sind meist nur auf eine sehr unnatürliche Lebensweise zurückzuführen.

Die Medizin versucht, den menschlichen Körper so wieder in Form zu bringen, wie Gott ihn geschaffen hat.

Wäre der großartige Vormarsch der Menschheit gegenüber der Tierwelt in Sachen Gesundheit nur eine schöne, jedoch ungenaue rhetorische Figur?

Statt eine Gesellschaft aufzubauen, in der das Leben eines jeden natürlicher wäre, zerstört die moderne Zivilisation leider immer besser und repariert auch immer besser.

Der Glaube, daß dem menschlichen Organismus bestimmte natürliche Abwehrkräfte fehlen würden, um bestimmte Krankheiten erfolgreich zu bekämpfen, dringt immer mehr in die Köpfe. Dieser Glaube wird übrigens sorgfältig von denen gepflegt, die den Vorteil erkannt haben, daß er möglichst von allen angenommen wird.

Das kleinste Wehwehchen muß behandelt werden, obwohl wir biologisch so beschaffen sind, daß wir es selbst heilen können. Man meint, wir müßten uns ständig vor allem künstlich schützen! Es wäre besser, allen unseren Mitmenschen zu erklären, daß eine natürlichere *Lebensweise* uns die meisten unserer Leiden und Beschwerden ersparen würde.

Wir haben an anderer Stelle gezeigt, daß der Wirtschaftskrieg die Unternehmen dazu zwingt, ihrer Kundschaft ständig neue Erzeugnisse anzubieten. Die abgöttische Verehrung des Fortschritts läßt uns glauben, daß alles, was neu ist, unser Leben verbessere.

So bieten die Pharmaunternehmen immer wieder neue Medikamente an und pflegen die Vorstellung, daß der Mensch praktisch keine natürliche Abwehr habe. Zum Glück gebe es Medikamente, um alle unsere scheinbar unvermeidlichen Gesundheitsprobleme zu bekämpfen, während eine natürlichere Lebensweise sie größtenteils beseitigen könnte.

Für die Pharmakonzerne, die Ärzte und die Apotheker ist es legitim, solche Vorstellungen zu pflegen, denn ihr Überleben hängt zum Teil davon ab. Durch Werbemaßnahmen stellen sie eine ungeheure propagandistische Macht dar. Was wiegen dagegen die einzelnen Reaktionen mancher Forscher? So gut wie nichts.

Schauen Sie, wie unsere Ernährungswissenschaftler herausgefunden haben, daß aus toten Tieren Mehl zur preiswerten Fütterung von Haustieren gewonnen werden kann. Diesen neuen Fütterungsweg verteidigten sie mit den Ergebnissen wissenschaftlicher Studien. Heute verbreitet aber die BSE-Seuche (›Rinderwahnsinn‹) Angst und Schrekken, was vielleicht etwas übertrieben ist, sie könnte aber verheerende Auswirkungen haben.

Schauen Sie, wie starke Wirtschaftsunternehmen künstliche Ernährungsgewohnheiten schaffen, die unumkehrbare Mißbildungen hervorrufen. So wird bereits jeder dritte Amerikaner als fettleibig angesehen, oder ist im Begriff, es zu werden.

Das Schlimmste ist, daß diese unnatürlichen Mißbildungen allmählich genetisch zu werden drohen.

Ja, das stimmt. In den Vereinigten Staaten wird Fettleibigkeit bereits als genetisch bedingt angesehen!

Vor dem Zweiten Weltkrieg durchgeführte Studien hatten erkennen lassen, daß bestimmte Bevölkerungen, die noch eine natürliche Lebensweise pflegen, etwa in den Schweizer Bergen oder in Nordeuropa, ihr Leben lang wunderbar gesunde Zähne haben: gute Zahnansiedlung, keine Karies, kein frühzeitiger Zahnbettschwund.

Der im Ernährungsbereich eingetretene ›Fortschritt‹ hat dies alles grundlegend verändert.

Heutzutage haben viele Kinder unregelmäßige und schief gewachsene Zähne, Karies muß ständig bekämpft werden, Zähne werden frühzeitig locker und fallen aus.

Leider ist die schlechte Beschaffenheit der Zähne genetisch geworden.

Aus unseren Überlegungen ergibt sich folgendes Ergebnis. Den Franzosen zu sagen, daß sie im 18. Jahrhundert im Alter von 36 gestorben wären, ist eine tendenziöse Darstellung der Wirklichkeit. In Wahrheit wären sie entweder in der Frühkindheit oder mit etwa siebzig gestorben, aber bestimmt nicht mit sechsunddreißig.

Den Franzosen zu sagen, daß der Anstieg der ärztlichen Kosten einen verbesserten Gesundheitsschutz widerspiegele, ist bestreitbar. Das kann ebenso eine Verschlechterung ihres Gesundheitszustandes bedeuten.

Heutzutage gebären Frauen sehr wenige Kinder. Ihr riesiges Vermögen an Liebe, Zärtlichkeit und Schutz wenden sie nur noch wenigen Menschen zu. So sank die Kindersterblichkeitsziffer erheblich, und das durchschnittliche Sterbealter stieg entsprechend.

Der Tod eines Kindes ist heutzutage ein schreckliches Drama; früher war er ein normales Ereignis im regen Leben.

Das Sinken der Kindersterblichkeit ist nicht der einzige Grund für den Anstieg des durchschnittlichen Sterbealters. Das genetische Programm des Alterns konnte zwar nicht verändert werden, der Medizin gelang es jedoch, den letzten Lebensabschnitt, den des Ruhestands und des Überlebens, zu verlängern. In unseren Wohlstandsgesellschaften ermöglicht die Solidarität denen, die jegliche Selbständigkeit verloren haben, ein Leben zu bewahren, an dem wir dann alle hängen, obwohl es uns nichts mehr bringt. Dieses Überleben wird von den alten Menschen und ihrer Umgebung manchmal schmerzhaft erlebt. Viele machen sich mit Recht darüber Gedanken.

Natürliche Liebe – kulturelle Liebe

Wir haben vorhin unsere Ansichten über die Erziehung der Kinder geäußert, dennoch fiel kein Wort über die Sexualerziehung, die heutzutage eine überaus große Bedeutung bekommen hat.

Monsieur Jourdain hatte das Sprechen instinktiv gelernt, indem er seine Eltern nachmachte, ebenso konnte er trinken, essen und kauen, weil es in seinem genetischen Programm eingezeichnet war.

Ein Lehrer kam aber hinzu und erklärte ihm, wie man das A, E, I, O und U ausspricht, indem man seinen Mund, seine Zunge und seine Zähne richtig benutzt. Hätte sich dieser Lehrer Herrn Jourdain im Alter von zwei Jahren angenommen, dann hätte er behauptet, daß er, und nur er, Herrn Jourdain das Sprechen beigebracht hätte.

Heißt das, das unser Liebesverhalten ebenfalls in unserem genetischen Programm eingezeichnet ist?

Vorsicht! Der Begriff ›Liebesverhalten‹ ist verwirrend. Man darf nicht das Bedürfnis nach Zweisamkeit und den Geschlechtsakt miteinander verwechseln.

Wie bereits gesagt, gibt es in der Tierwelt Gattungen, die ihre Jungen nicht gemeinsam aufziehen. Die Zusammenkunft des Männchens mit dem Weibchen bezweckt lediglich die Befruchtung des Weibchens. Sie dauert nur die zur Befruchtung erforderliche Zeit, das heißt meistens einen Tag, dann trennt sich das Paar endgültig. Beide Tiere sind wieder Fremde, ja sogar Feinde geworden, wobei jedes sein Jagdgebiet beansprucht.

Bei anderen Tiergattungen, etwa bei Vögeln, leben Männchen und Weibchen gemeinsam, um die Fortpflanzung zu sichern: Sie bauen das Nest, brüten die Eier (bis auf einige Ausnahmen) und füttern die Jungen. Das stellt eine beträchtliche Zusammenarbeit dar. Lange, bevor sie damit anfangen, tun sich Männchen und Weibchen zusammen: Sie leben zusammen, trennen sich nie, haben allerdings keine gemeinsame Tätigkeit und helfen nicht einander.

Das nennen wir ›sentimentale Liebe‹, das einfache Glück der Zweisamkeit.

Jedes Vogeltier ist vollkommen frei. Eine Trennung hat keinerlei Auswirkung auf das tägliche Leben der beiden. Treue ist jedoch die Regel.

Bei diesen Vogelpaaren kommt dem Befruchtungsakt eine nur kleine Bedeutung zu. Wenn das Weibchen ein befruchtbares Ei in sich hat, regt es das immer bereite Männchen an, es zu decken. Der Akt dauert rund fünfzehn Sekunden.

Wie Saint-Exupéry einmal schrieb, besteht das Leben eines Liebespaars darin, nicht einander in die Augen, sondern in dieselbe Richtung zu schauen.

Die fleischliche Vereinigung ist also von der sentimentalen Liebe zu unterscheiden, die gemeinsame Ziele und eine gemeinsame Tätigkeit zu deren Verwirklichung mit einschließt.

Wie bereits gesagt, leben die Tiere hedonistisch und völlig frei. Die Suche nach dem Vergnügen, nach dem Glück ist ihr einziger Wegweiser, doch diese Suche ist eine ständige Aufforderung, das Nötige zu tun, um die Fortpflanzung zu sichern.

Der Mensch kam hinter diesen Mechanismus und wußte verschiedene Mittel zu finden, um die Wollust von ihrem Endzweck zu trennen. Von da an konnte er manchem intensiveren Vergnügen den Vorzug vor einem ruhigeren Glück geben.

Die Geburt eines Kindes verschafft dem Vater und der Mutter immer Glück, doch manche verzichten lieber darauf, um den für intensiver gehaltenen sexuellen Genuß mehr wahrzunehmen.

In der Natur ist keine Wahl möglich. Alles greift ineinander, Lustempfindungen, Glückszustände, Freuden folgen aufeinander gemäß einem programmierten Vorgang, der zur Naturordnung gehört.

In der heutigen Gesellschaft hat der sexuelle Genuß alle

Lustempfindungen, alle Glückszustände, alle Freuden verdrängt.

Die heutzutage auf breiter Basis erteilte Sexualerziehung hängt damit zusammen.

Die diese Erziehung beseelende Ideologie ist hedonistisch, das heißt, das Streben nach Sinnenlust und Genuß wird als Selbstzweck angesehen.

Bezüglich des Geschlechtsverkehrs erklärt uns diese Doktrin, daß es keine Normalität gebe. In der Liebe sei nichts *schmutzig,* alles sei erlaubt zu dem einzigen Zweck, seine Gelüste, welche auch immer, zu befriedigen.

Das führte seit fast hundert Jahren zur ›wissenschaftlichen‹ Erforschung dieser sexuellen Vergnügungen, zur Erforschung des Geschlechts nicht als Zeugungs- oder Fortpflanzungsorgan, sondern als Mittelpunkt des Genusses.

Gibt es eine Normalität?

Ja, aber nur, wenn man das Kriterium annimmt, das sämtliche Mechanismen der Naturordnung erklärt, nämlich den Fortbestand des genetischen Erbes.

Infolgedessen ist nur der Geschlechtsverkehr normal, der die Befruchtung, also die Weitergabe dieses Erbes, ermöglicht. Alle anderen sexuellen Verhaltensweisen sind anormal.

In der Wildbahn haben die Tiere immer ein normales sexuelles Verhalten, das sie vollends befriedigt. Warum verhält es sich anders beim Menschen, der teilweise oder völlig anormale (wie bei den Homosexuellen) sexuelle Verhaltensweisen aufzeigen kann?

Wenn das Verhalten aller Lebewesen von einem genetischen Programm gesteuert wird, was ist dann am Programm der Menschen passiert, daß es bei einigen derart von der Naturordnung abweicht?

Das ist die große Frage.

Nichts kann unser genetisches Programm, so wie wir es bei der Geburt erhalten haben, verändern, und alles treibt uns dazu, ihm zu folgen. Wird beispielsweise ein Mann homosexuell geboren, so kann man entweder dieses Programm ›betäuben‹ oder auf den Mann moralisch so einwirken, daß er ihm nicht folgt, das erzeugt aber furchtbare Schmerzen. Obwohl die Homosexualität von der menschlichen Gesellschaft zunehmend akzeptiert wird, bleibt ein Rest Mißbilligung, die die Form von Spott nehmen kann. Das Leben eines Homosexuellen ist nicht völlig befriedigend und glücklich und kann es nicht sein.

Sie erinnern sich an unsere Worte bezüglich einer Plakatwerbung gegen Alkoholismus: »Wenn die Eltern trinken, baden die Kinder es aus.«

Der Homosexuelle kann sich also die Frage stellen: Warum bin ich so geboren? Es gibt keine Wirkung ohne Ursache.

Unser Verhalten kann das genetische Erbe verändern, das wir unseren Kindern weitergeben. Erst wenn man dies begreift, wird man die Hoffnung aufgeben, die Lösung in genetischen Manipulationen zu finden, sie ist nämlich im Verhalten der Menschen vor der Zeugung zu finden.

Wir haben über das Sexualverhalten der Wildtiere gesprochen. Es nimmt einen unentbehrlichen, jedoch winzigen Platz in ihrem Leben ein. Außerdem ist es gewaltfrei. Man kann sich vorstellen, daß es beim vorgeschichtlichen Menschen nicht anders war. Durch welchen Mechanismus hat sich das verändert?

Eine angenommene Vorstellung schreibt alle sexuellen Gewalttätigkeiten und Abweichungen unseren Urtrieben zu. Wir hätten es mit dem Wiederauftauchen uralter Verhaltensweisen durch Atavismus zu tun.

So zeigt uns der amerikanische Film *Basic instinct* eine ganze Reihe von Gewalttätigkeiten vor, während und nach dem Geschlechtsverkehr.

Es tut uns leid, aber sexuelle Gewalt gibt es nicht in der Natur. Bei allen Säugetieren, denen wir am nächsten stehen, entscheidet allein das Weibchen über den Zeitpunkt ihrer Befruchtung, indem sie die Begattung annimmt. Das Männchen wartet ab, und, falls es die Sache überstürzen will, fühlt sich das Weibchen angegriffen und wehrt sich entsprechend. Eine erzwungene oder lustlos hingenommene Penetration gibt es nicht.

Wir sind der Auffassung, daß in dem Film *Basic Instinct* die Mörderin sich an den Männern rächen will, die sie in die Rolle der Priesterin der sinnlichen Liebe drängen, die ausschließlich darin besteht, sie genießen zu lassen und zum Orgasmus zu bringen.

Sie kann außerdem genetisch gestört sein. Die Frau in ihrer wahren Rolle als Gefährtin und Mutter besitzt einen unglaublichen Reichtum an sentimentaler Liebe und an Selbstaufgabe, den der Mann nicht besitzt.

Kommen wir zu unserer Vorstellung eines genetischen Erbes zurück, das nicht wie bei allen Lebewesen von Generation zu Generation – außer bei Mutationen – gleich bleibt, sondern sich durch das Verhalten der Menschen, die dieses Erbe erhalten und weitergegeben haben, allmählich verändert.

Versuchen wir, die Wandlung des Zeugungsakts zum heutigen Geschlechtsverkehr nachvollzuziehen.

Für das Männchen bedeutet die Befruchtung den Schlußpunkt seiner Tätigkeit für die Weitergabe seiner Gene, für das Weibchen dagegen den Start einer beträchtlichen Tätigkeit zum Gebären neuer Leben, die den Fortbestand sichern.

Der ›Schlußpunkt‹ ist für das Männchen so wichtig, daß die Veranlassung, ihn gut auszuführen, seiner Bedeutung entspricht. Die sexuelle Wollust ist also das größte Lustgefühl, das es in seinem Leben empfinden kann. Die dabei verbrauchte Energie ist auch die größte.

Die menschliche Phantasie hat darauf hingearbeitet, Mittel zu finden, die sexuelle Wollust von ihrer Folge zu trennen, die deren Wiederholung zum Teil verhindert.

So erfand der Mensch die Selbstbefriedigung, den unterbrochenen Koitus, manche Reizungen mit dem Mund (Fellatio und Cunnilingus), den Analverkehr und später das Kondom und die Verhütungspille. Damit verschaffte er sich die Möglichkeit, eine im Vergleich zu den wilden Tieren häufigere sexuelle Tätigkeit zu haben.

In der Natur sind die Männchen freilich jederzeit bereit zu begatten. Das will aber nicht heißen, daß sie ständig daran ›denken‹. Nur das Weibchen reizt ihren Geschlechtstrieb, wenn es sich bereit fühlt, befruchtet zu werden. Dann sind es die Männchen, die es suchen. Und das Weibchen begnügt sich nun, sie zu reizen, damit sie kämpfen, um es zu *erringen*. Nur das kämpferischste und lebenskräftigste Männchen bleibt auf dem Plan. Das Weibchen stellt diese natürliche Auslese nicht in Frage.

Bis vor nicht allzu langer Zeit war das (sinnliche und sentimentale) Liebesleben der meisten Menschen sehr ›natürlich‹, das heißt sehr ähnlich dem der Tiere, die als Paar an ihrer Fortpflanzung zusammenwirken. Das Liebesleben begann lange vor dem Geschlechtsakt, der erst erfolgte, wenn ein gegenseitiges Vertrauen bestand.

Bevor man neben der Tierkraft neue Energiequellen – Wasserkraft, Steinkohle, Erdöl – und die zu deren Anwendung nötigen Mittel entdeckte, arbeitete und produzierte fast die gesamte Bevölkerung mit der bloßen Armkraft. Das entsprach der Naturordnung.

Es war so notwendig, vom Morgengrauen bis zur Abenddämmerung zu arbeiten, daß sowohl Männer als auch Frauen recht wenig Zeit hatten, sich außerehelichen Tätigkeiten zu widmen.

Die Umwelt wurde nicht wie heute von einer Sexwelle überflutet. In allen arbeitenden Kreisen waren Anstand und Sittsamkeit die Regel. Diese Haltung entsprach der Lebenweise in der Natur, wo die Tiere – außer in der kurzen Fruchtbarkeitsphase – der Kopulation gleichgültig gegenüberstehen.

Bei diesen Paaren, die hart, aber gern und willig arbeiteten, wurde der Geschlechtsverkehr von der Frau bestimmt. Ihr legte man nicht jene von den Kirchenintellektuellen erfundene ›Ehepflicht‹ auf.

Wenn die Frau schwanger war, wurden die sexuellen Beziehungen unterbrochen.

In der Natur könnten die Männchen die Begattung zehn-, zwanzigmal vollziehen, wenn sie darum nachgesucht würden. Daß sie sich enthalten, weil sie keine Partnerin finden, ist normal und beeinträchtigt keineswegs ihr Leben und ihre Gesundheit.

In der soeben erwähnten Zeit hatte nur ein geringer Teil der Bevölkerung wenig körperliche Betätigung und dementsprechend viel Freizeit. In den damaligen Arbeiterschichten sagte man: »Müßiggang ist aller Laster Anfang.«

Ein *lasterhaftes* Verhalten bezeichnete eine Abweichung vom natürlichen Verhalten, in dem Arbeit und Familie die beiden Stützpfeiler des Lebens darstellten. Müßiggang war bei manchen Intellektuellen sowie in den reichen Kreisen anzutreffen, wo das Geld die Sittenverderbnis förderte.

Manche Frauen waren damit einverstanden, sich ohne Liebe hinzugeben. So entstand die Prostitution bei anmutigen, körperlich trägen Frauen, die leicht verdientes Geld schätzten und je nach ihrer Klugheit einfache Huren oder Buhlerinnen am Hof wurden. Es sei an Balzacs berühmtes Werk *Glanz und Elend der Kurtisanen* erinnert.

Diese Verstellung des natürlichen Geschlechtsakts ist nur durch die organische Passivität der Frau möglich, die diese zugänglich macht, obwohl sie kein Verlangen hat.

Wegen der Abneigung, sich ohne Liebe hinzugeben, ist es am Anfang freilich nicht leicht. Nach und nach wird es aber zu einer rein technischen Betätigung, die mit höchster Beherrschung vollzogen wird, selbst wenn der Beruf verlangt, die äußeren Zeichen einer keineswegs empfundenen Wollust zum Ausdruck zu bringen.

Der Mann kann nicht schummeln, da sein Verlangen sichtbar ist. Er kann ebensowenig seinen Genuß verstellen. Dagegen kann die Frau, und nicht nur die Prostituierte, ihren Partner äußerst leicht täuschen und ihm geben, was er erwartet.

So ging eine lange Zeit zu Ende, in der die meisten Männer körperlich und viel arbeiteten, in der Männer und Frauen sich zunächst mit dem Herzen und erst dann körperlich vereinigten und in der Kinder zu haben als ein Segen empfunden wurde.

Schauen wir um uns herum, dann stellen wir fest, daß in kurzer Zeit riesige Veränderungen eingetreten sind.

In der Natur wird das sexuelle Vermögen der Männchen

nur zu zehn Prozent (und manchmal überhaupt nicht) benutzt, weil die Weibchen darüber entscheiden. Diese gehen nur auf die Begattung ein, um befruchtet zu werden, so daß es immer gelingt. Der Geschlechtsakt verschafft den Genuß, der ihn anregt; eine Geschlechtlichkeit zum alleinigen Zweck des sexuellen Genusses gibt es indessen nicht.

Die Erfindungen, die die Nutzung der unterirdischen Energiequellen (Kohle, Erdöl) ermöglichten, sollten die körperliche Arbeit allmählich vermindern. Die Arbeitszeit wurde immer kürzer, die Arbeit immer geistiger. Die Maschine erledigte alles. So wurde der Mensch zunehmend müßig und suchte seine freie Zeit zu füllen. Und da der Orgasmus ihm den größten Genuß überhaupt verschaffte, versuchte er, diesen Genuß öfter zu erleben.

Wir haben gesehen, daß seit jeher ein geringer Teil der Bevölkerung, die reichen Kreise, den sexuellen Vergnügungen viel mehr Zeit widmete als in der Natur. Es war der männliche Anteil, der von diesen Vergnügungen profitierte, ohne sich um den sexuellen Genuß der Partnerin und um die möglichen Folgen für sie zu kümmern. Der allgemeinen Vorstellung nach war der Mann aktiv und die Frau passiv. Der Mann war der Sturzbach und die Frau der See.

Den sexuellen Genuß möglichst oft zu wiederholen erforderte jedoch Zeit und Geld. Als die arbeitenden Klassen dank der Maschinen, die eine andere Energie als die menschliche Kraft benutzten, mehr freie Zeit bekamen, fehlte es ihnen allerdings an Geld.

Der Mann kam daher auf die Idee, seine Frau zu seiner Buhlerin zu machen, wie man in einer bestimmten Epoche sagte, und damit zu zeigen, daß in sexueller Hinsicht eine völlige Gleichheit, eine vollkommene Ähnlichkeit bestünde. Es galt zunächst zu erwirken, daß der Geschlechtsakt ebenso wenig Folgen für die Frau wie für den Mann nach sich zog, und somit den natürlichen Befruchtungsvorgang zu unterbrechen.

Diese Wandlung im sexuellen Bereich wurde von einer anderen Entwicklung begleitet, die den gesellschaftlichen Status der Frau änderte.

Jahrhundertelang wurde die Frau – wie in der Natur –

als vom Mann unterschieden angesehen, jedoch keineswegs als ihm unterlegen. In den meisten dynastischen Regimen konnte eine Frau einem Mann nachfolgen, und es gab ebenso viele große Königinnen und Kaiserinnen wie große Könige. Man war der Auffassung, daß in der Ordnung der Dinge viele Berufe oder Tätigkeiten rein männlich, andere wiederum typisch weiblich seien. Mit der Zeit entstanden jedoch Ideologien, die eine hauptsächlich auf dem Erwerb von abstraktem Wissen beruhende Hierarchie schufen. Das Sagen-Können löste somit das (handwerkliche) Können ab.

Diese Fähigkeit ist nämlich bei beiden Geschlechtern gleich, bei den Frauen sogar etwas mehr ausgeprägt. Von da an waren die Intellektuellen nur noch bestrebt, diese Unterschiede zu verwischen, behaupteten die Frauen doch, daß nur die männliche Eitelkeit sie verkündet hätte.

Es sei beispielsweise für die Frau verachtend, daß man ihr verwehre, den Soldatenberuf zu ergreifen. Zu einer Zeit, als die Frau durchschnittlich zehn Kinder auf die Welt brachte, wurde ihr der Soldatenberuf eigentlich schon wegen körperlicher Untauglichkeit verwehrt. Außerdem sind die Männer von Natur aus kampflustiger als die Frauen.

In dieser Trennung der Rollen steckte überhaupt keine Verachtung. Jeanne d'Arc, eine einfache junge Hirtin, konnte ohne jede Mühe die Führung von Kriegern übernehmen, die zum Teil dem Adel angehörten.

In einer echten Naturordnung gibt es keine Hierarchie, die verordnet wird oder vom Grad des abstrakten Wissens abhängt, sondern eine echte Teilung der Arbeit, eine Rollenverteilung, aufgrund der Fähigkeiten und Fertigkeiten eines jeden, die von allen anerkannt werden.

Die erfahrenen Krieger, die wie gesagt zum Teil dem höchsten Adel angehörten, erkannten, daß diese ungebildete Hirtin geboren war, um sie zu führen. Ihre soziale Herkunft, ihre Jugend, ihre Weiblichkeit lösten keine Einwände aus.

Johannas natürliche Autorität erinnerte an die von Jesus: »Er sprach mit Autorität, nicht wie die Schriftgelehrten«, ist bei Markus zu lesen. Hier ist der Gegensatz zwischen natürlicher, also angeborener, und kultureller Autorität bemerkenswert.

Früher wandten sich die Frauen spontan und aus freier Entscheidung bestimmten Tätigkeiten zu, die Männer auch.

Mit Ausnahme des religiösen Bereichs und bestimmter geistiger Berufe stand der Frau nichts im Wege, eine typische männliche Tätigkeit oder einen Männerberuf auszuüben, wenn sie die erforderlichen Fähigkeiten und die Kraft hatte.

Männer und Frauen sind verschieden, und keiner nahm das andere Geschlecht zum Vorbild oder rühmte sich dessen, es nachzuahmen.

Die kulturelle Ideologie sollte dies alles ändern, indem sie als verächtlich und erniedrigend jegliche Tätigkeit bezeichnete, die handwerkliches Können voraussetzt, im Gegensatz zu den Tätigkeiten, die abstraktes Wissen erfordern. Sie bezeichnete also als ›manuell‹ alles, was handwerkliches Können verlangte, als wenn die Hände eigenständig wären und ohne Hinzuziehung des Verstands arbeiteten.

Handarbeit und Kopfarbeit standen sich also gegenüber, jene war erniedrigend, diese aufwertend.

Sich im Bereich der Worte aufzuhalten und mit Wörtern umzugehen sei viel ehrenhafter. Es ist nämlich so leicht, bei jeder Gelegenheit gute Gefühle zum Ausdruck zu bringen, die einem die Achtung und Bewunderung seiner Zuhörer bringen.

Diese unselige Leidenschaft für den kulturellen Egalitarismus trieb viele Frauen dazu, gerade das zu verachten und aufzugeben, was jahrhundertelang ihre Würde ausgemacht hatte: die Mutterschaft, die Verwaltung des Familienbereichs mit den Hausarbeiten: Ausschmückung, Putzen, Nähen, Kochen usw., allesamt schwere und schwierige Arbeiten, die handwerkliche Fertigkeiten und führende bzw. verwaltende Fähigkeiten erfordern.

Es ist richtig festzustellen, daß damals, als nur menschliche Kraft benutzt wurde, viele Leute im häuslichen Bereich erforderlich waren, um so mehr in kinderreichen Familien. Auch auf jedem Hof waren viele Arme nötig, und der Bauernberuf war nicht so einsam, wie er es geworden ist.

Die Frauen hatten also einen regen Gedankenaustausch in ihrem Hause. Manche Arbeiten wurden am öffentlichen Waschplatz erledigt, wo tüchtig geplaudert wurde.

Viele Frauen geben zu, daß häusliche Arbeiten Verstand erfordern und der Persönlichkeit die Möglichkeit geben, sich zu äußern und zu entfalten. Dagegen sind Bürotätigkeiten meistens reine Ausführung ohne Selbstinitiative. Man kann nur mehr oder weniger schnell arbeiten, mehr oder weniger Fehler machen; es ist aber nicht möglich, das Auszuführende zu ändern oder zu verbessern.

Allerdings läßt sich im Büro plaudern.

Das Büro hat den Waschplatz abgelöst, und darin gründet sein Erfolg bei den Frauen.

Der Mensch ist ein Herdentier. *Einsamkeit ist ihm unerträglich.* Zu Hause ist die Frau heutzutage allein mitten unter ihren Küchenmaschinen. Fernsehen ist ihre einzige Zuflucht, kann man aber sein Leben lang nur Zuschauerin sein?

Kommen wir zur Sexualität zurück.

Sie werden gleich erkennen, daß auch in diesem Bereich die allgemein angenommene und anerkannte Verschiedenheit zwischen Mann und Frau von dem Willen verdrängt wurde, diese Unterschiede zu verwischen, um eine völlige Gleichheit zu erreichen.

Der Mann war beherrschend und aktiv, die Frau willig, wenn sie Lust dazu hatte. Ein berühmtes Lied aus der Vorkriegszeit, genannt ›Mein Legionär‹, sagte unter anderem: »Er hat mich die ganze Nacht geliebt, mein Legionär.« Dieser Satz spiegelt die weibliche Passivität wider.

Nach der großen sexuellen Revolution lautete der Satz: »Wir haben uns die ganze Nacht geliebt.« Die Frau ist nunmehr eine aktive, dem Mann ebenbürtige Partnerin. Ihr sexuelles Verhalten hat sich technisch gesehen dem der Prostituierten angeglichen.

Wollte die Frau dem Mann ebenbürtig werden, oder hat der Mann sie überzeugt, es zu werden, weil sie dafür beschaffen war und es einer Beförderung gleichkam?

Diese sexuelle Revolution ist das Werk von Intellektuellen. Sie haben sie angepriesen, allen voran die Männer, um größere und häufigere sexuelle Befriedigungen zu bekommen, ohne Geld ausgeben zu müssen wie bei den Prostituierten. Das Unternehmen erwies sich als schwierig, denn die Frau ist von Natur aus passiv und nur zu bestimmten Zeiten willig. Daraufhin wurde erklärt, daß diese Passivität nicht natürlich sei und als Frigidität bezeichnet werden müsse.

Warum diese Frigidität? Weil Generationen von religiös erzogenen Frauen unter den Tabus gelitten hatten, die von der Verurteilung der Wollust durch das Christentum herrührten. Daher waren diese Frauen voller Komplexe und Hemmungen, waren psychisch krank. Sie waren ein Fall für den Psychoanalytiker.

Sie mußten sich also behandeln lassen, daher diese Schar von Psychotherapeuten, Soziologen und anderen Psychosomatikern. Alle diese medizinischen Fachbereiche gingen aus dieser sexuellen Revolution hervor und leben von ihr.

Die ›frigiden‹ Frauen mußten akzeptieren, daß ihr Partner erogene Zone weckt oder wieder belebt, die Jahrhunderte lähmenden Christentums betäubt hatten.

In Wirklichkeit ist Frigidität keine Krankheit.

Es gibt frigide Frauen, die kerngesund, lebensfroh und sehr fruchtbar sind.

Untersuchungen über die Wollust der Frau beim Geschlechtsverkehr lassen erkennen, daß bestimmte Voraussetzungen erfüllt sein müssen: Die Frau muß Lust darauf haben, und ihr Partner muß ihr gefallen und vertrauenerweckend sein. Dagegen kann der Mann seinen Geschlechtstrieb bei irgendeiner Prostituierten völlig befriedigen. Gewiß, die Frau kann sich auch lustlos hingeben, dem Mann zuliebe oder aus welchen Gründen auch immer, und sie kann, wie bereits gesagt, die Wollust verstellen.

Worin besteht diese Wollust? Da der natürliche Geschlechtsverkehr durch die Einführung des Penis in die Scheide erfolgt, löst im Prinzip dieser Vorgang bei der Frau starke Lustgefühle aus, eine Reihe von ›Wellen‹, die der Samenerguß nicht eindämmt, weil die Natur vor allen Dingen die Befruchtung bezweckt. Das hat zur Folge, daß diese unbefriedigte Lust ein nochmaliges Verlangen bei der Frau auslösen kann.

Sagt man aber nicht, daß die eigentliche Wollust der Frau durch den Orgasmus, den sexuellen Höhepunkt, hervorgerufen wird, der wie beim Mann befriedigt? Männlicher Orgasmus, weiblicher Orgasmus, völlige Gleichheit.

Da haben wir es. Die eigentliche sexuelle Revolution liegt darin.

In dem *Hite-Report*, einer bedeutenden, anerkannten Studie über die Sexualität der Amerikanerinnen, ist zu lesen:

»Frauen, die beim Geschlechtsverkehr Orgasmen zu haben glauben, haben bestimmt keine. Wie dem auch sei, der Orgasmus, mag er beim Geschlechtsakt oder auf anderem Wege zustande kommen und unterschiedlich wahrgenommen werden, kann nur einen Grund haben: *Er ist in allen Fällen auf eine Reizung der Klitoris zurückzuführen . . .*«

Es ist auch zu lesen: »Wie kann man sicher sein, einen Orgasmus erreicht zu haben, wenn er beim Geschlechtsakt nur undeutlich wahrgenommen wird?«

Kurzum, es wird eindeutig die Ansicht vertreten, daß nur die klitorale Masturbation, also die Reizung des Kitzlers, einen echten Orgasmus erzeugen kann.

Wenn zum einen die Frauen beim Geschlechtsakt den Orgasmus eindeutig wahrnehmen können und wenn zum anderen die kulturelle Ideologie behauptet, es sei anormal, keinen Orgasmus zu empfinden, welche Bedeutung soll man dann der Umfrage beimessen: »Empfinden Sie einen Orgasmus beim Geschlechtsverkehr?«

Welche Frau würde dem Befrager gern zugeben, daß sie anormal und frigide ist?

Unsere neuen Lehrmeister behaupteten dagegen, es gebühre dem Menschen die Ehre, diese vom Tier unbekannten Vergnügungen entdeckt zu haben.

Bestimmte Genüsse zu pflegen, ist das nicht, was uns vom Tier unterscheidet? Ist das nicht ein Zeichen von Verfeinerung, von Zivilisation?

Was soll man darauf antworten?

Daß es ohne Fortpflanzung, ohne Fortbestand keine Zivilisation mehr gibt. Das ist das Kriterium, das alle anderen bedingt.

Kommen wir aber zu unserem klitoralen Orgasmus zurück, der angeblich beim natürlichen, also normalen, Geschlechtsakt fast unerreichbar sei und eher durch manuelle Reizung seitens des Partners oder der Frau selbst erfolge.

Wird dieser einsam erlebte Orgasmus von sexuellen Phantasien begleitet, in denen die sentimentale Liebe nicht mehr auftaucht, dann begreift man, daß der Zusammenhalt des Paares dabei nicht verstärkt wird.

Die vaginale Lust, die wir beschrieben haben, kann nur die sentimentale Liebe verstärken, die zwei Menschen für ein Leben lang verbinden soll, während der klitorale Orgasmus sie voneinander trennt.

Hier greifen wir eine der festen Überzeugungen der sexuellen Überzeugungen an.

Diese neue Lehre erklärt uns tatsächlich, daß die früheren Ehen ohne vorhergehende Betterfahrung ein Witz gewesen seien. Diese Ehen seien meistens zum Scheitern verurteilt gewesen, auch wenn Gesellschaft und Religion dafür gesorgt hätten, daß diese Leiden geheim bleiben. Die sexuelle Harmonie würde dem Zusammenhalt und dem guten Verständnis des Paares zugrunde liegen. Außerhalb dieser Harmonie gebe es kein Glück. Deshalb hätten sich so viele Ärzte auf die Sexualerziehung der Paare spezialisiert, um diese Harmonie zu erreichen. Diese könne nur durch den beiderseitigen und gleichzeitigen Orgasmus vollkommen bewirkt werden.

Wie in allem sollten wir Theorien aufmerksam zuhören, doch nur das konkrete Ergebnis zählt letztendlich.

Heute wird die Zahl der Scheidungen haarsträubend. Sie soll in einer Stadt wie Paris fünfzig Prozent betragen. Es handelt sich um ein schlimmeres Gesellschaftsproblem als die Arbeitslosigkeit, die nur zehn Prozent der Bevölkerung betrifft und die von einer tatkräftigen Regierung gelöst werden kann.

Die Scheidung, die die Familienzelle zerschmettert und Erwachsene und Kinder ratlos macht, stellt dagegen eine ernste Gefahr für den Fortbestand unserer Gesellschaft dar.

Seit der sexuellen Revolution beruhen die Ehen größtenteils auf der sexuellen Übereinstimmung, während sie früher auf der gefühlsmäßigen Verständigung gründeten, auf dem Glück, dieselben Gemütsbewegungen zu empfinden, auf dem Wunsch, dieselben Freuden und Leiden zu teilen. Sex hatte kaum Bedeutung, und sogar die rein sexuelle Untreue des Mannes war lediglich ein Zwischenfall.

Wenn die Schwalben zahlreich unter demselben Dach zusammennisten, kommt es dann und wann zu sexuellen Untreuen. Dagegen bleiben sie gefühlsmäßig verbunden. Nur der Tod trennt die Paare.

Victor Hugo ist neunzehn Jahre alt, als das Mädchen, das mit ihm ein ›Gelöbnis‹ getauscht hat, von Paris nach Dreux zieht. Ihre Eltern wollen, daß ihre Tochter dort Ferien verbringt, weit weg von diesem stellenlosen Verehrer. Ein ›Gelöbnis‹ war damals eine rein gefühlsmäßige Versprechung, aufgrund derer ein junger Mann und ein junges Mädchen annehmen konnten, sie seien nun für ihr Leben lang gebunden.

Victor ist nicht sehr reich. Er weiß nicht, wo Adèle in Dreux wohnen wird. Was macht das schon, er marschiert los, legt fast neunzig Kilometer zurück, in der Hoffnung, seine Verlobte nicht etwa zu treffen, das ist leider unmöglich, sondern sie aus der Ferne sehen zu können, wenn sie mit ihren Eltern spazieren geht.

Ein solches Zeichen der Liebe mag uns heute lächerlich altmodisch vorkommen, es entspricht aber der eigentlichen Natur des Menschen.

Es lohnt sich, den Unterschied zwischen dem guten Einvernehmen zweier Menschen im täglichen Leben und der sexuellen Anziehung genau zu erklären.

Als man das Leben von rund tausend echter, also eineiigiger, Zwillinge untersuchte, stellt man fest, daß sie immer in bestem Einvernehmen lebten. Man könnte nun denken, daß dieses vollkommene Einvernehmen bis zur Homosexualität ging – dies *ist jedoch nie eingetreten.*

Wir stellen also fest, daß die Eintracht im täglichen Leben von der Identität bzw. Übereinstimmung der genetischen Erbgüter abhängt, während bei sexueller Anziehung nach Komplementarität, nach wechselseitiger Ergänzung, gesucht wird.

Die von der Beobachtung herrührende Weisheit der damaligen Leute empfahl deshalb, innerhalb von Gemeinschaften zu heiraten, deren genetische Erbgüter sehr ähnlich waren. Das sorgte für ein gutes Einvernehmen im Alltag.

Dann entschied die sexuelle Anziehung innerhalb dieser Gemeinschaften über die Wahl des Ehepartners.

Wir haben versucht nachzuweisen, daß der Orgasmus der Frau keineswegs die Rückkehr zu einer natürlichen Entfaltung ist, der Jahrhunderte puritanischer Moral entgegengewirkt hätten, sondern eine ›Erfindung‹ des Egalitarismus, der Gleichheitslehre, um den sexuellen Genuß zu steigern.

Wir wollen ebenfalls zeigen, daß diese bange Suche nach einer gewissen sexuellen Harmonie nicht zum guten Einvernehmen zwischen beiden Partnern beitrug.

Nehmen wir an, daß dieser nur auf dem Weg der klitoralen Reizung erreichte Orgasmus eine Entdeckung, ja sogar Erfindung der modernen Zeit ist und daß diese manuelle Stimulation jahrhundertelang nur von schwächeren, phantasievolleren, körperlich weniger aktiven Frauen, also von einer verschwindend kleinen Minderheit getrieben wurde –, kann man versichern, daß diese Praxis ohne positive oder negative Wirkung auf die Gesundheit und das Verhalten der Frau und ihrer Nachkommen hat?

Die große Frage bleibt nach wie vor: Kann man die Natur ohne Folgen betrügen?

Unter ›betrügen‹ verstehen wir den Verzicht auf unsere natürlichen, angeborenen, Abwehrkräfte gegen Unwetter und Krankheiten und dafür die Verwendung künstlicher Abwehrmittel. ›Betrügen‹ heißt unseres Erachtens auch, die Anreizung zu sexuellen Vergnügungen von deren natürlicher Folge zu trennen und diese wollüstigen Vergnügungen dann bis in ihre äußersten Möglichkeiten zu pflegen.

Nun aber bleibt dieser ›Betrug‹ nicht ohne Folgen. Indem wir unsere natürlichen Abwehrkräfte beispielsweise gegen schlechte Witterungen immer weniger benutzen, werden wir von Generation zu Generation immer weicher, empfindlicher und unfähiger, ihnen entgegenzuwirken. Vor hundert Jahren wurde in Frankreich kein Wohnraum beheizt, und die Raumtemperatur sank oft unter Null Grad. Wer würde das heute aushalten? Welcher französische Soldat würde nackt in einen Fluß steigen, der Eisblöcke treibt, um dort eine Brücke zu bauen? Das vollbrachten die Brükkenbauer von General Eblé vor nicht einmal zweihundert Jahren bei dem Rückzug aus Rußland.

Es ist unmöglich, jene Zeiten aufgrund dessen, was wir geworden sind, zu beurteilen.

Bei dem uns interessierenden Thema fragt es sich, ob die sexuelle Revolution, die wir zu erklären versucht haben, ohne Folgen für die Entwicklung unserer Verhaltensweisen in diesem Bereich ist. Kann die Zunahme der *angeborenen* Homosexualität und der Bisexualität solchen Praktiken zugeschrieben werden?

Wilde Tiere kennen solche Praktiken nicht. Wir sagen ›angeboren‹ im Gegensatz zu erworben: Das Kleinkind wird nämlich nicht aufgrund seiner erlebten Traumata homosexuell werden, sondern wegen des Verhaltens seiner Vorfahren.

Wußten Sie, daß im Verlauf weniger Jahrzehnte die Fruchtbarkeit des Spermas in Frankreich um rund fünfzig Prozent gesunken ist? Das ist eine überaus bedeutsame Entwicklung, deren Ursachen völlig unbekannt sind. Bis wohin wird diese Entwicklung führen? Interessiert das unsere Regierenden, die in den Tag hinein verwalten und keinen anderen Erwartungshorizont als die nächsten Wahlen haben?

Solange die genetischen Programme, die unser Verhalten lenken, sich den durch unsere Erfindungen bewirkten Veränderungen anpassen, handelt es sich lediglich um eine

Entwicklung, die uns den Eindruck vermittelt, als würde sich unser Schicksal verbessern.

Ganz anders verhält es sich aber, wenn diese Veränderungen im sexuellen Bereich den Fortbestand der menschlichen Gattung verändern.

Wenn der weibliche Orgasmus mit dem männlichen Teil der Frau zusammenhängt und wenn die Förderung dieses männlichen Anteils die Entwicklung unserer genetischen Programme in Richtung Homosexualität und Bisexualität begünstigt, dann ist die Gefahr beträchtlich.

Fazit

Das vollkommene Einvernehmen zwischen Zwillingen rührt von gemeinsamen Neigungen und gleichen Verhaltensweisen her, was auf ihr völlig gleiches genetisches Erbe zurückzuführen ist.

Konflikte innerhalb eines Paares rühren meistens von unterschiedlichen Neigungen her, die unterschiedliche Wahlentscheidungen hervorrufen. Zwischen den beiden kommt es zu immer mehr Unstimmigkeiten, und endlose Diskussionen bringen überhaupt keine Lösung.

Zwillinge unterscheiden sich lediglich in einem Bereich, in ihrem Liebesleben nämlich. Männliche Zwillinge werden nicht vom selben Frauentyp angezogen, was übrigens keine Konflikte zwischen ihnen erzeugt, sondern sie sogar vermeidet. Wie jeder andere Mann sind sie sexuell unbeständig.

Daraus läßt sich folgender Schluß ziehen: Jegliches Zusammenleben, das einzig aus sexueller Anziehung hervorging, verbirgt möglicherweise Differenzen über alle anderen Gegenstände.

Die Tiere, die in der Natur ähnlich wie die Schwalben leben und deren Paare nur durch den Tod getrennt werden können, zeigen in ihren sexuellen Beziehungen, die ohnehin lediglich ein paar Minuten dauern, keine absolute Treue.

Bei Schwalben ist die Entscheidung zusammenzuleben nicht sexuell bedingt. Sie wird vielmehr durch ein gemeinsames Projekt (ein Nest bauen, Kleine großziehen) gefestigt, über die sich beide völlig einig sind.

Bei keiner einzigen Tierart beginnt die Paarbildung mit einer Liebeseroberung. Diese ist nur ein kurzes Zwischenspiel im Leben des Paares.

In den ehemaligen Arbeiterklassen pflegte man innerhalb der sozialen Schicht zu heiraten, die durch die eigene berufliche Tätigkeit gekennzeichnet war. Diese hatte allmählich die Menschen ausgelesen, deren genetisches Erbe dieser Tätigkeit besonders gut angepaßt war.

Heutzutage wird oft die Ansicht vertreten, daß das Liebesleben eine vorrangige Bedeutung bei der Heiratsentscheidung habe. Da aber sexuelle Anziehung bekanntlich unbeständig ist, braucht man sich nicht zu wundern, daß die Scheidungsrate ständig steigt und in den USA sogar die 50 Prozent-Marke erreicht hat.

Jede Gesellschaft in der Vergangenheit, deren vordergründiger Wert der sexuelle Genuß war, führte letztlich in die Selbstzerstörung.

Sodom und Gomorrha haben hierbei Symbolcharakter.

Neue Energiequellen: Gefahr für die Zukunft!

Infolge der Erfindung verschiedener Motortypen seit mehr als einem Jahrhundert gab der Mensch die erneuerbaren Energiequellen auf (menschliche Kraft, Zugkraft durch Tiere, Kraft des wehenden Windes und des fließenden Wassers), um im Erdboden in begrenzter Menge vorkommende Produkte wie Kohle, Erdöl und Uran zu verwenden.

Eine neue Verwendung der Kernfusion sei möglich, heißt es, und würde eine unbegrenzte Energiemenge verschaffen. Vielleicht gilt das für die Zukunft, doch ist eine solche Anwendung noch mit vielen Problemen verbunden. Viele Entdeckungen und Erfindungen haben sich erst im nachhinein als nicht nutzbar herausgestellt.

In Wirklichkeit ist das Erdöl die einzige Energiequelle, die alle Völker heute für tausend Verwendungen benutzen. In Europa und in den USA hat Erdöl das Zugtier bei sämtlichen landwirtschaftlichen Arbeiten und im Transportwesen abgelöst.

Wer sich Gedanken macht, weiß, daß Europa keine großen Erdölvorkommen hat und daß seine Versorgung mit dieser Energie sehr verwundbar ist. Wären beispielsweise im Zweiten Weltkrieg keine Zugtiere in der Landwirtschaft verwendet worden, wäre es zu Hungersnöten gekommen.

Wenn die Erdölversorgung ungenügend ist, bleibt die Landwirtschaft stehen. Auf Ochsen und Pferde wieder zurückzugreifen und dazugehöriges Material herzustellen würde riesige Schwierigkeiten hervorrufen. Bis die ehemaligen landwirtschaftlichen Techniken wieder eingeführt würden, hätten die Leute reichlich Zeit zu verhungern!

Das ist keine Science-fiction: Ein echtes Damoklesschwert hängt über unseren Köpfen.

Ein Engpaß in der Erdölversorgung würde sehr bald zunächst die Transporte, dann die Industrie zum Stillstand bringen. In den meisten Häusern könnte nicht mehr geheizt werden, Wasserleitungen würden einfrieren und sogar platzen, wenn der Winter streng ist.

Selbst wenn wir einen Krieg vermeiden – was keineswegs sicher ist –, wird die Erschöpfung der Erdölvorkommen spätestens in hundert Jahren eine Wirklichkeit sein.

Doch Vorsicht, wir leben in einer ziemlich außergewöhnlichen Zeit, in der das Ölangebot die Nachfrage übersteigt – was die Verkaufspreise reguliert. Kehrt sich das Verhältnis in zehn oder zwanzig Jahren um, dann werden die Preise hochschnellen. Die gesamte Weltwirtschaft wird davon betroffen sein; hinzu kommt die Angst der Staaten, die viel Erdöl verbrauchen, jedoch keines fördern. Europa, Japan und die asiatischen Ländern werden von den Erdölförderländern (USA, Rußland und Nahost-Staaten) völlig abhängig sein.

Werden sie nicht versucht sein, einen Krieg der letzten Chance auszulösen?

Wird nicht glaubwürdig berichtet, Japan habe 1941 mit den USA zum großen Teil den Krieg begonnen, weil diese ihm die Erdölversorgung unterbrochen hatten?

Nehmen wir an, diese Gefahren werden ausgeschaltet. Wie werden wir dann das Erdöl ersetzen?

Nach dem heutigen Stand der Technologie käme nur der Atomstrom in Frage. Man müßte zunächst die Zahl der Atomkraftwerke weiter erhöhen, was erhebliche Probleme mit der Bevölkerung hervorrufen würde. Was würden wir mit der Zunahme an radioaktivem Abfall tun? Die Nuklearenergie, die so viele Hoffnungen genährt hatte, wird in Wirklichkeit zunehmend aufgegeben, und zwar wegen gigantischer Schwierigkeiten und Ängste, die man ursprünglich nicht vorausgesehen hatte. Damit haben wir wieder eine Innovation, einen Fortschritt, dessen Bilanz sehr umstritten ist. Wie ließe sich diese Stromart übrigens in Autos, Traktoren und Flugzeugen anwenden?

Seit fünfzig Jahren versucht man, Strom in Akkumulatoren zu speichern. Das Verhältnis Gewicht/Energie ist noch sehr hoch. Diese Lösung kommt nur für Kleinwagen auf kurzen Strecken in Frage. Für Lastwagen und vor allem Flugzeuge ist dagegen keine Lösung in Sicht.

Der Mensch erfindet immer etwas, sagen einige Optimisten, die selber nie etwas erfunden haben.

Das Typische an einer Erfindung ist, daß niemand sie voraussehen kann. Warten wir also ab.

Dagegen werden die Erdölförderländer eine riesige Quelle des Reichstums verlieren, und ihre Wirtschaft wird ins Wanken geraten. Für einige dieser Länder ist Erdöl sogar die einzige Einnahmequelle. Was wird aus ihnen und ihren Völkern werden? Das Versiegen der Erdölvorkommen, das unausbleiblich ist, wird furchtbare Umwälzungen unter den Nationen hervorrufen, die über schreckenerregende Waffen verfügen werden. Wie werden die Nationen reagieren, bevor sie sterben?

Wenn Pferde zu wenig Futter bekommen, dann streiten sie sich. Zu deutsch: Wo nichts zu beißen und zu brechen ist, da gibt's Zank.

Perverser Mechanismus des Fortschritts in der freien Wirtschaft. Beispiel: die Landwirtschaft

Über den Begriff ›Fortschritt‹ liegen die unterschiedlichsten und zweideutigsten Definitionen vor. Im Wörterbuch *Petit Robert* lesen wir: »Positive Veränderung, mit der man einem Ziel, einem Ergebnis näher kommt.«

Veränderung, ja. Ob diese Veränderung positiv ist, darüber läßt sich streiten.

Wenn das *Petit Robert* behauptet, man nähere sich einem Ziel, heißt das, daß man weiß, wohin man geht, während in Wirklichkeit niemand es weiß.

Die Definition des Wörterbuchs ist die der falschen Propheten, die uns von der gegenwärtigen Dürftigkeit hinwegtrösten wollen, indem sie uns auf eine bessere Zukunft hoffen lassen.

Die Verbesserung, die aus dem Fortschritt hervorgeht, soll immer ›morgen‹ eintreten.

Versuchen wir zu begreifen, wie der Fortschritt zustande kommt.

In diesem Vorgang kommen die Folgen des typisch Menschlichen, seiner schöpferischen Einbildungskraft nämlich, zum Vorschein.

Während die Tierwelt nahezu unbeweglich ist und das Leben jedes Tieres dem der vorausgegangenen Generationen ähnelt, ist die Welt des Menschen in einem ständigen Wandel begriffen: seine Nahrung, seine Kleider, seine Wohnung, seine Art, sich fortzubewegen und zu kommunizieren, alles, was er um sich sieht. Alle diese Veränderungen rühren von Erfindungen her, die auf seine Einbildungskraft zurückzuführen sind.

Es ist aber wichtig zu wissen, daß die Erfindung eine individuelle Angelegenheit ist und daß sie vom Erfinder nicht gewollt wurde, sondern ihm sozusagen wie ›vom Himmel eingefallen‹ ist. Ihre Annahme ist ebenfalls keine kollektive Angelegenheit, sondern auch eine individuelle.

Wer eine Erfindung annimmt, erkennt deren sofortige Bedeutung für sein eigenes Leben. Deren ferne Folgen für sich selbst und die Gemeinschaft erkennt er allerdings niemals.

Da der Mensch die Innovationen, die ihm vorteilhaft erscheinen, frei annimmt, warum sollten dieselben diesmal von einer Gemeinschaft angenommenen Innovationen nicht allen ihren Mitgliedern zugute kommen?

Mit anderen Worten: Kann der Fortschritt ohne große Schäden vom Einzelnen auf das Kollektive übergehen? Die Frage ist berechtigt. Zur Veranschaulichung unserer Gedanken möchten wir die in der Landwirtschaft seit rund fünfzig Jahren erzielten Fortschritte untersuchen.

Bis zum Zweiten Weltkrieg war Frankreich mehrheitlich von Landwirten bevölkert.

Diese bildeten eine Gesellschaftsklasse, in der hart gearbeitet wurde, die Erträge waren ungewiß und meistens mehr vom Wetter als von Fehlern in der Verwaltung abhängig.

Die Bauernschaft war beständig. Ihre Sitten waren naturverbunden. Viele Arbeiten, wie die Heu- und Kornernte oder die Weinlese wurden gemeinschaftlich verrichtet und endeten mit fröhlichen Festen. Die Söhne lösten ihre Väter ab, die ihnen den Beruf an Ort und Stelle, mit Vormachen und Ausführung, beibrachten. Die Eltern blieben auf dem Hof bis zu ihrem Tod, gaben weiterhin Ratschläge und nahmen am Familienleben teil.

Der technologische Fortschritt ging sehr langsam voran, da er nur mit großem Vorbehalt aufgenommen wurde.

Die sofort zu begreifenden Veränderungen an den Landwirtschaftsmaschinen wurden viel eher angenommen als die Fortschritt in der Chemie, deren Mechanismus zur Ertragssteigerung geheimnisvoll und deren Folgen völlig unvoraussehbar erschienen. Doch sollte sich die Lage in zwei Bereichen grundlegend verändern:

1. Die Zugkraft der Tiere wurde durch die Ölenergie ersetzt.

2. Bedeutende Erfindungen in der Chemie brachten Kunstdünger (zur Steigerung der Erträge) hervor, aber auch Fungizide (gegen Schmarotzerpilze) und Unkrautvertilgungsmittel.

Man erlebte eine echte Revolution in der Pflanzenzucht.

Bei der Viehzucht wurde die Fertignahrung verbessert, außerdem verdoppelte die künstliche Besamung die Milchproduktion und erhöhte beträchtlich die Fleischproduktion, da jeder Bauer die Möglichkeit hatte, die besten Zuchttiere zu benutzen, deren genetisches Erbe die besten Erträge in Milch oder Fleisch, oder in beiden, ergaben.

Kurzum: Für die Bauern begann endlich das Goldene Zeitalter. Weniger Strapazen, weniger Personal und morgen der Reichtum.

Doch dieses ›Morgen‹ trat niemals ein.

Hier müssen wir den perversen Mechanismus einer ›positiven Veränderung‹ beschreiben, einer Ver*besser*ung, die nicht nur die Bauern, sondern auch die Wissenschaftler, die Futurologen, die Sachverständigen und die Politiker als die Heraufkunft einer noch nie dagewesenen Ära des Wohlstands begrüßten. Denn niemand hatte vorausgesehen, daß das notwendige Gleichgewicht zwischen Produktion und Verbrauch so stark verschoben würde, daß die ›Ver*besser*ung‹ sich in eine echte Katastrophe für die Erzeuger verwandelte.

Mittlerweile weiß es jeder: Die französische Bauernschaft ist zugrunde gerichtet. Die Zahl der Bauern nimmt rasend ab, indem die meisten kleineren, manchmal tausendjährigen Höfe aufgegeben werden; außerdem ist das Leben der Zurückbleibenden völlig aus dem Gleichgewicht geraten.

Früher lebten viele Männer und Frauen auf einem Hof. Oft saßen Gäste um den großen Tisch, die auch auf den Feldern mithalfen.

Heute sind die Dörfer weitgehend verlassen, die Höfe fast

menschenleer. Da, wo einmal zehn Mann erforderlich waren, genügt nur noch einer – der Fortschritt macht es möglich. Die Arbeiten werden allein verrichtet, nicht einmal in Begleitung eines Pferdes oder eines Ochsengespannes.

Der Bauer war ein freier, unabhängiger Mensch, der von niemandem etwas verlangte und für sein Tun vollkommen verantwortlich war, das heißt, er hatte die – guten oder schlechten – Folgen hinzunehmen.

Nun muß er ständig um Hilfen bitten, ohne die er nicht leben könnte, und unter den zwanzig Sonderprämien wählen, in deren Genuß er kommen kann. Er muß sogar einen Teil seiner Ländereien brachliegen lassen und bezieht eine Art Unterstützung wegen Kurzarbeit.

Er wird nunmehr überwacht, kontrolliert und muß die Anordnungen von Landwirtschaftsingenieuren streng befolgen, die außerstande wären, seinen landwirtschaftlichen Betrieb zu führen.

Schlimmer noch: Jene wunderbare Natur, in der der Bauer lebte, ist zerstört und verwüstet. Es hat keinen Zweck, zum Fluß zu laufen, um dort zur Entspannung ein paar schöne Forellen zu fangen: Es gibt keine mehr.

Das durch Nitrate verschmutzte Wasser erzeugt schädliche Algen. Die Mikroorganismen, von denen sich die Setzlinge ernährten, wurden von den Pestiziden vertilgt, ebenso die Tausende von Schmetterlingen, deren Anblick bezaubernd war.

Vertilgt wurden ebenfalls viele insektenfressende Vögel. Der kaum noch zu hörende Nachtigallengesang bezaubert nicht mehr das Herz der Liebenden.

Der Bauer ist uneingeschränkt Opfer dieser Katastrophe. Da aber ein Unglück selten allein kommt, wird er außerdem wegen angeblicher Naturverwüstung angeprangert und von den Umweltschützern angeklagt und moralisch verurteilt.

Für sie, die Erzeuger, haben sich die so verheißungsvollen Fortschritte zweifellos als verheerend herausgestellt.

Untersuchen wir nun den Standpunkt der Verbraucher. Hat ihnen dieser Überfluß an Nahrung Glück gebracht?

Sind sie die großen Gewinner, wenn Viehzüchter und Akkerbauern die großen Verlierer sind?

Gewiß, die Überproduktion hat die Preise niedergedrückt, und bei einem Überangebot in der Marktwirtschaft wird die Rentabilität in der Regel nur von den wenigen ›Leistungsfähigen‹ erreicht, das heißt von denen, die am besten ausgerüstet, oftmals aber auch am meisten verschuldet sind.

Die anderen verschwinden.

Die Preise für landwirtschaftliche Erzeugnisse sind allesamt gestürzt. So müßten sich die Verbraucher darüber freuen?

Abwarten!

Früher lebte der überwiegende Teil der Bevölkerung auf dem Land. Die Städte selbst waren klein, und die Versorgung erfolgte durch Bauern, Gärtner und Obstzüchter der Umgegend.

Die Kreisläufe der landwirtschaftlichen Erzeugnisse waren kurz. Wenn die Bauern ihr Obst oder Gemüse anbauten, dachten viele nur an die Freude, sie zu verzehren, und an ihren Geschmack. Heute sind die Kreisläufe lang. Sie brauchen nur in den Supermärkten auf die Verpakkungszettel für Obst und Gemüse zu schauen. Sie kommen von weit her!

Im März 1994 erfahren wir, daß Salatköpfe, für die Bauern in der Bretagne ein halber Franc bezahlt wurde, zehnmal teurer auf den Pariser Märkten verkauft werden. Als die Produktion noch in der Umgegend abgesetzt wurde, schloß der direkte Verkauf solche Unterschiede aus.

Wenn Sie einem Supermarkteinkäufer Ihre Pfirsiche anbieten, will er sie intakt, das heißt ohne Druckstellen und Flecken, erhalten. Schön gefärbt müssen sie auch sein. Wenn sie gut schmecken, um so besser, aber das Aussehen ist wichtiger als der Geschmack!

Als Obstbauer suchen Sie nun besonders feste und gut aussehende Pfirsichsorten. Sie müssen viele Pestizide verwenden, um Insektenstichen und Flecken vorzubeugen. Während des Obstwachstums werden Sie außerdem viel Dünger und Wassergebrauchen, damit Ihre Pfirsiche, die nach dem Gewicht verkauft werden, möglichst dick werden. Selbstverständlich werden Sie sie zwei Wochen vor ihrer Reife abpflücken, damit sie ohne Risiko transportiert werden können.

Wird dieser Pfirsich, den Sie ganz in Ihrer Nähe kaufen, denselben Geschmack haben, wie die von Ihren Großeltern gepflückten ausgereiften Früchte hatten, die zwar gefleckt waren, dafür so saftig, zart und geschmackvoll, daß sie ein Genuß waren?

Bringt Ihnen der heutige Pfirsich trotz des niedrigeren Preises ebenso viele Freude wie der von früher? Schwer zu sagen! Haben Sie den Geschmack, den Duft und die Zartheit damaliger Früchte gekannt? Möglicherweise haben Sie sie inzwischen vergessen. . . »Die Früchte werden die Versprechungen der Blüten übertreffen«, hatte einmal ein Dichter geschrieben. . . Doch diese Früchte befriedigen heute kaum den Gaumen.

Damit bringen wir ein überaus schwieriges Problem der Einschätzung zur Sprache: Nach welchen Kriterien kann man bestimmen, was besser oder weniger gut ist?

Da Pfirsiche zu unserer Nahrung gehören, sollten wir versuchen, das Vergnügen zu beurteilen, das sie uns verschaffen, und gleichzeitig über unsere Zivilisation nachdenken, deren Fortschritte an der Menge und der Vielfalt dessen gemessen wird, was wir verbrauchen.

Was wir für unsere Ernährung *ausgeben,* gehört zu den angewandten Kriterien, die unseren Lebensstandard ermessen sollen.

Diesem seltsamen Kriterium zufolge, an dem sich alle unsere vornehmen Wirtschaftsexperten berauschen, hat ein weiser Mensch, der einen wunderschönen Garten bestellt und zartes Gemüse sowie köstliches Obst verzehrt, den Lebensstandard *Null.*

Wer aus Eitelkeit außerhalb der Saison sowohl grüne Bohnen als auch geschmacklose Erdbeeren verzehrt, die aus den entferntesten Weltwinkeln kommen, hat dagegen einen höheren Lebensstandard, denn er zahlt diese mittelmäßige Nahrung sehr teuer. Lassen wir aber weiterhin zu, daß die Politiker uns mit einem angeblichen Lebensstandard täuschen, an dem sich unser Glück messen lassen würde?

Machen Sie folgendes kleines Experiment: Bieten Sie einem kleinen Jungen kleine Gebäcke, die er furchtbar gern ißt. Seine Freude ist übergroß, wenn er das erste ißt. Beim zweiten wird der Genuß gemindert und schon beim dritten verschwunden sein. So kann unsere Gesellschaft den Verbrauch nicht endlos steigern wollen und sich mit der Steigerung des Lebensstandards als einzigem Kriterium zur Ermessung unseres Glücks begnügen.

Diese kurze Analyse der Auswirkungen verschiedener Erfindungen im Bereich der Landwirtschaft läßt erkennen, daß allen Hoffnungen zum Trotz dieser Fortschritt eine echte Katastrophe für die Bauern gewesen ist und ein soziales Desaster für den Staat nach sich gezogen hat: durch das nahezu vollständige Eingehen einer tausendjährigen Zunft sowie die rasante Zunahme der Arbeitslosigkeit auf dem Land.

Für die Verbraucher bedeutete dieser ›Fortschritt‹ einen starken Preisrückgang, dafür aber einen Qualitätsverfall. Über die tatsächliche Ver*besser*ung läßt sich streiten, sie ist auch umstritten.

Für alle bedeutete er schließlich eine Umweltkatastrophe.

Alles in allem wäre es wohl besser gewesen, wenn dieser ›Fortschritt‹ nie stattgefunden hätte.

Nebenbei möchten wir auf folgenden interessanten Punkt hinweisen: Diese riesige soziologische Umwälzung, bei der 80 Prozent der Landeinwohner in die Stadt zogen, wurde *von allen, deren Ideen angeblich die Welt lenken, weder gewünscht, noch vorausgesehen, noch als eine gute Sache angenommen.*

Nun sollten wir den perversen Mechanismus untersuchen, der eine ganze Zunft zur Selbstzerstörung trieb.

Erster Akt der Tragödie: Ein Händler bietet einem Bauern ein Produkt an, mit dem dieser seine Produktion verdoppeln könne, ohne dabei seine Anbauweise ändern zu müssen.

Der Bauer verdoppelt tatsächlich seinen Ertrag und verkauft zu Marktpreisen mit einer einzigen zusätzlichen Ausgabe, nämlich dem Preis für das Produkt. Der Gewinn ist riesengroß.

Zweiter Akt: Der Händler sucht die anderen Bauern auf, die das Gleiche erzeugen, erwähnt den ersten Bauern, der seinen Ertrag in der Tat verdoppelt hat, und verkauft ihnen sein Produkt.

Dritter Akt: Da die Erträge um das Doppelte gesteigert wurden, ist das Angebot doppelt so hoch, der Verbrauch bleibt aber unverändert, so daß die Preise in den Keller stürzen. Um zu verkaufen, versucht jeder, seinen Nachbarn zu unterbieten, doch werden viele zwangsläufig ihre Ernte nicht absetzen können. Als erste werden diejenigen aufgeben, die von der Größe und der technischen Ausrüstung weniger wettbewerbsfähig sind.

Das Wunderprodukt hat den Beruf zugrunde gerichtet.

In diesem teuflischen Mechanismus erkennen wir also zwei Ursachen:

1. die Erfindung, die durch die schöpferische Einbildungskraft des Menschen hervorgebracht wird;
2. die Marktwirtschaft, die die Agrar-, Handels- und Industrieunternehmen zu einem unerbittlichen und grausamen Wettbewerb zwingt.

Wer den technischen Vorsprung ablehnt, ist nicht mehr wettbewerbsfähig und verschwindet. Nur wer ihn sucht und mit Vernunft annimmt, gewinnt. Dieser Wettbewerb ist gewiß sehr motivierend. Er belohnt die Tatkräftigsten und Phantasievollsten sowie diejenigen, die das bessere Beurteilungsvermögen haben.

Der Wettbewerb erzeugt jedoch viele Opfer, er bringt unsere Gesellschaft aus dem Gleichgewicht und hat auf längere Sicht katastrophale Auswirkungen. Der Erfinder ist letztendlich ein Zauberlehrling, der unfähig ist, die Folgen seiner Erfindungen vorauszusehen und noch weniger unter Kontrolle zu bringen.

Die einzigen Schuldigen und die eigentlichen Opfer werden jedoch diejenigen sein, die freiwillig oder notgedrungen verlockende Innovationen angenommen haben, deren ferne Auswirkungen äußerst verhängnisvoll sein werden. Was von der französischen Landwirtschaft übriggeblieben ist, wird heute mit einer anderen Gefahr konfrontiert: mit der Weltwirtschaft.

Selbst wenn sie sich mit einem geringen Lohn zufrieden geben, sind französische Bauern kaum wettbewerbsfähig, wenn man aus aller Welt landwirtschaftliche Produkte ins Land hereinläßt, die billiger erzeugt wurden.

Die Bewirtschaftungsbedingungen sind die einzige Ursache ihrer Verarmung oder ihres Ruins.

Stellen wir uns nun ein anderes Szenario vor. Nehmen wir an, daß keine Innovation vermarktet werden darf ohne das Einverständnis einer sich aus Intellektuellen und Praktikern zusammensetzenden Stelle.

Nehmen wir an, diese Stelle hätte sich damals, als es um die Anwendung der Ölenergie in der Landwirtschaft ging, für die Aufrechterhaltung der tierischen Zugkraft gegen die Verwendung von Zugmaschinen entschieden. Die Bauern, deren Lebensgewohnheiten gleich geblieben wären, hätten keineswegs darunter gelitten.

Die Pflege der Zugtiere, die wesentlich zeitaufwendigeren Arbeiten erfordern viele Arbeitskräfte, während ein Traktor lediglich die Teilarbeitskraft einer einzigen Person erfordert. Auf diese Weise wäre der Rückgang der Landbevölkerung gestoppt, das Aufkommen der Arbeitslosigkeit vermieden worden.

Natürlich wären die Preise für Nahrungsmittel hoch geblieben. Der Privathaushalt hätte sich leicht verändert, auf Kosten der ungeheuren Ausgaben für Zerstreuungen und Freizeitgestaltung. Die Bauernschaft wäre jene Zuchtstätte von Männern und Frauen geblieben, die an Kraftanstrengung gewöhnt waren und eine natürlichere Lebensweise als die Städter hatten.

Perverser Mechanismus des Fortschritts in der freien Wirtschaft. Beispiel: die Industrie

Wird der Industrie dasselbe widerfahren wie der Landwirtschaft? Hier liegt das Problem etwas anders.

Die Landwirtschaft erzeugt Nahrungsmittel, deren Verbrauch einem natürlichen Bedürfnis entspricht. Diesen Verbrauch kann man nur künstlich verändern, und zwar innerhalb enger Spielräume und in beschränktem Umfang, denn man erreicht sehr schnell die natürliche Stufe der Appetitsättigung. Es ist nämlich unmöglich, mehr Nahrungsmittel verzehren zu lassen, als der Organismus täglich verlangt. Die regelmäßigen Werbekampagnen für Milchprodukte, Fisch, Rindfleisch, Brot oder bestimmte Obstsorten (Pfirsiche, Äpfel, Kiwis) scheinen dies zu übersehen.

Gewiß, der Verbrauch industrieller Güter ist zum Teil notwendig, er macht jedoch nur einen geringen Teil des Konsums in den Industrieländern aus, den wir ›Kulturkonsum‹ nennen.

Die Industriezweige, deren Wettbewerbsfähigkeit eine unabdingbare Notwendigkeit ist, suchen nach neuen Technologien und neuen Produkten, um ihre Kundschaft zu verführen.

Getrieben wird der Verbraucher hauptsächlich von der Suche nach der geringsten Mühe und dem Herdenbedürfnis, nach der Mode zu leben. Indem die Werbung diese Triebfedern benutzt, kann sie eine ständige Steigerung dieses künstlichen Konsums bewirken und dabei glauben lassen, dieser könne unendlich zunehmen. Je mehr der Verbrauch steigt, desto mehr steigt die Produktion und bereichern sich die Lohnempfänger, die auch Verbraucher sind.

Natürlich wachsen die Bäume nie bis in den Himmel, und diesem System geht irgendwann die Puste aus. Dann kann es zu einem echten Krach wie im Jahre 1929 kommen.

Die ständige Erneuerung unserer Bekleidung, unserer Uhren, Fotoapparate, Autos usw. ruft eine ungeheure Vergeudung hervor, da vieles, was weggeworfen oder ersetzt wird, sich noch in tadellosem Zustand befindet. Dieser künstliche Konsum entfaltet sich nur in einem Klima der Euphorie und des Vertrauens in die Zukunft, das die Werbung und die Medien (besonders das Privatfernsehen) sorgfältig pflegen und manchmal sogar bis zum Höhepunkt treiben. Werbung und Medien leben ja teilweise voneinander. Die sogenannten Anschaffungskredite tragen ebenfalls zur gefährlichen Aufblähung der Bestellungen bei.

Dieser künstliche Verbrauch steht auf sehr schwachen Füßen. Es reicht, daß wir aufhören, anzugeben oder die Menschen unserer Umgebung verblüffen bzw. übertreffen zu wollen, und schon erkennen wir die Nutzlosigkeit fast aller unserer Einkäufe, werden wir uns dessen bewußt, daß jeder von uns ebenso gut leben kann, wenn er seine Kleider, seine Uhr und sein Auto länger behält. Doch die Rückkehr zu einem natürlicheren Leben würde das Gleichgewicht der modernen Wirtschaft, so wie sie erdacht wurde, gefährden.

Ein weiterer Grund für den Stillstand der Verbrauchssteigerung ist die Sättigung. Diese Erscheinung haben wir im Zusammenhang mit der Nahrung erwähnt, deren Überfluß ekelerregend wirkt.

Ein weiteres, wenn auch etwas anderes Sättigungsbeispiel betrifft das Auto. Seine ständig größer werdende Zahl verursacht immer mehr Erschwernisse beim Fahren und Parken. Das hat zu einer ziemlichen Abneigung gegen dieses Fortbewegungsmittel in den Städten geführt.

So sind die Ursachen für den Wohlstand wie für die Krise psychologischer Natur. Das erinnert ein wenig an jene Vernarrtheit für Schlüsselanhänger oder Pins, die eingegangen ist wie ein schlecht gebackenes Soufflé.

Wo sind aber die Auswirkungen des Fortschritts?

Der Fortschritt wird von der schöpferischen Phantasie der Menschen gespeist. Und diese Phantasie ermöglicht das ständige Aufkommen von Neuheiten sowohl im ästhetischen als auch im technischen Bereich. Sie brauchen nur diese schöpferische Phantasie abzuschaffen, und die Kleider, die Uhr, die Fotoapparate, die Autos, alles, was wir benutzen, bleibt immer gleich. Ihre Neuanschaffung geschieht dann nur noch notgedrungen, infolge ihrer Abnutzung.

Wenn der Verbrauch aus psychologischen Gründen stagniert, werden die Produktionsmittel angesichts der Konkurrenz trotzdem weiterentwickelt, werden immer wirkungsvoller und leistungsfähiger. In der freien Wirtschaft hat jeder Hersteller nur ein Ziel: seinen Umsatz zu steigern und seine Gewinnspannen zu vergrößern, indem er neue Produkte anbietet und seine Selbstkostenpreise senkt, und zwar durch den Einsatz immer schnellerer und automatisch arbeitender Maschinen, die eine Verringerung der Lohnnebenkosten ermöglichen.

Da diese Maschinen teuer sind, verlangt eine gute Verwaltung, daß sie vierundzwanzig Stunden am Tag und sieben Tage in der Woche im Einsatz sind; daher die Notwendigkeit, das Personal bei Arbeitszeiten zu beschäftigen, die mit der Gesundheit und einem harmonischen Familienleben unvereinbar sind.

Auch wenn der Industrielle seine Produktivität steigert, kann er infolge des stagnierenden Verbrauchs jedoch nicht seine Verkäufe insgesamt steigern.

Der Handel nützt die Lage aus, um die Einkaufspreise nach unten zu drücken, und liefert sich bei Wiederverkauf einen unerbittlichen Kampf.

Unsere Minister, die nicht richtig begreifen, wie die freie Wirtschaft funktioniert, freuen sich über das Senken der Verkaufspreise, über diese Sonderangebote, Ausverkäufe, Schlußverkäufe usw. In Wirklichkeit beschleunigen solche Praktiken die Auflösung des Industrie- und Handelsgewerbes, indem sie die zusammengehörenden Begriffe gerechter Preis und gerechter Gewinn zerstören.

Es handelt sich um einen systematischen Betrug: Man

bietet einen neuen Artikel zu einem übertrieben hohen Preis an, der danach ein künstliches Sonderangebot ermöglicht. Wer zu teuer gekauft hat, ist angewidert zu sehen, wie das, was er zu einem gerechten Preis zu kaufen glaubte, nun plötzlich verbilligt verkauft wird. Wer sich auf das Sonderangebot stürzt, kauft nicht genau, was er wollte, da er von dem ›guten Geschäft‹ geblendet wird, das ihm angeboten wird. Es gibt mittlerweile sogenannte Discountläden, die das ganze Jahr nur Markenartikel zu herabgesetzten Preisen bzw. mit einem hohen Rabatt verkaufen.

Es entsteht eine abscheuliche Verkaufsstimmung, die den Betrügern nützt und den ehrlichen Leuten von großem Nachteil ist. Mit dem traditionellen Handel hat dies nichts mehr zu tun, man kommt sich wie in einem Souk vor!

Ein Handels- bzw. Wirtschaftsminister, der dieses Amtes würdig ist, sollte natürlich jedes Sonderangebot, jeden Ausverkauf, jeden Sonderrabatt verbieten, außer wenn der Verkäufer den Beweis für die tatsächliche Entwertung der Ware liefert oder wenn die verkaufte Menge so groß ist, daß sie bestimmte Unkosten senkt, was dem Kunden zugute kommen kann.

Wie bereits gesagt, hat die Arbeit in drei Schichten eine verheerende Wirkung auf die körperliche und psychische Gesundheit der Betroffenen. Die Automatisierung verurteilt einen Teil des Personals zur Arbeitslosigkeit und die Verlagerung des Betriebs (immer häufiger ins Ausland) das ganze Personal.

Für kleine und mittlere Betriebe ist die Verlagerung dennoch nicht leicht, ja sogar unmöglich. Bei Unternehmen wie den sogenannten Holdinggesellschaften, die einem Finanzier gehören, wird sie dagegen zu einem ganz normalen Vorgang.

Der Finanzier sieht nur seinen Vorteil. Er hat keine gefühlsmäßigen Beziehungen zu seinem Personal, wie das in kleinen oder mittleren Betrieben der Fall ist. Er hat seine eigenen Spezialisten für diese Operation, die in vieler Hinsicht an einen chirurgischen Eingriff erinnert. Man schließt ein Werk an einem ungünstigen Standort und eröffnet ein neues dort, wo die Produktionskosten deutlich niedriger ausfallen werden.

Das ist wohl eines der größten Dramen unserer Zeit, das nicht nur Arbeitnehmer trifft, die ihre Arbeit gut verrichtet haben, sondern auch die Stadt, in der das geschlossene Werk steht.

Seit siebzig Jahren hat der Fortschritt in der Landwirtschaft die Zahl der Arbeiter um 80 Prozent verringert. In der Industrie ist die Lage nicht so schlimm, jedoch ähnlich. Werden die Dienstleistungsbetriebe allen diesen Arbeitslosen Arbeit geben können? Das ist nicht sicher.

Die Mondialisierung, das heißt die Weltwirtschaft, scheint das Problem der Arbeitslosigkeit unlösbar zu machen.

Wenn die französische Textilindustrie aufgrund der ausländischen Konkurrenz immer weniger Arbeit hat, würde es nicht ausreichen, wenn sie, statt Arbeiter zu entlassen, die Arbeitszeiten herabsetzte, denn diese Maßnahme würde keine entsprechende Lohnminderung nach sich ziehen.

Die einzigen Staaten, denen es gelingt, die Arbeitslosigkeit zwar nicht ganz zu beseitigen, jedoch wesentlich zu verringern, sind nämlich diejenigen, die eine Senkung der Löhne bei gleichbleibenden Arbeitszeiten zulassen.

Außerdem haben diese Staaten (Großbritannien, USA) eine unterbewertete Währung, die ihren Export begünstigt.

Ist eine Abwertung die Lösung?

Wir könnten mit ja antworten, aber was würde passieren, wenn alle Staaten eine Abwertung ihrer Nationalwährung vornähmen?

Wenn Sie allein betrügen, kann Ihnen das etwas bringen. Wenn aber alle betrügen, hat keiner mehr etwas davon, und es entsteht eine solche Unordnung, daß man geradewegs in die Katastrophe rennt.

Die Wirtschaft im menschlichen Maßstab

Man sagt manchmal, die Gedanken hätten nur so viel Wert wie die Menschen, die sie anwenden. Die Trennung der verschiedenen Wirtschaftssysteme von der Fähigkeit der Menschen, die sie ins Werk setzen, kann zu gewaltigen Fehleinschätzungen führen.

Nehmen wir als Beispiel die Industrie- und Handelsunternehmen in einem Land liberaler Marktwirtschaft wie Frankreich. Alle Unternehmen haben die gleiche Organisation: ein Kapitalist, der Geld einbringt, ein Chef, der das Unternehmen leitet, Führungskräfte, Werkmeister und Arbeiter. Nun aber gibt es manche Unternehmen, die besonders erfolgreich sind, und andere, die Pleite machen. Zieht man nur die Erfolge in Betracht, wird behauptet, daß dieses System ausgezeichnet sei. Werden nur die Pleiten berücksichtigt, dann ist dasselbe System einfach scheußlich.

Wo liegt der Unterschied? Beim Chef, der unter anderem über die zu erzeugenden Waren und die Handelsstrategie entscheidet und seine Mitarbeiter aussucht. Auch hier hat die Organisation eines Unternehmens nur so viel Wert wie diejenigen, die ihm angehören, und vor allem wie der Chef, wenn er die Freiheit hat, seine Mannschaft zu bilden.

Sie werden gleich sehen, wie viele Wirtschaftssysteme wegen ihrer Grundsätze verurteilt oder bewundert wurden, obwohl nur die Kompetenz bzw. das Unvermögen der Unternehmensleiter entscheidend war.

Sie werden dann merken, daß das System zur Auswahl der Leute, die ein Unternehmen, welcher Form auch immer, leiten, wichtiger ist als die Organisationsstrukturen dieses Unternehmens selbst.

Der echte Unternehmensleiter verändert immer diese Organisationsstrukturen, damit sie seiner Persönlichkeit und seinen eigenen Auffassungen von der Effizienz und der Leistungsfähigkeit entsprechen.

Prinzipiell gibt es zwei Wirtschaftsordnungen: zum einen die liberale Wirtschaftsordnung oder Marktwirtschaft, die den Menschen völlige Freiheit gibt, zu erzeugen, zu handeln und zu verbrauchen; zum anderen die dirigistische, das heißt staatlich gelenkte Wirtschaftsordnung, in der der Staat die Unternehmensleiter ernennt und die Produktion plant, um den geschätzten Bedarf der Bevölkerung zu decken.

In Wirklichkeit sind die Dinge – wie immer – nicht so einfach, da die Prinzipien der jeweiligen Wirtschaftsordnung nicht immer befolgt werden.

In Frankreich, das sich für die Marktwirtschaft entschieden hat, ist die Landwirtschaft ein gelenkter Wirtschaftsbereich: Manche Preise werden vom Staat festgesetzt, manche Ländereien müssen brachgelegt werden, ein System von Unterstützungen, Prämien und Subventionen bestimmt, was angebaut und gezüchtet wird. Lehnt ein landwirtschaftlicher Betrieb diese Unterstützungen ab, weil er seine Freiheit behalten möchte, dann steht er bald vor dem Konkurs.

Im Industriebereich greift der Staat am stärksten ein. Außer den großen Staatsunternehmen, deren andauernde Defizite von der Regierung ausgeglichen werden, erhalten zahlreiche in Schwierigkeiten geratene Bereiche verschiedene Unterstützungen.

Die Gewerbesteuer ist von Gemeinde zu Gemeinde verschieden, die Unterschiede sind in manchen Fällen sogar beträchtlich. Kurzum, in Frankreich wurde der Wirtschaftsliberalismus in der Praxis dem Interventionismus – dem Wunsch des Staates, sich einzumischen – allmählich angepaßt.

Die gelenkte Planwirtschaft wurde durch die marxistischen Staaten ins Werk gesetzt. Das gesetzte Ziel war eine klassenlose Gesellschaft ohne Profitmacher und Ausbeuter. Der vollständige Mißerfolg der marxistischen Experimente in Osteuropa hat der gelenkten Planwirtschaft jedoch einen gewaltigen Schlag versetzt. Offensichtlich war es ein schlechtes Wirtschaftssystem, das zu verurteilen war.

Man irrte jedoch, da man Ursachen und Wirkungen miteinander verwechselte. In Wirklichkeit war nur das System zur Rekrutierung der Führungskräfte schlecht.

Sobald die rein Intellektuellen sich darum kümmern, ihre Ideen selber in die Tat umzusetzen und zu verwirklichen, ist das Ergebnis nicht zufriedenstellend.

In den Staaten mit freier Wirtschaft kann jeder sein eigenes Unternehmen gründen. Dann erfolgt eine unerbittliche Auslese, eine Auslese durch die berufliche Leistung. *Darin liegt das Geheimnis von der Effizienz der Marktwirtschaft.*

Die marxistischen Staaten kannten nicht diese Freiheit des Unternehmers, und so mußten sie wohl eine andere Form der Auslese finden. Da alle marxistischen Sozialisten ursprünglich reine Intellektuelle waren, dachten sie, daß die Auslese durch die abstrakten Kenntnisse das Beste wäre, um ihre Theorien in die Tat umzusetzen.

Durch dieses abstrakte Wissen wurden zunächst die Leute ausgewählt, die die marxistische Organisation aufbauen sollten. In allen Ländern der Welt halten die Abgänger ein und derselben Verwaltungshochschule freundschaftliche Beziehungen aufrecht und helfen bei jeder Gelegenheit einander. Sie bilden bald eine Nomenklatura, in die auch bestimmte Freunde, mit denen man gleich denkt, aufgenommen werden.

Aus Respekt für die marxistische Lehre war die Lohnspanne in den sozialistischen Ländern für die normale Bevölkerung sehr gering. Genauso wie Molières Tartuffe war die Nomenklatura bestrebt, stets Äußerungen zu machen und Haltungen zu haben, die der Ideologie entsprachen.

Sie brauchten sich nur noch in der Praxis ein paar Dienstvergünstigungen zu gewähren: Wohnung, Datscha, Wagen mit Chauffeur, Ferienhäuser, Bedienstete, exklusive Kaufhäuser, wo man Produkte kaufen konnte, die den Kameraden an der Basis untersagt waren.

Hätten diese Vergünstigungen, die die Politiker und hohen Beamten in der Welt mehr oder weniger genießen, ein ausgesprochenes Organisationstalent, eine außergewöhnliche Effizient belohnt, dann wäre es nur ein geringes Übel gewesen.

Leider führte das Auswahlsystem dieser Kaste dazu, daß sie mehr Unfähige als Tatkräftige enthielt. Stalin übte in der Sowjetunion freilich ununterbrochen Terror aus, damit diese Nomenklatura mehr diene als sich bediene.

Als Stalin starb, löste ihn ein Mitglied der Nomenklatura ab, und die Auflösung setzte ein.

Um richtig zu begreifen, wie die Wirtschaft in unseren Gesellschaften funktioniert, möchten wir zwei große Ereignisse kurz analysieren, deren wir alle Zeuge gewesen sind.

Zunächst das ›deutsche Wirschaftswunder‹ nach 1948. Als Deutschland kapitulierte, war das Land weitgehend zerstört: Städte, Verkehrswege, Fabriken, es gab nichts, was unversehrt war.

Die Zahl der Toten, Verwundeten und Gefangenen war beträchtlich.

Das Dritte Reich hatte die Intellektuellen nicht besonders gemocht und die höhere Bildung nicht gefördert. Außerdem wurden die jungen Deutschen in den letzten Kriegsjahren bereits mit 18 zum Kriegsdienst eingezogen, so daß die Universitäten fast leer waren.

Daher war das Bildungsdefizit (Mangel an gesunden bzw. arbeitsfähigen Diplomierten) ungeheuer im Vergleich zu Großbritannien und Frankreich.

Außerdem kam Deutschland aus einer staatlich gelenkten Wirtschaftsordnung heraus und mußte sich nun der Marktwirtschaft anpassen.

Und trotzdem erfolgte in Deutschland dann der Wiederaufbau am schnellsten, blühte dort die Wirtschaft am besten.

Warum?

Der Krieg hatte das Arbeitswerkzeug der Unternehmen mehr oder weniger zerstört, und es fehlten viele Männer in den Mannschaften, die sie in Schwung brachten.

Doch diese – selbst geschwächten – Mannschaften waren während des Krieges einer schweren Auslese unterzogen worden. Sie waren daran gewöhnt worden, uneigennützig und mit allen Kräften zu arbeiten.

Außerdem haben die Deutschen nicht nur einen angeborenen Sinn für Organisation, sie sind auch für industrielle Be- und Verarbeitung veranlagt. In allen Unternehmen begriffen die Arbeitnehmer kurz nach dem Krieg, daß sie alles für ihren Betrieb opfern mußten, da nur dessen Effektivität und Wettbewerbsfähigkeit ihre Arbeitsplätze sichern konnten.

So überwand Deutschland ohne Schwierigkeiten sein Bildungsdefizit.

Letzteres baute Deutschland mit der Fortbildung ab, die jegliche Vergeudung vermeidet: Man vermittelt den Menschen genau die Ausbildung, die sie brauchen, zu dem Zeitpunkt, wo sie deren Notwendigkeit spüren und sie sie sich am besten aneignen können, um sie sofort in die Praxis umzusetzen.

Heute ist Deutschland weniger wirkungsvoll, denn das abstrakte Wissen hat dort eine zu große Bedeutung bekommen. Zum Glück wurde die praxisbezogene Lehre (Dualsystem) beibehalten, die im Gegensatz zu Frankreich hauptsächlich im ausbildenden Betrieb und ein- bis zweimal wöchentlich in der Berufsschule stattfindet.

Die betriebsinterne Beförderung bringt gute Führungskräfte und Unternehmensleiter hervor, die ihren Betrieb, seine technische Ausstattung, seinen Markt, seine Konkurrenten gut kennen, was nicht bei dem zutrifft, der von irgendwo her auf den Direktorsessel katapultiert wird.

Schauen wir uns nun die Zeit nach der sozialistischen Planwirtschaft an.

Als die kommunistischen Regime mit gelenkter Wirtschaft zusammenbrachen und an ihrer Stelle die Marktwirtschaft angenommen wurde, dachten unsere Vorsänger des Liberalismus, wir würden bald einem neuen Wirtschaftswunder beiwohnen, so wie Deutschland es nach dem Zweiten Weltkrieg vorexerziert hatte.

Daraus wurde aber nichts.

Wir möchten dies am Beispiel zweier Industrieunternehmen aus demselben Bereich erklären. Mit dem einen ging es bergab bis zur Konkursanmeldung, worauf es von einem energischen, wertvollen Unternehmer übernommen wurde, der über Kapital verfügte. Das andere fiel in voller Blüte einem Brand zum Opfer.

Der Chef des ersten Unternehmens wird bald merken, daß Werkzeuge, Geräte und Maschinen schlecht gepflegt wurden und daß alle wertvollen Angestellten abgegangen sind. Er verfügt über eine schlechte Mannschaft, die er nach und nach ersetzen muß, was langwierig sein wird.

Das zweite Unternehmen besitzt eine herausragende Mannschaft, ausgewählt und bewährt aufgrund ihrer beruflichen Tüchtigkeit. Mit einer solchen Mannschaft ein neues, noch rationeller arbeitendes Werk zu bauen und neue Maschinen zu erwerben wird wenig Zeit erfordern. Dieses Unternehmen wird dann äußerst wettbewerbsfähig.

Die Belegschaft macht den Unterschied zwischen den beiden Unternehmen aus.

In den sozialistischen Ländern war nicht das Wirtschaftssystem schlecht an sich, sondern die Menschen, die für dessen Anwendung zuständig waren. Die Unfähigkeit, das heißt die mangelnde Anpassung an ihre Aufgabe, sowie die fehlende Motivation der Führungskräfte haben dazu geführt, daß alle Betriebe immer weniger wettbewerbsfähig wurden.

Die Marktwirtschaft hat kein anderes Ergebnis gehabt, als dies festzustellen.

Für die Hunderttausende von Betrieben Osteuropas sind neue tüchtige Leiter gefragt, die das richtige, aufgabengerechte Führungspersonal auswählen sollen. Die USA und Europa können noch soviel an Maschinen und Kapital anbieten, es fehlt immer noch an den richtigen Führungskräften.

Die Länder im Osten werden sie zweifellos eines Tages finden, das wird aber lange dauern.

Die Verfechter der Marktwirtschaft erlebten eine andere Überraschung. Sie dachten, das Auftauchen zahlreicher neuer Produkte in den einheimischen Läden würde die Bevölkerung entzücken, ihren Haß gegen das sozialistische

Regime wecken, das ihr diese Waren vorenthalten hatte. Und so würde sie die neue Regierungsform mit Begeisterung aufnehmen.

Der Fortschritt hat freilich immer eine faszinierende Seite, doch die Bevölkerung lernte gleichzeitig auch die Unsicherheit der Beschäftigung und die Arbeitslosigkeit kennen. Man vermißt nicht, was man nicht kennt.

Die Bevölkerung des 19. Jahrhunderts hatte kein Fernsehen und litt nicht darunter. Sie fand Gefallen am Lesen, an einer viel größeren Geselligkeit, an Gesellschaftsspielen, an der Ausübung verschiedener Künste, vor allem am Musizieren. Heute sperrt uns das Fernsehen in unsere vier Wände ein. Wir sind die passiven Zuschauer des Weltgeschehens.

Ist es besser, Arbeitsloser mit Fernsehen oder Arbeiter ohne Fernsehen zu sein. Das ist die Frage, die sich die nachkommunistische Bevölkerung stellt. Die Ansichten sind natürlich geteilt...

Kurzum, die Anhänger des Kapitalismus wurden sehr enttäuscht – in jeder Hinsicht.

Die wirtschaftliche Organisation eines Staates kann man als Aneinanderreihung unzähliger, teils privater, teils staatlicher Unternehmen auffassen.

Nun aber sind die Unternehmensleiter und Führungskräfte innerhalb ihrer Privatgesellschaft durchaus dirigistisch eingestellt, das heißt, sie wollen lenken. Sie setzen jeder Abteilung bestimmte Ziele fest mit einem Etat zu deren Verwirklichung. Sie behaupten, *daß Vertrauen gut, Kontrolle jedoch besser sei.*

Die Organisation des Unternehmens beruht auf dem Prinzip der Verantwortung für die Arbeit oder die Aufgabe, mit der der Arbeitnehmer betraut wurde. Der Begriff ›verantwortlich‹ wird hier anders gebraucht als in der Staatsverwaltung: ›der mit etwas beauftragt oder für etwas zuständig ist, der Entscheidungen trifft‹, sondern mit der Bedeutung, die man diesem Begriff früher immer gab: *›der die Folgen seiner Handlungen hinnehmen und auf sich nehmen, für sie sich verantworten muß‹*.

In einem gut laufenden Unternehmen nehmen auf jeder Ebene die Entscheidungsträger ebenso wie die Ausführenden die positiven oder negativen Folgen ihrer Handlungen auf sich: Wer sich vor Verantwortungen fürchtet und sie zu teilen versucht, indem er sozusagen ›den Schirm der kollegialen Entscheidung‹ öffnet, sollte den Betrieb verlassen. Er gehört in die Staatsverwaltung.

Da die richtig gelenkte Wirtschaft die einzige Wirtschaftsform ist, die in den Betrieben der liberalistischen Staaten funktioniert, warum sollte sie für die Nation ungünstig sein?

Jede kollektive Tätigkeit erfordert einen Chef, der verantwortlich ist. Eine kollegiale Leitung ist immer gescheitert.

Wir haben gesehen, wie in der Marktwirtschaft eine Auslese von Chefs stattfindet: durch die freiwillige Gründung von Tausenden von Unternehmen jährlich und durch die entsprechende Schließung der am wenigsten leistungsfähigen.

Diese Auslese durch die berufliche Tüchtigkeit, durch die Ergebnisse gibt es nicht für die Regierenden, und kann es auch nicht geben, denn sie haben keine Konkurrenten.

Der Staat, den sie regieren, kann nicht Konkurs anmelden. Es ist schwierig, die von ihnen getroffenen Maßnahmen, die von der Opposition immer kritisiert, von der eigenen Partei stets bewundert werden, richtig einzuschätzen.

Das ist wie beim Krieg: Es gibt glanzlose Siege und bewundernswerte Rückzüge. Nur die Spezialisten können darüber entscheiden, viel später. Nun aber meint man, es solle die Bevölkerung entscheiden.

Warum die Bevölkerung? Weil man heute darüber einig ist, daß das allgemeine Wahlrecht das beste Mittel sei, um die politischen Führer der Nation zu ernennen. Dieses System, das theoretisch vollkommen ist, zeigt jedoch schwerwiegende Nachteile.

Der Wähler an der Basis erkennt nicht richtig das obere Interesse der Nation, sei es in der Wirtschaft, in der nationalen Verteidigung oder in den auswärtigen Angelegenheiten. Er ist nur auf seinen eigenen Vorteil bedacht, ihn kümmert in erster Linie, was ihn, seine Familie, seine Freunde betrifft. Sein Wollen geht selten darüber hinaus. So ist jeder Wähler für bestimmte Versprechungen besonders empfänglich: Steuersenkungen, Ausbau und Verbesserung der Sozialgesetze, Lohnerhöhungen. Alles, was seine Sicherheit, seinen Wohlstand und seine Freizeit betrifft, interessiert ihn mehr als die Zukunft seines Landes.

Der Kandidat bei einer Wahl muß also viele Versprechungen machen, und im Falle eines Wahlsieges zittert er beim Gedanken, daß er ein paar Jahre danach Rechenschaft ablegen muß.

Verliert er die Wahl, dann ist er nichts mehr. Deshalb zielen alle seine Reden und Handlungen darauf hin, seinen Wählern zu gefallen und dabei die Regeln einer guten Verwaltung einigermaßen einzuhalten. Auf lange Sicht braucht er nicht zu planen. Nur die kurze Frist, die nächste Wahlentscheidung zählen.

Wären unsere Politiker Erzdemokraten und felsenfest davon überzeugt, daß die allgemeine Wahl das beste Mittel zur Ernennung eines Unternehmensleiters sei, dann würden sie die Annahme dieses Systems in allen Betrieben fordern

Sie lassen jedoch nichts davon verlauten, weil sie wissen, daß jedes Privatunternehmen, dessen Leiter von den Angestellten gewählt würde, bis auf seltene Ausnahmen gradewegs in die Pleite liefe.

Warum? Weil ein gewählter Unternehmenschef ins Nichts zurückkehrte, wenn er nicht wiedergewählt würde. Um seine Wahl zu fördern, müßte er ohnehin die Reformen auflisten, die die Lage der Beschäftigten verbessern könnten, und nicht die Lage des Unternehmens, dessen strahlende Zukunft nur pro forma erwähnt würde.

In Wirklichkeit würde sich das nur durch Lohnerhöhungen, Verkürzungen der Arbeitszeit und andere Vorteile äußern, so wie die Vorsitzenden staatlicher Unternehmen sie großzügig verteilen, die dann als Errungenschaften gelten.

Keiner der Kandidaten auf den Posten des Unternehmensleiters könnte sich der Demagogie entziehen.

Der Konkurs wäre sicher, denn sobald ein Unternehmen

keine Gewinne mehr erzielt, hat es keine finanzielle Verfügungskraft mehr (ist nicht mehr ›liquide). Es kann unmöglich ein Darlehen aufnehmen, denn die Banken leihen nur Reichen, ebensowenig sich eine Maschine borgen, die Banknoten herstellt, wie der Staat es tut.

Welche Lösung sollte man in der Demokratie anwenden? Die beste Lösung wäre, wie in der Schweiz zu verfahren, wo der Bund wenig Befugnisse hat und die Kantone und die Privatunternehmen nahezu alles verwalten.

Die Schweiz macht großen Gebrauch von der Wahl, jedoch immer auf eine ehrliche Weise.

Auf lokaler Ebene wählt man eine Person, die man persönlich kennt, oder stimmt über ein Vorhaben ab, das in allen Einzelheiten untersucht, dargelegt und berechnet wurde.

Auf Bundesebene behandelt das Volksbegehren nur ein Thema, über das alle Bescheid wissen.

Einen Abgeordneten in Frankreich zu wählen bedeutet gleichzeitig, sich für zahlreiche Projekte zu entscheiden: Schule, Löhne, Rente, Sicherheit, Gesundheit, Militärdienst usw. Das ist eigentlich widersinnig, denn man kann nicht mit allen Vorschlägen des Kandidaten einverstanden sein, die einzuhalten er übrigens keineswegs verpflichtet ist.

Für alle politischen Parteien, vor allem aber für die Sozialisten, ist die Arbeitslosigkeit ein Greuel. Vierzehn Jahre lang hat der sozialistische Staatspräsident die Verringerung der Arbeitslosigkeit zur eigenen Priorität erhoben. Trotzdem ist die Arbeitslosigkeit während dieser vierzehn Jahre ununterbrochen gewachsen. Daran sieht man, wie schwierig es für unsere Regierenden ist, der Entwicklung, die man ›Fortschritt‹ nennt, entgegenzusteuern.

Die technologischen Innovationen, die die Möglichkeit geben, Arbeiter durch Maschinen zu ersetzen, sind nämlich eine der beiden Ursachen der Arbeitslosigkeit. Die andere ist die Globalisierung, die durch Innovationen in den Bereichen Transport, Aufmachen und Kommunikation ermöglicht wird. Es ist nunmehr möglich, was überall in der Welt erzeugt wird, auch überall anzubieten.

Vor einigen Jahrhunderten fanden Produktion und Verbrauch im Rahmen jeder Familie statt. Dann geschahen beide innerhalb jedes Dorfes mit einer gewissen Spezialisierung der Erzeuger. Mit der Verbesserung der Beförderungsmittel erfolgten Produktion und Verbrauch allmählich innerhalb kleiner Landstriche, dann größerer Regionen und schließlich ganzer Nationen.

Diese immer größer werdenden Austausche haben den Großhandel und mit ihm die Spekulation hervorgerufen. Die Erzeuger haben sich zunehmend spezialisiert, um möglichst niedrige Selbstkostenpreise zu erzielen, und zwar auf Kosten der Vielfalt.

Bestimmte Innovationen, die Kunstseide zum Beispiel, haben manchmal ganze Regionen, in denen Zehntausende von Familien von der Produktion der Naturseide gut lebten, in den Ruin getrieben.

Die Entwicklung in Richtung Globalisierung der Märkte hat zu jeder Zeit immer wieder arbeitsame Familien ruiniert, die sich nichts hatten zuschulden kommen lassen.

Alle diese Leiden, wohl die größten, die eine Familie treffen können, wurden niemals dem Fortschritt angelastet, der nach wie vor ein heiliger Wert bleibt.

Heutzutage wird die Globalisierung nicht etwa Zünfte innerhalb eines Landes, sondern ganze Länder treffen. Das Beispiel Afrika ist besonders schrecklich.

Kein einziger Landwirtschafts- oder Industriebetrieb, der ganz afrikanisch ist, kann wettbewerbsfähig sein, da er gezwungen ist, zu den Weltkursen zu verkaufen. Warum? Weil die in Europa, in den USA und in Asien angewandte Organisation und Technologie ihnen fremd bleibt.

Jedes Volk ist beschaffen, um seine eigene Technologie anzuwenden, die es erfunden hat und die seinem Wesen entspricht. Es ist gewissermaßen *unmenschlich,* ihm eine andere aufzwingen zu wollen. Der Welthandel hat den Afrikanern europäische, amerikanische sowie asiatische Produkte gebracht und die Einheimischen daran gewöhnt, sie anstelle derer zu verbrauchen, die Afrika bislang erzeugte.

In Afrika können diese neuen Erzeugnisse nur in Unternehmen hergestellt werden, die Europäer gebaut haben und leiten und die Neger als schlechtbezahlte Arbeitskräfte benutzen. Das nennt man Neokolonialismus.

Afrika lebt – sehr schlecht – von seinen Naturschätzen: Erdöl, Holz, Mineralerze, Diamanten, die mit Hilfe ausländischer Technologie nutzbar gemacht werden. Afrika lebt auch von Subventionen reicher Staaten sowie von Unterstützungen mildtätiger Vereinigungen, bei denen viele ehrlich sind. Andere verwenden das gesammelte Geld in erster Linie für sich selbst. . . Die meisten Afrikaner möchten nach Europa kommen, wo ein Arbeitsloser das Fünffache dessen bekommt, was ein Arbeiter in Afrika verdient.

Diese ungeheuren Bevölkerungstransfers, die der Globalismus und der Universalismus fördern werden, sind keine befriedigende Lösung. Da wir das Blutrecht unserer Vorfahren verleugnet haben, um es durch das Bodenrecht zu ersetzen, und da der Erdboden allen gehört, in welchem Namen wird man diesen sehr armen Bevölkerungen verbieten können, sich beispielsweise in den reichen Ländern Westeuropas niederzulassen?

Zum Schluß möchten wir zu unserer Analyse der liberalen Demokratien zurückkehren. Der Staat ist nicht zum Verwalten da; er kann ohnehin nicht verwalten, denn er muß seinen Wählern ständig nachgeben, um die Macht zu behalten. Er ist nicht dazu gedacht, um in die Entwicklung der Unternehmen finanziell einzugreifen – die Regierung ebenso wenig wie die politische Macht auf regionaler Ebene. Der Staat ist vielmehr dazu da, um die Regeln festzusetzen und die Konflikte zu schlichten, das heißt die Gesetze, die er erlassen hat, einhalten zu lassen.

In Frankreich besteht ein unannehmbarer Unterschied zwischen den Unternehmen, deren Leiter gleichzeitig Besitzer sind (das sind fast alle kleinen und mittleren Betriebe), und den Großunternehmen.

Wenn der Chef eines kleinen oder mittleren Betriebes ein Darlehen aufnimmt, verpfändet er seinen eigenen Besitz. Macht er Pleite, dann verliert er ihn und hat keinen Anspruch auf Arbeitslosenunterstützung. Der Chef eines Großunternehmens dagegen erhält im Konkursfall eine sehr hohe Entlassungsabfindung und hat Anspruch auf Arbeitslosenunterstützung.

Der Staat hat für die Großunternehmen ein juristisch-finanzielles Gebilde gebilligt, genannt *holding*.

Nach dem *Brockhaus* ist eine Holding »eine Gesellschaft, die ohne eigene Erzeugungstätigkeit lediglich Anteile anderer Gesellschaften im Besitz hat, um so Einfluß auf deren Geschäftstätigkeit auszuüben«.

Es ist heute leicht, die Bilanz einer Gesellschaft zu fälschen, entweder um nicht bestehende Gewinne sichtbar werden zu lassen, wenn man beispielsweise ein Darlehen aufnehmen will, oder um bestehende Gewinne verschwinden zu lassen zu dem Zweck, keine Steuern zu zahlen.

Zwischen den Gesellschaften, die einem Holding angehören, sind Geldtransfers ein Kinderspiel. Wenn eine der Gesellschaften in einem Land niedergelassen ist, in dem Gewinne nicht besteuert werden, dann wird diese Gesellschaft schließlich die Gewinne der anderen erhalten. Ist eine der Gesellschaften in einem sogenannten Steuerparadies niedergelassen, dann sind die Geschäfte einer Holding undurchschaubar.

Dem britischen Geschäftsmann Maxwell gelang es, seine Aktionäre und Mitarbeiter (Rentenfonds) um fünf Milliarden Pfund zu betrügen, ohne daß die Steuerbehörden, die Wirtschaftsprüfer, die Aktionäre und die Investoren, die Bilanzen unter die Lupen nehmen, es überhaupt merkten. Seine Holding war so gut organisiert, daß seine Bücher offenbar stimmten, obwohl sie gefälscht waren. Eine solche Gesellschaftsform müßte verboten werden.

In einem selbständigen Staat, der also seine Einfuhren kontrolliert, ist es möglich, die Arbeit zu reglementieren, um sie menschlicher zu gestalten. Außer, wenn es unbedingt notwendig ist, könnte man zum Beispiel die Nacht- und Sonntagsarbeit verbieten. Gewiß, manche Unternehmen wären dann gegenüber ihren ausländischen Konkurrenten weniger wettbewerbsfähig, doch der Protektionismus würde diesen Nachteil ausgleichen.

Je mehr ein Staat wirtschaftlich selbständig ist, um so mehr kann er die Lebensqualität auf Kosten der Wettbewerbsfähigkeit fördern. Manche Erzeugnisse müßte der Verbraucher freilich über dem Weltpreis bezahlen, doch wäre das Leben dieser Verbraucher besser und würde einem natürlichen Leben mehr entsprechen.

Willigt der Staat dagegen ein, nur ein Teil der Welt zu sein, dann ist er gezwungen, sich nach denen zu richten, die am meisten wettbewerbsfähig sind. Was aber tun, wenn die wettbewerbsfähigsten Staaten arbeitsam und gut organisiert sind und sich mit einem niedrigen Lohn begnügen?

Wenn ich in meinem Garten alle Gemüsesorten anbaue, die ich brauche, dann arbeite ich nach meinem Rhythmus. Ich organisiere, wie ich es für gut halte, ich bin Herr über mein Schicksal. Wenn ich aber nur Möhren erzeuge, die ich verkaufen muß, um mein anderes Gemüse zu kaufen, dann hänge ich von der Marktwirtschaft ab. Ich habe dann immer Angst, im Falle einer Überproduktion nicht oder zu kümmerlichen Preisen zu verkaufen. So ergeht es den Staaten, die von den Weltkursen abhängen, seien es Preise für Rohstoffe, Arbeitskraft oder Fertigwaren.

Erleben wir nicht seit Jahren, wie die asiatischen Länder ihre Produktion um 8 bis 10 Prozent jährlich steigern, während Europa höchstens 2 bis 3 Prozent schafft? Erleben wir nicht, wie Deutschland trotz vier Millionen Arbeitsloser gezwungen ist, Werke in Länder zu verlagern, in denen die Arbeitskraft billiger und nicht oder weniger gewerkschaftlich organisiert ist?

Erleben wir nicht, wie Europa Erzeugnisse exportiert, die insgesamt viele ›graue Zellen‹ und wenig Arbeitskraft erfordern, während es zum selben Wert Erzeugnisse einführt, die viel Arbeitskraft verlangen?

Diese Austausche sind finanziell ausgeglichen, doch verheerend für den Arbeitsmarkt. *Wir exportieren ›graue Substanzen‹ und importieren Arbeitslosigkeit.*

Die Weltwirtschaft begünstigt und fördert eine Erscheinung, die früher unbekannt war, wir meinen die Spekulation. Bis vor zwei Jahrhunderten gehörte das Land den Bauern, und es war unfaßbar, ja *schändlich*, daß man den Familienbesitz verkaufte, das Werkzeug, das der Familie gehörte. Der Besitzer war nur der vorübergehende Nutznießer.

Das galt ebenfalls für alle Immobilien und beweglichen Güter. Ein Adliger ließ sich und seine Familie von einem bekannten Maler porträtieren, ohne daß ihm der Gedanke, das Kunstwerk könnte eine gute Geldanlage sein oder Wertzuwachs erfahren, in den Sinn kam.

Ein Kunstwerk wurde wegen der Freude gekauft, die es verschaffte, und mit der Vorstellung, daß es ewig in der Familie bleiben würde.

Während vor einiger Zeit die Wirtschaftsmoral auf der Vorstellung beruhte, daß nur die Verbindung von Arbeit und Verstand eine bessere Lebenshaltung ermögliche, erschütterte das Prinzip der Spekulation, wonach an einem einzigen Tag mehr als in einem ganzen Leben lang verdient werden kann, alle Überzeugungen, die im Herzen der Menschen fest verankert waren. Das war wie ein Wurm in einer Frucht, der diese anfrißt und schließlich zum Faulen bringt.

Jeder Mensch dachte früher, er habe alles seinen Vorfahren zu verdanken und er müsse nicht nur das Leben, das er erhalten hatte, sondern auch die materiellen Güter unversehrt weitergeben. Diese Vorstellung wurde aber verdorben. Der Mensch wurde zum Selbstzweck, der niemandem etwas zu schulden habe und das Leben irgendwie genießen solle. Das Geld wurde zum Schlüssel, das allen Genüssen Tür und Tor öffnete, und nur das spekulative Spiel und Geschäft ermöglichte, diesen Schlüssel sehr schnell zu bekommen.

Heute träumen die Intelligentesten und Abenteuerlichsten davon, sich durch Spekulation zu bereichern. Andere, die zaghafter sind, möchten sich lieber mit einem sicheren Arbeitsplatz vor jedem Risiko schützen und behalten trotzdem die Hoffnung, irgendwann einen sagenhaften Gewinn zu erzielen. Sie spielen nämlich Lotto.

Wir sind – leider – alle bereit zu spekulieren. Wir haben vergessen, daß die Selbstbereicherung durch Spekulation nichts anderes ist, als seine Nächsten oder die Gemeinschaft zu bestehlen.

Die Idee der Spekulation wohnt dem Großhandel inne. Wer ein- und wieder verkauft, stellt fest, daß die Preise oder Marktkurse schwanken und daß diese Schwankungen ihm Geldgewinne oder -verluste bringen können. Das brachte manchen Geschäftsmann auf den Gedanken, diese Schwankungen zu ergründen und sich Informanden zuzulegen, um besser und schneller als die anderen Käufer informiert zu sein. Großspekulanten können sogar die Kurse beeinflussen und sich mit Sicherheit bereichern.

Die Spekulation hat sich insofern vom Handel getrennt, als dieser *konkret* einkauft, zum eigenen Bedarf oder zum Wiederverkauf an Verbraucher, während die Spekulation nur *Wertpapiere* kauft in der Absicht, sie mit Gewinn abzugeben. Man ist vom Konkreten ins Abstrakte übergegangen.

Womit wird spekuliert? Eigentlich mit allem, was einen Marktwert hat und dessen Kurs schwanken kann. Allem voran Wertepapiere, das heißt Unternehmensanteile. Die Wertpapier- oder Effekten-Börse ist der eigentliche Tempel der Spekulation. Dann die Rohstoffe, für die eine Handelsbörse zuständig ist. An dieser Börse werden Metalle, Kunststoffe, Kaffee, Kakao, Zucker u.a. zum Gegenstand ständiger Spekulationen.

Auch Kunstwerke haben mittlerweile einen spekulativen Wert erhalten. Doch andere Dinge können ebenso zum Gegenstand spekulativer Geschäfte werden. Jeder erinnert sich an die wilde Spekulation mit Eigentumswohnungen und Büroräumen vor einigen Jahren in Paris (siehe unten).

Es ist möglich, daß die Spekulation in manchen Fällen nützlich sein kann, das haben wir jedoch bislang nicht feststellen können. Unserer Ansicht nach erfolgt Spekulation stets auf Kosten des Verkäufers und/oder des Käufers. Das sei im folgenden an einigen Spekulationsbeispielen gezeigt.

Eine Person, die mit Kaffee spekuliert, hat Informanden

in allen Erzeugerländern. Über die Ernteaussichten wird er sofort informiert. Er weiß, daß bei einer guten Ernte die Überproduktion die Kaffeepreise drücken wird. Daher verkauft er im voraus an die Verbraucher zu einem festen und endgültigen Preis. Wenn die Marktpreise in den Keller gehen, kauft er sehr billig ein und liefert zum vereinbarten Preis. So bereichert er sich auf Kosten des Abnehmers und des Verbrauchers.

Kommt es während der Blütezeit zum Frost, weiß er sofort, daß die Ernte mager ausfallen wird. Er kauft also überall zu normalen Marktpreisen ein, mit Lieferung bei der Ernte. Er wird also viel weniger zahlen als den in der Erntezeit verlangten Preis und sich somit auf Kosten der Erzeuger bereichern.

Nehmen wir ein anderes Beispiel. Ein an der Börse notiertes Unternehmen hat eine günstige Geschäftsbilanz erzielt, oder bereitet ein Kartell vor, oder hat ein günstiges öffentliches Kaufangebot, oder hat Patente gekauft, mit denen es sich bereichern wird.

Wer vor der offiziellen Ankündigung darüber informiert ist, kann ohne jedes Risiko kaufen und sich auf Kosten aller Aktionäre bereichern, die nicht Bescheid wußten.

Ein weiteres Beispiel: Man weiß um die wahnsinnige Spekulation, die sich in Paris im Bereich Eigentumswohnungen und Büroräume abspielte. Diese Güter wurden nicht etwa gekauft, um sie zu bewohnen oder in Anspruch zu nehmen, sondern um sie mit Gewinn wieder zu verkaufen. Die Spekulation ließ also die Preise künstlich emporschnellen, rief eine beachtliche Überproduktion hervor, brachte letztendlich den Markt völlig durcheinander und ließ Tausende von Menschen und den Staat über staatliche Banken Geld einbüßen. Ein echtes wirtschaftliches Desaster.

Noch ein Beispiel. Das Kunstwerk wird nicht mehr zu dem Vergnügen gekauft, es zu betrachten, sondern wegen eines erhofften Wertzuwachses, wegen der eingeräumten Steuervergünstigungen oder wegen der Eitelkeitsbefriedigung, die ein Kunstwerk seinem Käufer verschafft.

Die spekulierenden Kunsthändler haben wohl begriffen,

daß unsere Gesellschaft voller ›edelmännischer Großbürger‹ ist, das sind Menschen, die sich meistens auf ehrliche Art bereichert haben, die dies aber ausnützen wollen, um anders zu erscheinen, als sie sind: gebildete Menschen, Kunstliebhaber. Es ist dann ein Kinderspiel, diese Menschen für sich zu gewinnen, die der sehr seltenen Fähigkeit entbehren, vor Kunstwerken etwas zu empfinden.

In seinem Lustspiel *Der Bürger als Edelmann* hat uns Molière den ganzen Mechanismus erklärt. Der Spekulant wendet sich beispielsweise an einen jungen Maler mit gewissem Talent, bietet ihm an, alle seine Werke zu verkaufen, wobei er sich deren Exklusivität sichert. Der Preis richtet sich nach der Fläche und der festgesetzten Produktion.

Erfolgt die Erstpräsentation in einer schönen Galerie mit mondänem Verkäufer (oder Verkäuferin), der mit der richtigen Phrasendrescherei den Neureichen in seinen Bann zieht, dann ist das Geschäft schnell abgeschlossen, vor allem, wenn ein Wertzuwachs in Aussicht gestellt wird.

In diesem Bereich beutet die Spekulation sowohl den Künstler als auch den Käufer aus. Schlimmer noch, sie verdirbt die Kunst, indem sie zum Gegenstand der Eitelkeit und zum spekulativen Wert verwandelt, was eine Quelle der wertvollen Empfindungen hätte bleiben sollen.

Jede Bank setzt bekanntlich ihre besten Kräfte in der Währungsspekulation ein. In riesigen Büros erhalten diese hochintelligenten Männer und Frauen ununterbrochen Informationen aus der ganzen Welt. Aufgrund dieser Informationen kaufen sie Währungen, die steigen sollen, und verkaufen solche, die möglicherweise fallen werden. In diesem Fall sind die Spekulanten zwar die einzigen Gewinner oder Verlierer, aber was für eine Verschwendung von Intelligenz und Arbeitskraft!

Die Spekulation mit den Rohstoffen macht alle Industriellen verrückt, da diese bei mittel- oder langfristigen Projekten keine Selbstkostenpreise errechnen, das heißt auch keine Kostenvoranschläge erstellen können. Der Chef eines großen Aluminiumunternehmens sagte bezeichnenderweise, daß im abgelaufenen Jahr die spekulativen Käufe von diesem Metall vierzehnmal höher als die tatsächliche Produktion gelegen und seinen Betrieb destabilisiert hätten.

Läßt sich die Spekulation abschaffen? Spekulanten stellen die größte Geldmacht der Welt dar. Deswegen werden sie pro forma nur in Wahlreden angegriffen. Die französischen Sozialisten, die wieder an die Macht gekommen sind, haben nicht die geringste Absicht, dieses heikle Thema zu berühren. Dafür sind sie nicht stark genug. Und dennoch ist es möglich, die Spekulation zu bekämpfen.

Bei der Spekulation auf Eigentumswohnungen und Büroräume hätte ein Gesetz die Käufer zwingen können, diese Güter zu benutzen und nur dann wieder zu verkaufen, wenn der Beweis vorlag, daß unvorhersehbare Umstände sie daran hinderten, diese Verpflichtung einzuhalten. Es wäre zu keiner Spekulation gekommen.

Das Gleiche gilt für die Rohstoffe: Rohstoffe dürften nur Verbraucher zu ihrem ausschließlichen Bedarf kaufen oder Großhändler, die an Verbraucher weiterverkaufen.

Die spekulative Bereicherung trägt außerdem dazu bei, die Hierarchie der natürlichen Werte umzuwälzen, in der nur derjenige, der mehr und besser arbeitet, mehr Güter erwerben kann. Manche Spekulanten geben zu, mit großangelegten spekulativen Operationen Milliarden Franken innerhalb weniger Tage gewonnen zu haben. Darüber können alle den Mut verlieren, die mit Arbeitsqualität und -quantität bemüht sind, ihren Lohn zu steigern

Auch hier muß man zu einer natürlicheren, konkreteren Auffassung des Handels zurückfinden. Die Spekulation muß moralisch verurteilt werden, und die Großspekulanten dürfen von den Regierenden nicht mehr empfangen und geehrt werden.

Als einem berühmten Spekulanten mit einem geschickten Manöver gelang, die Bank von England zu einer Abwertung des Pfund Sterling zu zwingen, häufte er in wenigen Tagen ein sagenhaftes Vermögen an. War dieses Geld etwa vom Himmel gefallen?

Wenn ein französischer Industrieller nach Großbritannien ausführt, kann er in französischen Francs oder in Pfund abrechnen. Wenn er die Rechnung in Pfund stellt und eine Abwertung zwischen Vertragsabschluß und Einlösung des ausgestellten Betrags erfolgt, bringt ihn die 15prozentige Abwertung um 15 Prozent seines Verkaufserlöses. In seiner Bilanz steht im Bereich Betriebskosten die Rubrik ›Wechselkursschwankungen‹, in der er den erlittenen Verlust vermerken kann. Hätte er in Francs abgerechnet, dann hätte der britische Käufer den Verlust hingenommen. Auf diese Weise verloren Tausende von Unternehmen, was der Großspekulant gewonnen hatte.

Die Spekulation ist wahrlich ein Diebstahl – ein legaler, steuerfreier Diebstahl.

Die Werbung

Wirkt sich die Werbung, eine der kennzeichnendsten Innovationen des Fortschritts, günstig oder nachteilig auf die Entwicklung unserer Gesellschaft aus?

Von Natur aus ist der Mensch ein Herdentier. Er informiert seinesgleichen über alles Mögliche, vor allem über das, was mit ihrer Ernährung und ihrer Sicherheit zusammenhängt. In der Naturordnung werden diese Informationen uneigennützig von Mund zu Mund weitergegeben. Es handelt sich um eine rein *informative Publizität*. Einmal informiert, steht es dem Menschen frei, es zu berücksichtigen oder nicht. Wenn es sich um ein Konsumgut handelt, dann weiß er, daß es existiert, er wird aber nicht angeregt, es zu kaufen.

Die Anregung kann nur von demjenigen kommen, der daran interessiert ist, daß viel verbraucht wird.

Das erste System unmittelbarer Anregung war das Aushängeschild, und die erste vernünftige Reaktion gegen diese Anregung war der Volksspruch »Gute Ware lobt sich selbst.«

Wie viele alte Sprüche stellt dieser mit wenigen Worten das Grundproblem der Werbung dar.

Wenn beispielsweise alle Weine der Welt in den gleichen Flaschen mit den gleichen Etiketts nur mit anderer Beschriftung geliefert würden, dann würde die Wahl des Verbrauchers nur aufgrund seines persönlichen Geschmacks und seiner finanziellen Möglichkeiten erfolgen.

Die Werbung – ob indirekt mit Zuhilfenahme der verschiedenen Medien, oder direkt durch Prospektsendungen an die Verbraucher, oder durch andere Aufmachung auf der Verkaufsstelle – zielt darauf hin, einen psychologischen Druck auszuüben, der jene natürliche Wahl verändern soll.

Die Wahl wird ›kulturell‹. Die Werbewirkung, die nichts anderes als die natürliche Wahl in die Irre führen kann, ist zwangsläufig negativ.

Abgesehen davon, daß Werbung dazu anregt, eine andere Wahl zu treffen als die, die man gewöhnlicherweise von selbst treffen würde (zum Beispiel aufgrund der Freude, die eine Weinprobe verschafft), sie erhöht auch erheblich den Preis des beworbenen Produkts.

Weiß man, daß der Werbeetat für ein Parfüm 25 Prozent des Verkaufspreises ausmacht?

Man begreift nun den Unterschied zwischen der informativen Werbung, die ein neues Produkt bekannt machen möchte und es möglichst sachlich beschreibt, und der verleitenden Werbung, die durch psychologische Wirkung das natürliche Urteil verändert. Sie ist immer trügerisch, zumindest wegen Unterlassung.

Kommen wir zu unserem Weinhändler zurück. Mit seinem Aushängeschild wird er Durchreisende hereinlocken.

Daraufhin werden sich seine Kollegen auch ein schönes Aushängeschild zulegen, und alle diese Schilder werden letztlich nur informative Werbung für Durchreisende sein. Die einheimischen Verbraucher werden ohnehin wissen, wer die besten Weine hat.

Werbefachleute behaupten, Werbung würde den Verkauf steigern. Stimmt das?

Wenn das Produkt, um das geworben wird, eine Verkaufssteigerung erlebt, dann werden die Konkurrenten, man kann es sich schon denken, nicht untätig bleiben. Sie werden eine gleichwertige Werbung starten, so daß alle diese Werbeaktionen letztlich einander aufheben werden.

Heben diese sich nicht gegeneinander auf, dann liegt es daran, daß eine Werbeagentur besser ist, das heißt, das Urteil der Käufer besser umsetzt als die anderen. Doch insgesamt verändert sich der Verbrauch kaum. Zum Beweis möchte ich den Bericht von Jacques Bille, dem Vizepräsidenten der A.A.C.C., von März 1996 über das Evin-Gesetz anführen, das die Alkohol- und Tabakwerbung verbietet.

»Eine zweifache Feststellung zwingt sich auf: Das Evin-Gesetz hat nicht zu einer Verbesserung des Gesundheitszustands der Franzosen beigetragen. Die Studien sind eindeutig: In den einzelnen Ländern Europas besteht kein

Zusammenhang zwischen dem Tabak- oder Alkoholkonsum und der Werbung bzw. dem Werbeverbot.

Die negativen Auswirkungen des Gesetzes auf den Bereich der Kommunikation sind dagegen eindeutig: In vier Jahren hat der Nettoverlust der Werbeinvestitionen rund 900 Millionen Francs betragen.«

Fassen wir Jacques Billes Gedanken zusammen: Die Alkohol- und Tabakwerbung nützt nichts, sie bringt aber den Werbeagenturen jährlich 225 Millionen Francs ein.

Und die zahlt der Verbraucher!

Für einen bestimmten Bevölkerungsteil ist das auszugebende Einkommen nicht beliebig dehnbar.

Jeder, der über seine Lohnbezüge verfügt, kann diese für seine Wohnung, seine Kleider, seine Ernährung, für Finanzanlagen und Reisen usw. ausgeben.

Da alle Anbieter dieser Verbrauchsgüter selber werben, wird kaum einer seinen Marktanteil verbessern können.

Nur der Kredit kann das Gesamtvolumen des Verbrauchs vorübergehend steigern, sofern die Kreditmasse die Masse der Rückzahlungen übersteigt.

Somit steigert die Werbung nicht den Gesamtverbrauch. Die Regierungen, die den Konsum wieder ankurbeln möchten, wissen es schon lange, und das zu ihrem großen Bedauern, denn sie hätten mit der Werbung sonst ein wunderbares Mittel in der Hand, um ihre Wahlversprechungen zu halten.

Nehmen wir an, durch einen Zauberstab gäbe es plötzlich keine Werbung mehr. Was würde passieren?

Der Gesamtverbrauch müßte an sich steigen: Wenn die Werbekosten rund 5 Prozent des Verkaufspreises ausmachen, dann würde dieser um 5 Prozent sinken, und mit demselben Geld könnte der Verbraucher mehr kaufen.

In Wirklichkeit trifft das nicht ganz zu. Alle, die in der Werbung tätig, sind nämlich Verbraucher, die ihre Kaufkraft verlieren würden.

Vor allem die Verteilung des Verbrauchs in Prozent würde sich verändern.

Wenn es keinen ›Fortschritt‹, das heißt keine Veränderung durch Innovationen, gäbe, dann würde die Werbung, so wie wir sie heute kennen, verschwinden. Mit Ausnahmen von sogenannten Eitelkeitseinkäufen würde nur das Preis-Leistungs-Verhältnis unsere Wahl bestimmen. Die Mund-zu-Mund-Information würde vollkommen ausreichen. Heutzutage kommen jährlich so viele neue Erzeugnisse auf den Markt und werden so viele ältere Produkte verändert, daß eine informativc Werbung notwendig geworden ist. Eine informative Werbung, die die Mund-zu-Mund-Werbung in einer sich ständig verändernden Welt beschleunigt, ist nützlich.

Wie verhält es sich mit der anregenden Werbung? Sie spielt die Rolle des sehr guten Verkäufers, der Ihnen im nachhinein das bittere Gefühl hinterläßt, daß man sich hat beschwatzen lassen.

Werbefachleute behaupten, sie könnten mit einem schlechten Produkt nichts anfangen und demnach nur gute Erzeugnisse fördern. Wirklich? Das gilt nur für erneuerbare Produkte, die man nach dem ersten, nicht befriedigenden, Versuch nicht mehr zu kaufen braucht. Wie ist es aber bei den anderen!?

Sie haben bestimmt wie viele andere Bücher gelesen, die im nachhinein einmütig als miserabel beurteilt wurden, deren Werbung aber so stark und so gut war, daß man *verleitet* wurde, sie zu kaufen.

Darin liegt die schädliche Wirkung der Werbemaßnahmen.

Die Menschen sind alle mehr oder weniger beeinflußbar. Selbst bei erneuerbaren Produkten, deren Preis-Leistungs-Verhältnis nicht leicht zu ermessen ist, kann anregende Werbung – vor allem, wenn sie durch die ständige Wiederholung mehr oder weniger zutreffender Werbespots zur Augenwischerei und Manipulation wird – den Ausschlag geben, nicht für das qualitativ bessere Erzeugnis, sondern für das ›besser‹, sprich cleverer beworbene.

In Frankreich verhindert die Stelle für Werbungskontrolle (BVP) theoretisch jede irreführende Werbung. Das trifft für die ganz kleinen Unternehmen zu, deren Verurteilung als Alibi dient. Nach dem Motto: Man fängt die kleinen Fische und läßt die großen weiter schwimmen, wie sie wollen. Ein Sprudel behauptete, daß ohne ihn keine festliche Stimmung aufkommen könne. Ein anderes Mineralwasser versicherte, daß es ›stark‹ mache. Ein drittes hebt die außergewöhnliche Energie hervor, die es verschafft.

Das alles ist vollkommen falsch und rein erlogen. Die BVP hat es jedoch noch nicht bemerkt.

In Wirklichkeit ist jede Werbung trügerisch – zumindest wegen Unterlassung: Man zeigt die guten Seiten und verheimlicht die schlechten.

Die Werbung kostet die Unternehmen sehr viel. Diese können sich ihr jedoch nicht entziehen. Sobald ein Unternehmen in einem bestimmten Wirtschaftszweig auf Werbung verzichtet, geht es mit ihm bergab. Wir sagten es schon, alle Werbeaktionen heben sich zwar mehr oder weniger gegeneinander auf, man muß jedoch regelmäßig welche starten.

Wir müssen trotzdem zugeben, daß die Medien (Fernsehen, Radio, Zeitschriften, Zeitungen) von der Werbung leben und daß wir auf diese Weise kostenlose Unterhaltung oder preiswerte Lektüren bekommen.

Dieses System, das uns ermöglicht, die Zeitungen und Zeitschriften, die wir lesen, die Radiosender, die wir hören, und die TV-Filme, die wir uns anschauen, indirekt zu bezahlen, also auf eine Weise, die uns nicht wehtut – dieses System ist in Wirklichkeit heimtückisch.

Dieses System ist vor allen Dingen ungerecht, da derjenige, der wenig liest und auf ein Radio oder einen Fernseher verzichten will, ebenso viel wie die anderen zahlt. Von dem Preis jedes Erzeugnisses, das wir verbrauchen, geht ein Prozentsatz an die Werbung, die zum großen Teil die Medien finanzieren. Wenn wir dieses Geld, das die Werbeagenturen durch unseren Konsum erhalten, direkt den Medien unserer Wahl gäben, könnten wir Programme bekommen, die uns gefallen, sowie eine Abschaffung der Werbung, die uns auf Nerven geht.

Nehmen wir ein konkretes Beispiel. Sie kaufen für Ihre Frau ein Fläschchen Parfüm im Wert von 1000 FF. Davon wird die Werbeagentur 250 FF erhalten, um das Parfüm zu bewerben. Mit diesem Geld (250 FF x die Zahl der verkauften Flakons) würde der Fernsehsender Ihnen eine kostenlose Unterhaltung bieten. Eigentlich nicht kostenlos, denn sie hätten sie mit allen Ihren Einkäufen bezahlt.

Alle diese Medien, die wir eben erwähnt haben, verkaufen Werbeagenturen ihre Zeit oder ihre Flächen zu einem Preis, der in etwa im Verhältnis zu der Zuschauer-, Zuhörer- oder Leserzahl steht.

In der Theorie sieht das vollkommen aus. Das zwingt ständig, Programme zusammenzustellen oder Artikel zu verfassen, die gefallen und gut ankommen. In Wirklichkeit wird das menschliche Wesen nicht ausschließlich von dem angezogen, was schön, klug und interessant ist.

Die Phantasie (›die Irre unter dem Dach‹), die alle Menschengesellschaften früher bekämpften, weil sie die Menschen passiv, träge, verantwortungsvollen Handelns unfähig machte, ist zur Zielscheibe der Fernsehstationen geworden.

Das Fernsehen wirkt wie eine Droge. Sich auf Kissen flegelnde Wesen identifizieren sich mit den Helden, die ›Action‹ symbolisieren und alle Mittel benutzen, alle Gewalttaten anwenden, um konkret wirkungsvoll zu sein.

Männlichkeit steckt nur noch in den Köpfen der Zuschauer, so wie sie in den Köpfen der Rauschgiftsüchtigen steckt.

Eine vor kurzem bei 13- bis 14jährigen durchgeführte Umfrage, die nach ihrem Traumberuf fragte, ergab überraschenderweise 70 Prozent für den Lehrerberuf.

War es wegen der Freude, sein Wissen Kindern zu vermitteln? Überhaupt nicht. Was sie suchten, war vielmehr eine sichere Arbeit, viele Ferien und eine gesicherte Rente.

So denken die Kinder an der Schwelle zum Erwachsenenleben keineswegs daran, wie ihre Fernsehhelden zu leben, sondern daran, wie sie ihre Abenteuerserien weiterhin in aller Ruhe sehen können.

Bei den Erwachsenen wird die erotische Phantasie am meisten angeregt. Ein Fernsehsender, der eine hohe Zuschauerzahl erzielen will (muß), ist daher gezwungen, Neigungen zu schmeicheln, die manche als pervers bezeichnen.

Auch die Fernsehwerbung selbst fühlt sich gezwungen, das Gleiche zu tun. Um eine Kaffeemarke anzupreisen, zeigt sie, wie eine Frau eine Tasse dieser Kaffeemarke trinkt und in den Armen eines schönen jungen Mannes vor Genuß beinah vergeht.

Um die Reinheit ihrer Joghurts anzupreisen, zeigt die weltführende Joghurtfirma ein nacktes Mädchen. Die Kamera wandert auf seinem so reinen Körper!

Dieses junge Mädchen wird sehr viel Geld bekommen haben, um sich nackt vor Millionen von Fernsehzuschauern zu zeigen, und deshalb meinen wir, daß sie eher die Korruptheit als die Reinheit symbolisiert.

Wir glauben nicht, daß alle Mitglieder einer Fernsehstation oder einer Werbeagentur über diesen Umstand glücklich sind, aber die Konkurrenz in einer völlig freien Wirtschaft, in der nur der Profit zählt, zwingt einen, zu allen Mitteln, manchmal sogar skrupellos, zurückzugreifen, um zu gewinnen.

Unsere erste Schlußfolgerung ist, daß die informative Werbung nützlich ist, da die Vermehrung der Neuheiten im Konsumbereich die Mund-zu-Mund-Werbung unzureichend macht.

Dagegen kann anregende Werbung kein anderes Ziel verfolgen, als den Kunden irrezuführen, indem sie sein Urteil verzerrt. *Gelingt es ihr nicht, dann ist sie überflüssig. Schafft sie das, dann ist sie schädlich.*

Das ist jedoch nicht das einzige umstrittene Merkmal der Werbung. Als es nur die Mund-zu-Mund-Werbung gab, war die Meinung über dieses oder jenes Erzeugnis richtig verteilt. Heutzutage kann es eine solche gerechte Verteilung zwischen Für und Wider nicht mehr geben. Alle Medien haben nämlich eine Beratungsstelle für Verbraucher. Es ist klar, daß diese Stelle ein sehr schlechtes Produkt nur sanft kritisieren wird, wenn der Hersteller ein guter Anzeigenkunde ist.Gewiß, es gibt Verbraucherverbände, die richtigzustellen bemüht sind, damit der Verbraucher objektiv beurteilen kann. Ihr Einfluß in Frankreich ist jedoch sehr gering.

Eine andere Art schädlicher Werbung dürfen wir nicht vergessen, die Werbung nämlich, die besonders an den Straßen praktiziert wird, die viele benutzen müssen. Wir können uns ihr nicht entziehen, sie wird uns aufgedrängt.

Die riesigen Werbeplakate sowie die bunt überklebten Bretterzäune an den Straßen verschandeln die Landschaft auf eine skandalöse Art.

Diese Art Werbung wurde in einer bestimmten Zeit in Frankreich verboten, wie sie es noch in der Schweiz ist. Doch unter dem Druck der Werbegesellschaften (die die Wahlkampagnen unserer Politiker organisieren) wurde dieses Verbot aufgehoben.

An diesem Ort müssen wir die Privatgesellschaften der Autobahnen würdigen, die auf Werbeplakate und damit auf einen Batzen Geld verzichtet haben, weil sie die Landschaft nicht verunstalten wollten. Dagegen bietet ihre Wucherung an den National- und Landstraßen ein grauenhaftes Schauspiel.

Zwischen den bretonischen Ortschaften Auray und Quiberon, die 27 km voneinander entfernt sind, haben wir rund 180 Werbeflächen allein in einer Straßenrichtung gezählt, und alle sind ebenso überflüssig wie häßlich.

Frankreich hatte übrigens vor ein paar Jahren bereits einen Umweltminister, einen Grünen. Er hätte in diesem Bereich für Ordnung sorgen können, zumal fast die Hälfte dieser Werbeplakate auf illegale Weise aufgestellt worden war. Dafür zu sorgen, daß das Gesetz befolgt wird, wäre das mindeste gewesen. Er hat nichts getan, interessierte er sich doch ausschließlich für die Umweltverschmutzung, die von den Großunternehmen verursacht wird. Für viele französische Grüne ist es übrigens weniger die Liebe zur Natur, die sie zum Handeln treibt, als der Haß auf die Kapitalisten. Ein bedeutendes, umweltverschmutzendes Unternehmen zu bestrafen – ja! Tausende von Personen zu bestrafen, die ihre Abfälle in den Wäldern entsorgen – niemals! Kleinen Grundstücksbesitzern zu verbieten, daß sie die Aufstellung von Werbeplakaten auf ihrem entlang der

Straße liegenden Grundstück gegen Bezahlung dulden – das kommt nicht in Frage!

Fazit: Die Werbung ist aufdringlich, aggressiv geworden. Niemand, der sich normal betätigt, kann sich ihr entziehen.

Lediglich die sachlich informierende Werbung ist nützlich, sie macht aber nur einen geringen Teil der verleitenden, schädlichen Werbung aus.

Ein Unternehmer, der im Wirtschaftskrieg keine Werbung macht, während seine Konkurrenten werbeaktiv sind, verurteilt sich selbst. Werbung ist ähnlich wie das Doping bei den Sportlern. Wenn einer sich dopt, müssen alle anderen ihn nachahmen, was die Hierarchie der Ergebnisse überhaupt nicht verändert. Doping ist dann überflüssig, kostspielig und gesundheitsschädlich.

Diese Exzesse der heutigen Werbung sind nicht auf den Willen mancher Leute zurückzuführen. Von der Notwendigkeit getrieben, sind diese vielmehr die Opfer eines Systems, das im Interesse aller nur global zu reformieren ist.

Aktion und Demokratie

Demokratie ist ein politisches System, das dem Volk die Möglichkeit gibt, seine Souveränität auszuüben, und zwar durch die Vermittlung seiner gewählten Vertreter. In der Praxis weisen die Bürger ihren gewählten Vertretern nicht die Aufgabe zu, jedes Problem, das sich der Nation stellt, zu lösen, sondern setzen ihnen ein allgemeines Ziel, indem sie sich auf das Vertrauen verlassen, das jene einflößen.

Einmal an den Schalthebeln der Macht, müssen die Gewählten handeln. Handeln heißt aber, die Dinge in Bewegung zu setzen, und nicht, mit Worten und Ideen zu jonglieren.

Der Philosoph Bergson schrieb einmal treffenderweise: »Die Spekulation ist ein Luxus, die Tat eine Notwendigkeit.«

Das von der Demokratie aufgeworfene Problem ist also folgendes: Ist das allgemeine Wahlrecht das richtige System, um Menschen der Tat auszulesen, und gibt es diesen die ganze Freiheit, das allgemeine Wohl vor die Partikularinteressen einer bestimmten Gruppe von Bürgern zu stellen? Ermöglicht dieses System den Volksvertretern, langfristige Projekte zu fördern, statt auf kurze Sicht zu regieren?

Wie gesagt, Handeln heißt Dinge bewegen. Handeln erfolgt immer im Bereich des Konkreten. Das begreifen aber unsere Intellektuellen nicht. Sie meinen, sie würden handeln, indem sie Gesetze erlassen und Entscheidungen treffen. Das stimmt nicht. Solange man eine Entscheidung nicht in allen Einzelheiten durchgeführt hat, *hat man nichts vollbracht.*

Krieg ist Handlung in reinster Form. Man wird pausenlos einer sich verändernden Wirklichkeit gegenübergestellt, die es zu lenken gilt. Die Nichtausführung eines Befehls hat sofortige Auswirkungen. Man wirkt ausschließlich im Konkreten und erlebt sehr bald die Folgen seiner Handlungen – im Guten wie im Schlechten.

»Krieg ist ausschließlich eine Kunst der Ausführung«, sagte Napoleon einmal. Damit meinte er, daß eine Entscheidung immer leicht zu treffen ist, daß sie aber erst gefällt werden sollte, wenn man ihre Durchführbarkeit sowie die Einzelheiten ihrer Durchführung bis zum Schluß geprüft hat. Und das ist der wesentlich schwierigere Teil der Entscheidungsbildung. Diese Verfahrensweise, die Entscheidung und Ausführung stets miteinander verbindet, zeichnet den eigentlichen Tatmenschen aus. An der Qualität der Ausführung erkennt man die Qualität des Entscheidungsträgers. Es wird übrigens oft vergessen, daß Napoleon eigentlich mehr als Verwalter denn als Feldherr herausragte.

Die Entscheidung muß mit deren Ausführung verknüpft werden. Richten sich unsere Minister nach diesem Grundsatz? Es hat nicht den Anschein.

Oft wird mit viel Aufheben verkündet, daß ein Gesetz in Vorbereitung sei. Das ist der sogenannte Ankündigungseffekt, und derjenige, der den Gesetzesentwurf einbringt, erhofft sich dadurch eine größere Beliebtheit beim Volk. Die Ausarbeitung des Gesetzes erfordert viele Diskussionen, die manchmal lange dauern und sich um Prinzipien drehen. Das führt zu endlosen ideologischen Auseinandersetzungen, die die Intellektuellen fesseln und zum Teil ausgezeichnete Analysen hervorrufen. Schließlich wird das Gesetz verabschiedet. Und lange, bevor es zur Ausführung kommt, kann/darf eine Interessengruppe dagegen protestieren und großen Lärm auf der Straße machen. In diesem Fall wird das Gesetz oft und schnell aufgehoben, obwohl die Vertreter der Mehrheit der Bürger es verabschiedet hatten. Handelt sich um ein kleines Gesetz, das keine Proteste auslöst, ist eine Durchführungsbestimmung erforderlich, damit es in die Tat umgesetzt werde. Das kann nun aber Jahre dauern. Warum? Weil alle konkreten Fragen, die die Anwendung des Gesetzes hervorruft, untersucht und gelöst werden müssen. In manchen Fällen kommt es nie zur Ausführungsverordnung!

Für den Minister ist eigentlich nur der ›Ankündigungseffekt‹ wichtig, der ja so gewinnbringend ist. Die Durchführung des Gesetzes ist nur eine Frage der Organisation, der Logistik und der Verwaltung. Hat ein General und Staatspräsident (= de Gaulle) nicht gesagt: »Die Intendantur wird nachkommen«? Das heißt zu deutsch: Die Umsetzung ist gesichert. In dieser Wendung verspürt man eine gewisse Verachtung für die Ausführenden, während es dem tatkräftigen Menschen nur um die Durchführung geht.

Gibt es eigentlich keine Minister, die sich als Menschen der Tat auszeichnen können? Gewiß, es gibt welche, doch wurden sie allmählich durch ein pervertierendes System verzogen.

Ein gewählter Volksvertreter ist im Falle, daß er nicht wieder gewählt wird, nichts mehr. Darin liegt das Drama.

Wozu ein Großprojekt, das mittel- oder langfristig günstige Auswirkungen haben wird, in die Wege leiten, wenn man nicht wiedergewählt wird? Dem Nachfolger werden nämlich die glücklichen Folgen der Projektverwirklichung zugute kommen. Aus diesem Grund entscheidet jeder Abgeordnete, jeder Verantwortliche nur im Hinblick auf die nächste Wahl. Nunmehr wird jeder bedeutende Volksvertreter sein Verhalten nach den Meinungsumfragen ausrichten.

Vergleicht man die Finanzführung einer Regierung mit der gesunden Verwaltung eines Unternehmens oder einer Familie, dann hat man Grund, bestürzt zu sein. Die Regierung gibt mehr aus, als sie einnimmt, und gleicht den Fehlbetrag mit Anleihen aus, ohne zu wissen, wie diese zurückgezahlt werden sollen. Diese verheerende Verwaltung hat nur eine Ursache: Es gilt vor allen Dingen, die nächsten Wahlen zu gewinnen. Aus diesem Grund ist es ausgeschlossen, die Ausgaben zu verringern, denn das würde den Zorn aller Dienststellen erzeugen, die von diesen Ausgaben leben. Die Gewerkschaften der öffentlichen Einrichtungen passen sehr genau auf.

Ebensowenig kann man die Steuern erhöhen. Hat man nicht bei den letzten Wahlen versprochen, sie zu senken? Das Staatsdefizit ist dem Wähler völlig schnuppe. Das sind finanzielle Probleme, deren Zusammenhänge er nicht begreifen kann. In Wirklichkeit muß man kein Finanzbeamter sein, um zu begreifen, daß, wer mehr ausgibt, als einnimmt, in sein Verderben rennt.

Während aber der Privatmann die Folgen seiner Nachlässigkeit selber tragen muß, trägt der Regierungschef die Folgen seiner Vorgänger, die er kritisiert. Doch dann verhält er sich nicht anders als sie. Bei den nächsten Wahlen wird er sagen: »Ich habe die Beamtenbezüge mehr erhöht, als die Inflation es erforderte, und bestimmte Steuern gesenkt. Sie können sich erkenntlich zeigen, indem Sie mich wieder wählen.«

Die regierende Partei redet nie von den Anleihen, die sie zum Finanzausgleich hat aufnehmen müssen, ebenso wenig von der Staatsschuld und deren Anstieg während ihrer Regierungszeit.

Unsere Kritik an der Demokratie à la française möchten wir wie folgt zusammenfassen: Wir werfen zunächst dem allgemeinen Wahlrecht vor, eher Männer und Frauen auszuwählen, die über alle Themen gut und flüssig reden können und die stattlich aussehen. Wir stellen dann fest, daß ein gewählter Volksvertreter, der nicht wiedergewählt wird, nichts mehr ist, es sei denn, er gehört zu den Spitzenpolitikern. Daher kontrolliert der Gewählte letzten Endes alles, was er sagt und tut, in bezug auf seine Beliebtheit bei seinen Wählern, und nicht im Sinne des kurz-, mittel- und langfristigen Wohls der Allgemeinheit. Die Redekunst ist zwar vereinbar mit der Kunst, richtig zu verwalten, doch ist Redegewandtheit kein Beweis für konkretes Können.

Das allgemeine Wahlrecht schließt hervorragende Männer der Tat aus, man denke zum Beispiel an Louis Renault, der jedesmal stammelte, wenn er vor einem Publikum reden mußte. Napoleon hat sein Leben lang weniger Reden gehalten als ein gewöhnlicher Politiker unserer Tage in einem einzigen Jahr. Diese Feststellungen geben zu denken.

Dem allgemeinen Wahlrecht ist ebenfalls vorzuwerfen, daß es Männer und Frauen ausliest, die nicht nur redegewandt sind, sondern meistens Anhänger der oben kritisierten kulturellen Ideologie sind. Daher fühlen sie sich mit den Menschen des konkreten Könnens (in der tiefsten französischen Provinz) nicht wirklich gleichgesinnt. Deshalb lehnen sie das Volksbegehren grundsätzlich ab, denn diese Form der direkten Demokratie könnte dazu führen, daß Gesetze erlassen werden, die der kulturellen Ideologie widersprechen. Das allgemeine Wahlrecht ist ihnen nur genehm, wenn es genügend gefeilt ist, daß nur Menschen gewählt werden, die wie sie denken.

Nachdem die sozialistischen Intellektuellen jahrelang die Einführung der Demokratie in Algerien gefordert hatten, wurden sie durch die Ergebnisse der ersten freien Wahlen enttäuscht und protestierten nun gegen die Form, als die nichtdemokratische Regierung sie annullierte.

Selbst wenn 80 Prozent der Franzosen die Wiedereinführung der Todesstrafe für besonders scheußliche Verbrechen forderten, hätten sie kaum Aussichten, erhört zu werden. In diesem Fall ist die *Vox Populi* nicht mehr die *Vox Dei.* Vielleicht denken unsere Regierenden wie Napoleon, daß die öffentliche Meinung eine Hure ist?

Es stimmt, daß die öffentliche Meinung, die mit Massenbewegungen viel gemein hat, wechselhaften Impulsen folgt und daß sie von den Medien leicht geformt werden kann. In diesem Fall ist sie lediglich deren Spiegel und daher wertlos. Sie darf nicht verwechselt werden mit der *Vox Populi,* dem gesunden Verstand des Volkes, das sich eine Meinung *aufgrund dessen macht, was es sieht* – wie der Heilige Thomas.

Heißt es nicht: »Sagen und Tun ist zweierlei«? Es gehört zum guten Ton, die von der Realität abgeschnittenen Technokraten in Wahlreden anzuprangern. Das gefällt dem Volk. Ein Technokrat ist nichts anderes als ein Theoretiker, der zwar über viel Fachwissen verfügt, jedoch nie in der Praxis tätig gewesen ist, um seine Kenntnisse anzuwenden.

Sehen wir nun, wie die Kandidaten zur Parlamentswahl aufgestellt werden. Erfolgt dabei eine gerechte Aufteilung zwischen Intellektuellen mit großem theoretischen Wissen und Männern oder Frauen mit praktischer Erfahrung, die vornehmlich aus Privatunternehmen stammen?

Diese diplomierten Intellektuellen sind meistens Staatsbeamten: Diplomen werden die meisten Vergünstigungen bekanntlich in der Verwaltung gewährt. Ein Beamter kann sich für jeden von ihm gewünschten Zeitraum beurlauben lassen und seine Arbeit praktisch über Nacht wiederaufnehmen. Er kann also eine Wahlkampagne vorbereiten und führen und im Falle einer Nichtwahl seine Stelle wieder antreten. Wird er zunächst gewählt, jedoch nicht wiedergewählt, findet er trotzdem seinen Posten wieder.

Für jemanden aus der Praxis, einen Bauern oder einen Angestellten in einem Privatunternehmen, trifft dies keineswegs zu. Für den Landwirt ist es unmöglich, seine Viehzucht oder seine Felder drei Monate lang zu verlassen. Es ist ebenso unmöglich, daß ein Angestellter, ein Vorarbeiter oder ein leitender Angestellter seinen Posten für einen längeren Zeitraum aufggibt. Er würde den Gang des Betriebs ernsthaft stören. Je wirkungsvoller einer ist, um so unerläßlicher ist seine Anwesenheit,

Aus diesem Grund erfolgt eine Auslese von Kandidaten, die aus Berufen kommen, in denen man sich vertreten lassen kann: Beamte, Ärzte, Anwälte. Bei den Beamten sind es hauptsächlich Lehrer, die meistens redegewandt sind und geschickt mit Ideen umzugehen wissen.

Suchen Sie nicht nach leitenden Angestellten von mittleren Betrieben, die am meisten praktische Erfahrung haben – es gibt keine in der Politik!

Die Linke, die theoretisch vom ›Volk‹ stammt, müßte eigentlich mehr ›Praktiker‹ in ihren Reihen zählen. Es ist in diesem Zusammenhang bezeichnend, daß in der neuen sozialistischen Regierung Frankreichs die Hälfte der Minister Abgänger der staatlichen Verwaltungshochschule sind – die in der Wahlkampagne von allen Kandidaten als Bildungszentrale für realitätsferne Technokraten vorgestellt wird.

Premierminister Jospin hat seine Minister darum gebeten, ihre Mitarbeiter einzig nach ihrer Fähigkeit und ihrer Wirkkraft zu wählen und zu beurteilen. Zur Bildung seines Kabinetts hat er sich allerdings nicht dieses einzigen Kriteriums bedient, denn er brauchte 30 Prozent Frauen sowie einen oder zwei Minister für jede der Koalitionsparteien, obwohl sie bei entscheidenden Fragen gegenteiliger Meinung sind.

Statt dieser kunstvollen Dosierungen, bei denen die Minister selten wegen ihrer Effizienz und ihrer Erfahrung in dem zu verwaltenden Bereich, sondern aus reinen berufspolitischen Überlegungen ausgesucht werden, warum sollte man sich nicht für bestimmte Ministerien *automatisch* an Männer oder Frauen wenden, die dem Parlament nicht zugehörig sind?

Sollten nicht Männer oder Frauen der Tat, die ihre berufliche Wirkungskraft in der Praxis unter Beweis gestellt haben, wirtschaftliche Ministerposten besetzen, wie Finanzen, Wirtschaft, Handel, Landwirtschaft?

Zu einer leistungsfähigen Demokratie gehört außerdem unbedingt die Volksbefragung, die von allen Parteien in ihren Programmen begrüßt, jedoch nie angewandt wird, wenn sie an der Macht sind.

Wie ist die Funktionsweise der Demokratie zu verbessern?

Es sei festgestellt, daß sie in manchen Ländern, etwa in der Schweiz, schon sehr lange auf befriedigende Weise funktioniert. Dieselben Regeln, auf verschiedene Völker angewandt, führen jedoch nicht zwangsläufig zu den gleichen Ergebnissen.

Vor rund zehn Jahren ging es bei einer Volksbefragung in der Schweiz um die Herabsetzung des Rentenalters. Da ich mich bei einem Schweizer Ingenieur wunderte, daß die große Mehrheit seiner Landesleute mit ›Nein‹ geantwortet hatten, antwortete er mir, daß sie sich die Frage gestellt hatten: »Wer wird das zahlen? Wir natürlich, und damit sind wir nicht einverstanden.« Demagogische Sprüche wie »Die Reichen, der Staat und die Unternehmen sollen zahlen!« haben in der Schweiz nur eine schwache Resonanz.

In Frankreich haben solche Sprüche großen Erfolg. Deshalb funktioniert die Demokratie in Frankreich bei weitem nicht so gut wie in der Schweiz. Das ist eine Frage der Mentalität. Die Demokratie in Frankreich könnte jedoch mit einigen Maßnahmen verbessert werden.

Man sollte vor allen Dingen jedem gewählten Verwalter untersagen, seine Vorhaben mit Anleihen zu finanzieren, ohne die Wähler zuerst darüber zu befragen.

In der Schweiz darf ein Bürgermeister kein Schwimmbad, keine Grünanlage oder sonstiges verwirklichen, darf keine Investition vornehmen, ohne vorher einen genauen Kostenvoranschlag mit den Auswirkungen auf die Steuererhöhung aufgestellt zu haben. Sodann stimmen die betroffenen Einwohner ab. *Sie selbst entscheiden.*

Man sollte ebenfalls jede politische Partei zwingen, einen Katalog mit ihren programmatischen Zielsetzungen zusammenzustellen und, falls sie an die Macht kommt, bei den übernächsten Wahlen einen genauen Rechenschaftsbericht über ihre Arbeit und Verwirklichungen im Vergleich zu ihrem Wahlprogramm und ihren Versprechungen zu veröffentlichen.

Das würde nicht nur demagogische Programme ausschließen, sondern auch verhindern, daß Wahlversprechungen bereits am Tag nach den Wahlen in Vergessenheit geraten.

Man sollte außerdem jeden Minister zwingen, in allen Einzelheiten die Ausführung der Gesetze zu prüfen, die er verabschieden lassen will, damit die Ausführungsverordnung im Staatsanzeiger spätestens 30 Tage nach der Verabschiedung erscheint. Die Berichterstattung über die Durchführung des Gesetzes müßte ein Jahr nach der Verabschiedung erfolgen.

Wie in der Schweiz sollten die Befugnisse des Bundes viel geringer als die der Bezirke und Gemeinden sein, vorausgesetzt, daß diese ohne das Einverständnis der Bürger weder investieren noch Darlehen aufnehmen können, wie wir es gerade erklärt haben. (Je weiter Regierende und Regierte voneinander entfernt sind, desto schlechter funktioniert die Verwaltung nämlich: Die Macht wird anonym und unverantwortlich.)

Daß bei der Gestaltung Europas die Macht in den Händen von nichtgewählten Beamten aller Nationalitäten liegt, hat seine guten und seine schlechten Seiten. Es ist gut, von den Wählern nicht zu sehr abhängig zu sein. Es ist schlecht, sich der Kontrolle aller zu entziehen, die regiert werden. Es besteht wie in der ehemaligen Sowjetunion die Gefahr, daß diese Gemeinschaft von hohen Beamten vor allen Dingen auf ihr Wohlergehen bedacht ist, auf ihre Sachvergütungen wie Wohnung, Dienstwagen und vollständige Steuerbefreiung. Das sind alles Vorteile, die auf den Gehaltsabrechnungen nicht auftauchen. Doch nur diese werden den europäischen Bürger als Beweis dafür vorgelegt, daß die Gehälter nicht übertrieben sind.

Napoleon hatte die Möglichkeit eines Abdriftens der hohen Beamten gut erkannt. Deshalb hatte er als hellsichtiger und pragmatischer Mensch im September 1807 den Rechnungshof gegründet, der sich aus unabsetzbaren, also unabhängigen Finanzexperten zusammensetzte. Diese schöne Einrichtung hat sich durch die Jahrhunderte behauptet, mit dem Unterschied allerdings, daß zur Zeit des Empire die Sanktionen hart und sofort vollstreckt wurden.

Heutzutage erfolgen keine Sanktionen mehr. Wenn der Rechnungshof seinen Bericht veröffentlicht, entrüsten sich die Bürger ein paar Tage, die Schuldigen ziehen den Kopf ein und warten ab, bis sich der Sturm gelegt hat, was höchstens eine Woche dauert.

Da wir gerade von Mißbrauch sprechen, möchten wir auch auf den Mechanismus der in Frankreich weitverbreiteten Bestechung kurz eingehen.

Kluge und ehrgeizige Politiker haben schnell erkannt, daß sie, um gewählt zu werden, zu den bereits erwähnten Eigenschaften außerdem einen Berater für Öffentlichkeitsarbeit brauchen. Je besser dieser ist, um so mehr Aussichten haben Sie, gewählt zu werden, um so teurer ist die Wahl leider aber auch.

Der reichste Kandidat und die reichste Partei werden den besten Berater für Öffentlichkeitsarbeit haben, und das kann schon den Ausschlag geben. Geld muß also aufgetrieben werden. Wer hat Geld? Weder die Bürger noch die Kleinunternehmen haben solches, nur die Großunternehmen. Es fügt sich aber, daß diese Großunternehmen genauso wie die politischen Parteien von hochdiplomierten Leuten geführt werden. Unter den Absolventen einer staatlichen Hochschule duzt man sich, und Vereinbarungen werden getroffen.

Die Leiter der Großunternehmen verlangen von den führenden Politikern Gesetze, die ihnen die Gründung von Holdinggesellschaften ermöglichen, mit Niederlassungen in der ganzen Welt, vor allem in weit entfernten Steuerparadiesen. Diese Niederlassungen haben keinen anderen Zweck, als Geldbewegungen zu ermöglichen, die ein einfacher Steuerprüfer in der Buchführung des Großunternehmens nicht erkennen kann. So entstehen Geheimfonds, sogenannte schwarze Kassen, zur Finanzierung der politischen Parteien. Wenn das Geld unkontrolliert so herumläuft, dann ist die Versuchung sehr groß, sich ganz nebenbei zu bedienen Alle Mitwissenden sind praktisch Komplizen, und ihr Schweigen wird gut bezahlt.

Wir müssen nun über die Mittel nachdenken, die diese für die Demokratie so gefährliche Korruption verhindern könnten. Es ist klar, daß die Unternehmen ihr Geld nicht ohne Gegenleistung verteilen. *Die politischen Parteien müssen sich daher revanchieren, auch diejenigen, die antikapitalistisch eingestellt sind*. Den letzteren sagen die Leiter der Großunternehmen, die sie subventionieren: »Ihr könnt uns in der Öffentlichkeit beschimpfen und in den Dreck ziehen. Ihr könnt sagen, daß Ihr uns vernichten wollt. Das ist uns egal. Wichtig ist, daß Eure Entscheidungen gegen uns nur symbolischen Charakter und wenig Wirkung haben.«

Dies vorausgeschickt, was schlagen wir im Kampf gegen die politische Korruption vor? Wenn wir uns recht überlegen, hatte Napoleon mit der Schaffung des Rechnungshofes einen genialen Einfall, der in Preußen schon vorher verwirklicht war. Behalten wir diese Idee und bauen wir die Zuständigkeiten des Rechnungshofes aus, damit auch die gewählten Volksvertreter, ja sogar die Beamten und die Abgeordneten im Europaparlament kontrolliert werden.

Gründen wir neben dieser Einrichtung einen Gerichtshof mit unabsetzbaren Richtern, damit alle vom Rechnungshof festgestellten Vergehen von diesem Gericht geprüft werden, sich der oder die Schuldigen verteidigen können und strengste Sanktionen rasch beschlossen werden.

Warum wurde das bislang noch nicht getan? Es besteht eine stillschweigende Absprache zwischen den hohen Beamten und den gewählten Politikern, damit diese jene nicht zur Verantwortung ziehen können. Ist Verantwortungslosigkeit nicht einer der größten Vorteile, die man einem Beamten zubilligen kann? Bemerken die Politiker und hohen Beamten denn nicht, daß sie wegen dieser Verantwortungslosigkeit, dieser Immunität, die sie ständig genießen, letztendlich vom Volk verachtet werden?

Ein Staat ist wie ein großes Unternehmen: Es sind nicht die schönen Reden des Staatschefs, die neues Vertrauen schaffen, sondern die Feststellung, daß die Dinge sich günstig bewegen und daß Ergebnisse da sind, die es belegen.

Über die Nützlichkeit der Gewerkschaften

Als der Fortschritt, also die technologischen Veränderungen, den Personalbestand in den landwirtschaftlichen Betrieben zu verringern, dafür die Belegschaften der Industrieunternehmen zu erhöhen, begann, veränderten sich die Lebens- und Arbeitsbedingungen für die Männer und Frauen, die ihren Hof aufgegeben hatten, um in die Fabrik zu gehen, auf beträchtliche Weise.

Die Arbeit im Industriebetrieb hat sich nicht immer als anstrengender, sondern als anders herausgestellt. Auf den Bauernhöfen arbeiteten Männer und Frauen hart von Tagesanbruch bis zur Abenddämmerung, sie arbeiteten aber ohne Lärm, an der frischen Luft, mitten in der Natur.

In einem Bergwerk zum Beispiel war die körperliche Anstrengung möglicherweise zwar nicht so stark, dafür waren die Arbeitsbedingungen unnatürlich. In den Fabriken war die Luft oft verschmutzt, und es herrschte großer Lärm.

Der Bauer besitzt ein Gefühl für Freiheit und Unabhängigkeit, das ein Fabrikarbeiter nicht so hat. Für diesen gibt es außerdem keinen sicheren Arbeitsplatz und keinen Familienzusammenhalt über mehrere Generationen mehr.

Es war also nur verständlich, daß diese Männer und Frauen angesichts dieser neuen ungünstigen Arbeitsbedingungen und ihres nunmehr stark gestörten Familienlebens spontan revoltierten.

So traten beherzte Gewerkschaftler auf, deren Aufrichtigkeit den Arbeitern gegenüber nicht zu bezweifeln war. Für einen Jean Jaurès (1859–1914), das Vorbild eines von Herzen kommenden Sozialismus, kann man eigentlich nur Sympathie empfinden.

Dann kamen ebenfalls die Arbeitgeber allmählich zu der Erkenntnis, daß die neuen Arbeitsbedingungen gesetzlich geregelt werden sollten, um sie menschlicher zu gestalten.

Die festgehaltenen Kriterien, nach denen die Verbesserung der Lage der Arbeiter nunmehr zu beurteilen sei, waren die Verringerung der körperlichen Anstrengung, die Arbeitszeitverkürzung (und damit die Verlängerung der Freizeit) und vor allem die Steigerung der Kaufkraft, gemessen an dem Bruttoinlandsprodukt (BIP), wobei letzteres Kriterium den beiden ersten widerspricht.

Wären Gewerkschaftler und Arbeitgeber in erster Linie beherzte, ehrliche Leute gewesen, dann hätte ihre Zusammenarbeit Früchte getragen.

Was zu viele Leute auch glauben mögen: Ein Arbeitgeber kann in seinem Unternehmen nicht alles tun, was er will. Er muß ein dringliches Ziel erreichen, nämlich einen Selbstkostenpreis und damit einen Verkaufspreis, der dem Marktpreis entspricht. Das ist die unerläßliche Bedingung für das Überleben seines Unternehmens und die Erhaltung der Arbeitsplätze.

Aufgrund dieser Tatsache können Gewerkschaften und Arbeitgeber aufrichtig diskutieren. Alle müssen aber diese *Grundwahrheit* anerkennen: Der Grad der körperlichen Anstrengung, die Verkürzung der Arbeitszeit und die Erhöhung der Löhne hängen *ausschließlich* von den technischen Neuerungen ab.

Selbst wenn zur Zeit Ludwigs des XIV. Gewerkschaften allmächtig gewesen wären, hätten sie keine 35 Stunden-Arbeitswoche durchsetzen können, ohne eine entsetzliche Hungersnot hervorzurufen, die den Tod der Hälfte der Bevölkerung, allen voran der Kinder, nach sich gezogen hätte.

Die Gewerkschaften haben die Grenzen ihrer Macht allmählich erkannt, und in ihrem Führungsvorstand haben die beherzten Idealisten bzw. Utopisten inzwischen Realisten Platz gemacht, Männern und Frauen, die sich für den gewerkschaftlichen Weg entschieden haben, um zu erreichen, was nahezu alle Menschen anstreben: ein angenehmes Leben, verbunden mit einem gewissen Bekanntheitsgrad, das heißt anerkannt, mediatisiert, umworben zu werden, ein öffentliches Leben zu haben und eine richtige VIP (›very important person‹), also eine prominente Persönlichkeit, zu werden.

Die Gewerkschaftsführer sind jedoch höchstens Wichtigtuer. Wie ein ehrlicher Gewerkschaftler mir gegenüber zugab, setzen Verhandlungen mit der Arbeitgeberschaft voraus, daß »Korn zu mahlen ist« (das heißt Überschüsse vorhanden sind, die zu verteilen sind), und dieses ›Korn‹ erzeugen nicht die Gewerkschafter, sondern das schafft der technologische ›Fortschritt‹, der wiederum auf Schöpfer und Erfinder zurückgeht.

Sofern Arbeitserleichterung, Arbeitszeitverkürzung und Erhöhung der Arbeitskraft Kriterien sind, die von allen stillschweigend angenommen werden, müssen wir nun untersuchen, wie diese Verbesserungen erwirkt werden.

Sind das die Gewerkschaften, die erwirken können, daß bei leichteren Arbeitsbedingungen und einer verkürzten Arbeitszeit mehr produziert wird? Bestimmt nicht!

Dank der technologischen Neuerungen können die Unternehmen ihre Produktivität steigern, das heißt, mehr erzeugen, ohne deshalb ihre Unkosten erhöhen zu müssen. Das hat zur Folge, daß für alle diese Unternehmen das Bruttoinlandsprodukt (BIP) ständig steigt. Wie wird nun der Überfluß an produzierten Gütern auf die Bevölkerung verteilt?

Es gibt zwei Verfahren. Entweder bleiben die Preise stabil, und die Löhne werden prozentual der BIP-Steigerung angeglichen. Oder die Löhne bleiben unverändert, aber die Preise sinken durch das Zusammenspiel der Konkurrenz *durchschnittlich* genau so, wie sich die Produktionsgewinne umgekehrt erhöht haben.

Jeder kann feststellen, daß im Bereich der Elektronik die Preise erheblich gesunken sind, was zu einer Steigerung der Kaufkraft für elektronische Geräte geführt hat.

Diese Form der Steigerung der Kaufkraft durch Preissenkungen wird von den Gewerkschaften abgelehnt, weil sie dabei überhaupt keine Rolle spielen, behaupten sie doch immer wieder, sie seien für die Arbeiter in ihrem Kampf zur Verbesserung ihres Lebensstandards unentbehrlich. Das rührende Bild der für ihre Arbeiter kämpfenden Gewerkschaften, die den Arbeitgebern Lohnerhöhungen abringen, muß behutsam gepflegt werden.

Manch einer wird jedoch entgegnen, daß die Gewerkschaften, auch wenn sie keine Reichtümer schaffen, dennoch zu deren gerechten Verteilung beitragen. Ohne den Druck der Gewerkschaften würde die Arbeitgeberschaft fast das ganze zu verteilende Lohnaufkommen an sich reißen: Sie würde sich ohne Scham den Löwenanteil nehmen. Henry Ford hatte womöglich als erster richtig erkannt, daß solch ein System wirtschaftlich unsinnig ist. Ohne jedes gewerkschaftliche Eingreifen hatte er den Lohn seiner Arbeiter verdoppelt, damit sie die von ihnen hergestellten Autos kaufen konnten. Ob das Land gewerkschaftlich stark organisiert ist oder nicht, die Verteilung des produzierten Reichtums wird viel mehr durch seine ethnische Mentalität bestimmt als durch die Existenz oder das Fehlen von Gewerkschaften.

In Frankreich haben die Franzosen erreicht, daß der Überschuß aus der Produktion der Verbrauchsgüter durch die Erhöhung der Löhne, durch die Steigerung der Kaufkraft, verteilt wird. Es gibt jedoch wirtschaftliche Gesetze, gegen die man nicht angehen kann. Jede allgemeine Lohnerhöhung, die nicht gleichzeitig einer Steigerung des BIP entspricht, führt zur Inflation, also zum Preisanstieg, der die erhoffte Steigerung der Kaufkraft nun aufhebt.

Wenn die Gewerkschaften behaupten, daß sie eine durchschnittliche Steigerung der Kaufkraft erwirken können, die stärker als die des BIP ist, dann lügen sie. Wenn sie ebenfalls vorgeben, die Kaufkraft im selben Maße wie das BIP erhöhen und gleichzeitig die Arbeitszeit verkürzen zu können, ohne daß die Löhne gekürzt werden, dann lügen sie fürchterlich.

In bezug auf die Tätigkeit der Gewerkschaften müssen wir uns zwei Fragen stellen:

1. Tragen sie als Gegenleistung für ihre Unterhaltungskosten zu einer größeren Herstellung von Verbrauchsgütern bei? Das heißt zu einer höheren Produktivität als einziger Quelle für die Steigerung der Kaufkraft?

2. Tragen sie zu einer größeren sozialen Gerechtigkeit bei, zur gerechten Verteilung des verfügbaren Lohnaufkommens, ohne Inflation zu erzeugen?

Bezüglich der ersten Frage ist es allgemein bekannt, daß *alle* gewerkschaftlich übermäßig organisierten Unternehmen dem Untergang zusteuern, sofern sie mit anderen Unternehmen im Wettbewerb stehen, in denen keine oder wenige Arbeitnehmer einer Gewerkschaft angehören.

Gewerkschaften sind für Lohnempfänger nur dann glaubwürdig, wenn sie stärkere Lohnerhöhungen und mehr Vergünstigungen erwirken als die von anderen Betrieben zugestandenen. Diese Lohnerhöhungen und Vergünstigungen erwirken sie, wenn sie einen starken schädlichen Einfluß (horrende Streiks) ausüben und einen laxen Unternehmensleiter vor sich haben, sofern er nicht sein eigenes Kapital verwaltet. So sind alle Staatsunternehmen ideale Wirkungsfelder für Gewerkschaften: Sie können nicht pleite machen, weil der Staat ihr Defizit ausgleicht.

Dramatisch wird es, wenn die Staatsunternehmen, aus welchen Gründen auch immer, Konkurrenz bekommen, vor der sie bislang bewahrt gewesen waren. Gewerkschaften und Arbeitnehmer kämpfen nun, um die im Laufe der Jahre errungenen Vergünstigungen zu retten, aufgrund deren das Unternehmen nicht wettbewerbsfähig ist.

Auch wenn manche demagogische Leiter großer Unternehmen behaupten, die Gewerkschaften seien nützlich, und sich sogar ihre Verstärkung wünschen, dann sind das nur Schmeicheleien, um die Gunst und das Wohlwollen der Gewerkschaften zu gewinnen, die sie in ihren Unternehmen nicht abschaffen können.

In Wirklichkeit erleben die Gewerkschaften soziale Konflikte wie Ärzte Krankheiten – mit dem Unterschied, daß letztere keine Krankheiten hervorrufen, während die Gewerkschaften immer wieder Forderungen stellen, um eine ständige Konfliktsituation aufrechtzuerhalten. Ihre Forderungen sind oft schwer zufriedenzustellen, ja manchmal wirtschaftlich absurd, doch die Gewerkschaften glauben, daß nur die Geldgier und der Egoismus der Arbeitgeber die Erfüllung ihrer Forderungen verhinderten.

Der Mensch ist ein Herdentier. In der Natur muß die gemeinsam erjagte Beute auch gerecht verteilt werden. *Es handelt sich um eine angeborene Forderung.*

Während aber in der Natur die Verbrauchsgüter außerhalb des Menschen existieren, werden die Güter in der heutigen Wirtschaft vom Menschen erzeugt oder hergestellt. Ihre Menge kann also dank dem Erfindungsgeist und dem Organisationstalent von manchen erheblich erhöht werden.

Diejenigen, die auf diese Weise eine beträchtliche Steigerung der Güter ermöglichen, neigen dazu, eine höhere Arbeitsentlöhnung zu fordern als die den einfachen Ausführenden zugestandene.

Wird diese unterschiedliche Behandlung abgelehnt, läuft man Gefahr, daß diejenigen, die im Rahmen des Unternehmens erfinden, organisieren und schöpfen, jegliche Motivation verlieren. Diese Gefahr äußert sich letzten Endes durch eine Verringerung der zu verteilenden Güter, so daß alle Verlierer sind!

Die Gewerkschaften, die wie gesagt soziale Konflikte leben, verwechseln in ihren Äußerungen geschickt Unternehmensleiter und Kapitalist. Der Leiter übernimmt eine nicht wegzudenkende Aufgabe innerhalb des Unternehmens, und seine Vergütung ist meistens gerechtfertigt. Das trifft aber nicht auf den Kapitalisten zu, der einen größeren Teil vom Kuchen abzweigt, ohne an seiner Herstellung mitgewirkt zu haben. Seine Investition macht sich bezahlt. Schon immer werden diejenigen, die von Geldgeschäften leben, von denen verabscheut, die materielle Verbrauchsgüter erzeugen. Wenn also Unternehmensleiter und Kapitalisten in denselben Sack gesteckt werden, werden die ersten zu Unrecht angeprangert.

Man könnte meinen, daß die Arbeitgeber, die die Gewerkschaften bekämpfen, von letzteren am meisten verabscheut sind. Dem ist nicht so, vor allem, wenn es sich um schlechte Unternehmensleiter handelt. Sie rechtfertigen dann nämlich das Vorgehen der Gewerkschaften.

Die tatsächlich von den Gewerkschaften verabscheuten Arbeitgeber sind diejenigen, die es allein geschafft haben, die Besitzer ihres Unternehmens sind und einen Teil ihrer Gewinne zur Verbesserung der Lage ihrer Arbeiter verwenden. Solcher Arbeitgeber hat es Ende des 19. und Anfang des 20. Jahrhunderts viele gegeben, zu einer Zeit, als die Sozialgesetze bedeutungslos waren. Ein Unternehmer wie Godin (der den seinen Namen tragenden Ofen erfand) leistete wunderbare Dinge für seine Arbeiter. Sie werden aber niemals erleben, daß ein Gewerkschaftler ihn würdigt.

Für Gewerkschaftler kann es definitionsgemäß keine guten Arbeitgeber geben, und die Arbeitgeber, die durch ihren wohlwollenden Einsatz sie überflüssig machen, werden am meisten gehaßt. Sie werden ›paternalistische‹, sprich bevormundende Arbeitgeber genannt, was für Gewerkschaften der Gipfel des Abscheus ist.

Man könnte meinen, daß die Arbeiter, die sich in einem Betrieb dazu entschließen, Arbeitnehmervertreter zu sein, von dem Wunsch getrieben seien, sich für die Kameraden aufzuopfern. In Wirklichkeit geschieht das jedoch meistens, um zahlreiche Vorteile zu genießen: Der wichtigste ist ein Schutz, der sie vor jeder Sanktion bewahrt, insbesondere vor der Entlassung, so schlecht ihre Arbeit auch sein mag. Hinzu kommt die Gewährung bezahlter Stunden, in denen sie sich theoretisch mit ihrer Aufgabe als Arbeitnehmervertreter befassen. In Wirklichkeit verlassen sie ihren Arbeitsplatz und verwenden diese Stunden dazu zu tun, was ihnen beliebt. Indem sie auf diese Weise die Organisation des Betriebs stören, kosten sie das Unternehmen viel mehr als die nichtgearbeiteten Stunden.

Die zweite Frage, die wir zu erörtern haben, ist, ob die Gewerkschaften zu einer größeren sozialen Gerechtigkeit beitragen. Wenn zwei Arbeiter, die gleichwertig sind und die gleiche Arbeit ausführen, unterschiedlich bezahlt werden und unterschiedliche Vergünstigungen empfangen, dann ist die Ungerechtigkeit offenkundig. Die Gewerkschaften sind da, um diese himmelschreienden Ungerechtigkeiten einzustellen.

Wie sieht es aber in der Wirklichkeit aus? Angesichts der Tatsache, daß jeder Beruf unterschiedliche Arbeitsbedingungen hatte, kamen die Gewerkschaften auf die Idee, Tarifverträge für jeden Berufszweig zu schaffen. Die Absicht war lobenswert, doch hier, wie in anderen Bereichen übrigens, sind Theorie und Praxis zweierlei.

Jeder Tarifvertrag bestimmt die Arbeitsbedingungen, die Arbeitszeit, die Pausen, die Zahl der Urlaubstage, das Rentenalter sowie die verschiedenen Vergünstigungen.

Diese Tarifverträge, die als Meisterwerke des sozialen Fortschritts hingestellt wurden, sind aber in Wirklichkeit nur Ungerechtigkeiten.

Nehmen wir den Fall einer Buchhaltungsgehilfin an, die infolge ihrer Familienverpflichtungen hintereinander in einer Bergwerksgesellschaft, in einem Hüttenwerk, dann bei den französischen Staatsbahnen und schließlich in einem kleinen Bauunternehmen tätig ist. Ihre Arbeitsbedingungen werden sich grundlegend verändern, vor allem in bezug auf das Rentenalter, den Mutterschaftsurlaub und die Sondervergünstigungen, obwohl es sich um dieselbe Frau handelt, die dieselbe Arbeit verrichtet.

Warum diese ungerechten Unterschiede?

Weil die Gewerkschaften für die einzelnen Branchen verschieden arbeiten. Und weil ihre Effizienz zum einen von ›dem zu mahlenden Korn‹ abhängt, das heißt von den wirtschaftlichen Möglichkeiten des betreffenden Berufszweigs zur Erfüllung ihrer Forderungen, zum anderen von ihrem ›Beeinträchtigungsvermögen‹, das heißt, von ihrem Vermögen, lange und für die Unternehmen ruinöse Streiks auszulösen. Der Streik als Erpressungsmittel ist mehr oder weniger wirksam je nach den wirtschaftlichen Auswirkungen einer Arbeitsniederlegung. Ein Streik bei der Eisenbahn, den Elektrizitätswerken oder der Post ist eine echte nationale Katastrophe. Wenn aber alle Bäcker aus völlig berechtigten Gründen in den Streik gingen, würden sie sich selber in den Ruin treiben und dabei die Supermärkte bereichern. Die Regierung würde auf solche Streiks pfeifen.

Wenn man der Auffassung ist, daß für einen Kleinhändler, der zur Zufriedenheit aller seiner Kunden arbeitet, die Werterhaltung seines Geschäfts eine völlig gerechtfertigte und legitime Forderung ist, dann ist man berechtigt zu fragen, wer in der Regierung, in den politischen Parteien und in den Gewerkschaften sich für sein Schicksal und für seine lebenswichtige Forderung interessiert. Für einen Kleinhändler ist das Recht auf Überleben kein *verbrieftes* Recht, das gilt nur für einen Beamten, selbst wenn seine Dienststelle überflüssig geworden ist.

Die Gewerkschaften haben manchmal haarsträubende Privilegien im öffentlichen Dienst sowie in den staatlichen Unternehmen erzielt, deren Defizite der Staat deckt, der somit ›Korn zu mahlen‹ bietet, das nie ausgeht.

Wir dürfen nicht vergessen, daß dieses von manchen erhaltene ›Plus‹ immer einen Gegenposten hat: Wenn das BIP beispielsweise um 3 Prozent steigt und die Hälfte der Arbeitnehmer 6 Prozent Lohnerhöhung bekommen, heißt das unverschlüsselt, daß die andere Hälfte 0 Prozent erhalten wird, wenn man die Inflationsgefahr zu vermeiden trachtet.

Wir dürfen schließlich auch nicht vergessen, daß die Verwaltung und die Defizite der öffentlichen Unternehmen mit Steuern bezahlt werden, das heißt im wesentlichen von den produktiven Kräften.

Diese schreienden und manchmal skandalösen Ungleichheiten in den Arbeitsbedingungen der Bürger sind *ausschließlich* das Werk der Gewerkschaften, denen soziale Gerechtigkeit völlig gleichgültig ist.

Sie brauchen sich nur bei einigen kleinen Bauunternehmen umzuschauen. Sie werden dort die schlimmsten Arbeitsbedingungen, die kürzesten Urlaubszeiten, die längsten Arbeitszeiten, die geringsten sozialen Vergünstigungen erleben. Sie werden feststellen, daß sich keine Gewerkschaft um diese Arbeiter kümmert, während die Gewerkschaftsführer kämpfen, um die verbrieften Rechte der TGV-Fahrer oder der Piloten der Fluggesellschaften Air-Inter zu verteidigen, die zu den weltweit am besten bezahlten Stellungen im Erwerbsleben gehören!

Es ist ebenfalls interessant festzustellen, daß alle unsere Gewerkschaftler sich ständig auf die Französische Revolution von 1789 berufen, deren entscheidendste Tat gerade die Abschaffung der Privilegien war.

Welcher Unterschied besteht zwischen einem Privileg und einem verbrieften Recht? Praktisch keiner, nur daß ein Privileg von einem monarchischen Regime vergeben wurde, während ein verbrieftes Recht vom republikanischen Staat erteilt wird. Das ist aber kein ausreichendes Kriterium, um die Legitimität eines Rechts zu begründen.

Die Revolutionäre von 1789 hatten recht, als sie die Privilegien überprüfen wollten, um nur diejenigen zu bewahren, die gerechtfertigt waren. Sie hatten aber unrecht, sie allesamt in der berühmten Nacht vom 4. August 1789 abzuschaffen. Unsere Gewerkschafter widersprechen ihren ›großen Vorläufern‹, indem sie *alle* verbrieften Rechte bewahren wollen, auch diejenigen, die ursprünglich aus einem mittlerweile nicht mehr bestehenden Grund gewährt wurden. Für Fahrer elektrischer Triebwagen die gleichen Vorrechte zu bewahren wie die früher den Dampflokführern gewährten hat wirklich keinen Sinn. Das bedeutet in Wirklichkeit, den Geist der Revolution zu verraten.

Man sagte zwar früher: »Geben und zurücknehmen taugt nichts«, und die Nutznießer verbriefter Rechte können sich nicht mit dem Gedanken vertraut machen, auf sie zu verzichten, auch wenn sie im Grunde wissen, daß manche übertrieben sind. Schuld an diesen widersinnigen Situationen sind eigentlich die aufeinanderfolgenden Regierungen, die aus Feigheit kleinen, ungerechtfertigten Forderungen nachgegeben haben, ohne daran zu denken, daß ›kleine Bäche große Flüsse bilden‹.

Die uns jetzt Regierenden stehen wie vor ›großen Flüssen‹, die durch alle möglichen Mißbräuche überlaufen. Da aber ihr eigenes öffentliches Leben kein Vorbild für Strenge, für Ablehnung mancher mit ihren früheren Ämtern zusammenhängender Vergünstigungen gewesen ist, sind sie nun unfähig, fest und bestimmt zu handeln. Denken sie nicht übrigens tagtäglich an die nächsten Wahlen?

Zum Schluß sei gesagt, daß das Wirken der Gewerkschaften insgesamt sehr schädlich ist, selbst wenn es bestimmten Minderheiten auf Kosten der gesamten Arbeiterschaft nützt.

Die Gewerkschaften schaffen keine Reichtümer, und sie stören die Produktion. Sie können nur auf der Ebene der Verteilung dieser Reichtümer eingreifen, sie tun es aber nicht mit dem Blick auf soziale Gerechtigkeit. Sie sind für die schreienden Ungleichheiten zwischen den einzelnen

Arbeitszweigen verantwortlich. Es ist außerdem aufschlußreich zu sehen, wie die großen Gewerkschaften gegenüber der Regierung eine unbeugsame oppositionelle Haltung einnehmen und von derselben Regierung ›Futterkrippen‹ erhalten, damit alle ihre ständigen Mitarbeiter wie die Made im Speck leben können.

Nur die Regierung ist ermächtigt, die Sozialgesetze, den wirtschaftlichen Möglichkeiten entsprechend, zu verkünden. Dabei soll sie darauf achten, daß für die gleiche Arbeit der gleiche Lohn bezahlt und die gleichen sozialen Vergünstigungen gewährt werden. Die Arbeitszeit darf nicht für bestimmte Geistesarbeiter verkürzt werden, wie heute der Fall, sondern für diejenigen, deren berufliche Tätigkeit körperlich überaus anstrengend ist.

Die Gewerbeaufsicht muß auf die Durchführung der Gesetze innerhalb der Unternehmen achten. Es handelt sich um eine ebenso edle Aufgabe wie die der Richter.

Der Gewerbeaufsichtsbeamte muß in der Tat ein ›Friedensrichter‹ sein, dessen Rolle nicht darin besteht, systematisch gegen die Arbeitgeberschaft anzugehen. Gegebenenfalls sollte er manchen Arbeitergruppen klar machen, daß ihre Forderungen übermäßig sind und daß nur neue, besser angepaßte Sozialgesetze sie zufrieden stellen könnten.

Lieber ein Unrecht als eine Unordnung?

Gerechtigkeit und Recht sind nicht voneinander zu trennen. Die Gerechtigkeit ist ein moralisches Prinzip, das die Übereinstimmung mit dem positiven oder dem Naturrecht ausdrückt. Das Recht bestimmt, was in einer menschlichen Gesellschaft gestattet und verboten ist.

Das Recht ist nicht allgemeingültig. Je nach der Mentalität der herrschenden Volksgruppe ist das Recht von Staat zu Staat verschieden.

In den Niederlanden ist es erlaubt, bestimmte Drogen zu sich zu nehmen, in Frankreich nicht. Es ist in Frankreich erlaubt, Stummel, Verpackungen oder Kaugummis auf die Erde zu werfen, in Singapur ist es absolut verboten.

Die Wurzeln des Rechts gründen nicht in der Kultur, sondern in der Natur. Im Prinzip schreibt die Mehrheit – abgesehen von Grundrechten – vor, was erlaubt und verboten ist. Manchmal ist es nicht die Mehrheit, die es auferlegt, sondern die führende Kaste, die sich auf die vorherrschende Ideologie stützt. Konflikte rühren von unterschiedlichen Mentalitäten her.

Infolge ethnischer Vermischungen kommt es in einer Familie manchmal zu Konflikten, die die Justiz zu schlichten versucht. *Zwischen eineiigen Zwillingen gibt es keine Konflikte, da sie gedanklich in allem übereinstimmen.* Angenommen, die menschliche Gesellschaft würde ausschließlich aus Clones bestehen, was heutzutage biologisch verwirklichbar ist, *dann hätte das verbriefte Recht – und damit auch die Justiz – keinen Daseinsgrund mehr.* Es wäre beispielsweise überflüssig zu verbieten, Papier auf die Straße zu werfen, wenn ein Mitglied der Gemeinschaft dies für ein unsauberes Verhalten hielte, denn alle Mitglieder wären nämlich der gleichen Auffassung.

Je mehr ein Staat ethnisch vermischt ist, desto zahlreicher sind die Unverträglichkeiten und dadurch die Gerichtsverfahren. Das ist eines der kennzeichnenden Merkmale der USA.

Heutzutage ist die Ordnung in der Gesellschaft für manche wichtiger, während andere das Recht des Menschen in den Vordergrund stellen. Im Laufe des Ersten Weltkrieges zeigten sich die französischen Soldaten, die bis dahin so gut gekämpft hatten, müde und entmutigt. Zu viele schlecht vorbereitete Angriffe führten zu Gemetzeln, nur um ein paar hundert Meter Boden zu erobern. An vielen Frontstellen brachen Meutereien aus. Würden sie sich ausbreiten, dann wäre der Krieg trotz dreier Jahre riesiger Opfer verloren. Ein General wurde beauftragt, diese Meutereien zu unterdrücken. Er brachte sehr schnell die ersten Meuterer vor das Kriegsgericht. Sie wurden erschossen. Unter ihnen befanden sich Soldaten und Offiziere, die bis dahin mit außergewöhnlicher Tapferkeit gekämpft hatten, die aber eines Tages, von den Kämpfen erschöpft und von den sinnlosen Gemetzeln angewidert, gesagt hatten: »Es reicht!«

Wenn ein Tier nicht mehr will, helfen keine Schläge, es weigert sich und bleibt liegen. Diese Männer zu erschießen war ungerecht, das war aber notwendig, um die Ordnung wiederherzustellen. Nach etwa fünfzig Erschießungen hörten die Meutereien auf.

Das reichte aber nicht aus. Um der Truppe wieder neuen Mut zu geben, mußte man die sinnlosen Angriffe einstellen, die Verpflegung verbessern, auf eine regelmäßige Austeilung der Post achten und den Urlaubsturnus verbessern.

Der General hat wohl denken müssen, daß, auch wenn diese fünfzig Erschossene unschuldig waren, die bereits gefallenen Soldaten, eine Million, ebenso unschuldig waren. Fünfzig zusätzliche Tote, um letztlich den Sieg zu erringen, war der gerechte Preis, der zu zahlen war. Für die Verfechter der kulturellen Ideologie ist dagegen die Verurteilung eines einzigen Unschuldigen zum Tod unerträglich, und nichts kann sie rechtfertigen.

Wenn man tatsächlich der Sache auf den Grund geht, sind zwei grundverschiedene Einstellungen zwischen den Anhängern der Ordnung und den Verfechtern der Menschenrechte erkennbar.

Wie wir es anläßlich der Meutereien von 1917 sahen, bevorzugen die ersten das Allgemeinwohl, die Interessen der Allgemeinheit sowie die Aufrechterhaltung der Ordnung, um die gesetzten Ziele zu erreichen. Für diejenigen, die sehr verantwortungsbewußt sind, darf dieses Allgemeinwohl selbstverständlich keine persönliche Abrechnung mit Leuten verschleiern, die einem im Wege stehen. Alles in allem ziehen sie ein Unrecht einer Unordnung vor, die bekanntlich viele andere Ungerechtigkeiten erzeugt.

Die zweiten stützen sich auf die ›Erklärung der Menschenrechte‹, die hauptsächlich individualistisch ist. Der Einzelne ist Selbstzweck. Sie beschützen den Einzelnen, nicht die Gemeinschaft.

Die asiatischen Länder, die das Allgemeinwohl höher stellen als den Schutz des Einzelnen, befinden sich diesbezüglich mit dem Westen im Konflikt.

Der zweite Gegensatz zwischen den Verfechtern der kulturellen Ideologie und denen, die der Ordnung den Vorrang geben, hat einen philosophischen Ursprung. Bei der Befruchtung einer Eizelle durch ein Spermium entsteht ein neues Wesen. Für die kulturelle Ideologie ist dieses neue Wesen nichts, es wird erst durch das Erworbene geprägt. Mit unserem Wissen könnten wir versuchen, aus ihm ein körperlich, moralisch und geistig vollkommenes Wesen zu machen. Nur die ›Traumata des Erlebten‹ könnten dieses Wesen unvollkommen machen, so daß es unter Umständen asozial, straffällig, kriminell wird.

Der Einzelne kann also angeblich keine Schuld an diesen erlebten Traumata tragen, die seinen Eltern, seiner Umwelt, also der Gesellschaft zuzuschreiben sind. Diese seien die Schuldigen. Indem die Gesellschaft dieses Wesen verurteilt, vergißt sie ihre eigene Schuld. Sie soll es eigentlich nicht verurteilen, sondern vielmehr entschädigen, indem sie ihm kostenlos jede Hilfe und Unterstützung bietet, die für seine Wiedereingliederung notwendig sind.

Diese Logik ist unwiderlegbar, sofern die Ausgangshypothese stimmen würde, was nicht der Fall ist.

Wenn aber bei diesem neuen Wesen schon alles, selbst

seine ›Erwerbungen‹, beschlossen ist, wird es dagegen aufnehmen, wozu es programmiert ist, und sich nicht aneignen können, wozu er nicht programmiert ist.

Die Traumata des Erlebten werden nur an einer Unvereinbarkeit liegen zwischen seinem Programm und den ihm gewährten ›Nahrungen‹, zwischen seinem programmierten Verhalten und dem ihm auferlegten Verhalten. Dieser von Geburt an verhaltensgestörte Mensch stellt der Gesellschaft große Probleme. Zum einen kann man sein Verhalten, das heißt die Gesamtheit seiner Triebe, nicht verändern. Zum anderen ist er nicht für das Erbgut verantwortlich, das er von seinen Eltern erhalten hat.

Es gibt einen grundlegenden Unterschied zwischen der kulturellen Ideologie und der Naturordnung.

Nehmen wir als Beispiel einen sexuell Perversen. Die kulturelle Ideologie behauptet, er sei es geworden, weil seine Eltern seine sexuellen Triebe unterdrückt und bestraft, ihn pervertiert haben. Dagegen kann man denken, daß dieses Kind pervers geboren ist. Seinen sexuellen Trieben freien Lauf zu lassen hätte zu keinem anderen Ergebnis geführt, als seine Perversion zur Entfaltung zu bringen.

Ihn erziehen zu wollen, nützt nichts. Ihn zu bestrafen, wie man ein Raubtier zähmt, bringt nur ungewisse Erfolge. Die Gefahr besteht nämlich, daß das Naturell wieder die Oberhand gewinnt. Früher wurden Kriminelle öffentlich, selbst vor Kindern, gefoltert, um bei allen Zuschauern eine Inhibition (Hemmung) zu erzeugen, die auf sie lähmend wirken konnte, wenn sie eine ähnlich verbrecherische Tat begehen wollten.

Es fragt sich, warum er pervers geboren ist. Eine entscheidende Frage, die sich die Verfechter der kulturellen Ideologie merkwürdigerweise nie stellen, und aus gutem Grund, da das gerade gezeugte Kind nach ihrer Meinung keine Vergangenheit hat.

Hierin trennen sich die Verfechter des Erworbenen und die des Angeborenen grundlegend voneinander.

Die Eltern eines geistig Behinderten können die reichsten Eltern der Welt und ihr Vermögen den besten Ärzten anbieten, damit ihr Kind wieder normal werde. Das ist leider Gottes unmöglich.

Heißt das, daß man als Straffälliger oder Krimineller auf die Welt kommt? Manchmal, aber nicht immer. Wenn der Delinquent oder der Verbrecher nämlich einer Gemeinschaft angehört, die sich zu der vorherrschenden nicht zugehörig fühlt, hat diese gesonderte Minderheit ihre eigene Organisation, ihre eigenen Gesetze, ihre eigenen Glaubensüberzeugungen, ihren eigenen Ehrenkodex. Sie bestraft selbst diejenigen, die ihre Gesetze nicht einhalten, das heißt gegen ihre innere Ordnung verstoßen. Das geschäftige Treiben dieser getrennten Gemeinschaft wird von der führenden manchmal als strafbar angesehen, was ihr Justizwesen in Verlegenheit bringt. Eine Strafe zeigt überhaupt keine Wirkung, denn sie wird als ein Unrecht empfunden, das die Kluft zwischen Mehrheits- und Minderheitsgemeinschaft noch tiefer werden läßt. Die Begriffe Verfehlung und Verbrechen sind nicht in allen Menschengesellschaften gleich.

Das wird besonders schlimm, wenn die Trennung der Gemeinschaften voneinander ethnisch bedingt ist.

Das ist dann ein politisches Problem. Manche schlagen die Eingliederung der Minderheitsgemeinschaft vor, die sämtliche Werte der in der Mehrheit befindlichen Gemeinschaft akzeptieren müsse. Andere erklären sich mit der Schaffung mehr oder weniger eigenständiger Ghettos einverstanden. Andere wiederum sind der Auffassung, daß die Organisation einer freiwilligen Rückkehr der Minderheiten in ihre Heimatländer die einzige Lösung sei.

Innerhalb ein und desselben Volkes können Gemeinschaften durch die Religion getrennt sein. Es gibt sogar verbrecherische Gemeinschaften, wie die Unterwelt oder die Mafia, die die ›bürgerlichen‹ Werte der herrschenden Gemeinschaft ablehnen und dabei überhaupt kein schlechtes Gewissen haben.

Beginnt jedoch die vorherrschende Gemeinschaft, sich zu fragen, ob es überhaupt gerecht und vertretbar sei, allen diesen getrennten Gemeinschaften ihre Werte aufzuzwingen, dann beginnt die Gesellschaft an Kraft und Zusammenhalt zu verlieren. Das ist der Anfang vom Ende.

Das Rechtsempfinden entstand zunächst in den Familien. Wo zehn bis fünfzehn Kinder lebten, mußte Ordnung herrschen.

Die Mutter konnte sich nicht leisten, sich jedes Kind vorzunehmen, es zu ›sensibilisieren‹, wie man heute so schön sagt. Die ›zweite Natur‹, die der Gewohnheiten, mußte mit der alten Methode des Zuckerbrots und der Peitsche geformt werden. Da wenig Zuckerbrot vorhanden war, wurde eher die Peitsche oder der Stock benutzt.

Überall wurde die Höflichkeit und die Achtung vor dem Besitz anderer (›Wer einmal klaut, klaut immer‹) anerzogen, und die Ergebnisse waren greifbar.

Es war überflüssig, Häuser oder Kirchen abzuschließen. Weiß man überhaupt noch, daß Ludwig XIV. jeden im Versailler Schloß herumgehen ließ, ohne Aufsicht, ohne Angst vor Diebstahl oder vor Beschädigung?

Gewiß, das gesittete Verhalten ist nur das der zweiten Natur. In außergewöhnlichen Zeiten kommt die innere Natur wieder zum Vorschein, und was die Menschen in solchen Situationen tun, kann manchmal grauenhaft sein.

Heute wird nicht mehr versucht, die zweite Natur nach den alten Methoden zu erziehen. Die Mütter haben die größte Angst, sie könnten ihren Kindern einen Schock versetzen, und lassen sie daher gewähren, denn sie haben überall gelesen, daß es später Neurosen oder Perversionen erzeugen könnte. Höflichkeit und Achtung vor dem Eigentum anderer werden nicht mehr beigebracht. Grobheit und Vandalismus werden als gesellschaftliche Erscheinungen hingenommen. Man muß dem Kind die Möglichkeit geben, sich frei zu entfalten. Der Individualismus feiert Triumphe.

Wie gesagt, die Rechtspflege begann damals in der Familie und diente mit Belohnungen und körperlichen Strafen dazu, den Kindern die Begriffe von Gut und Böse beizubringen.

In ihrer Aufgabe wurde die Familie von der Religion unterstützt, die ebenfalls Strafen oder Belohnungen nach dem Tod, Hölle oder Himmel, verhieß. Mit dem Aufstieg des Intellektualismus und der abstrakten Symbole verblaßten diese Vorstellungen und wurden durch die Begriffe ›legal‹ und ›illegal‹ abgelöst.

Der Richter befaßt sich mit den Gesetzen, auch wenn er einen niederträchtigen Lump vor sich hat, der die Gutgläubigkeit seiner Opfer mißbraucht, um sie zu betrügen, auch wenn offensichtlich ist, daß das Gute auf der Seite der Opfer und das Böse auf der des Angeklagten liegt. Nur der legale oder illegale Aspekt wird in Betracht gezogen.

So befassen sich in allen Bereichen besonders kluge Leute mit den Gesetzen oder suchen nach Gesetzeslücken, um brave Leute, die mit Rechtsfragen wenig vertraut sind, hereinzulegen und zu betrügen. So entsteht der legale Diebstahl, der immer mehr verbreitet ist. Das Gesetz dient also skrupellosen und unehrlichen Leuten, redliche Bürger ungeschoren zu betrügen, und nicht, letztere zu beschützen.

Wäre es nicht möglich, ein Sondergesetz zu erlassen, um jegliche perverse Anwendung des Gesetzes zu unterbinden?

Muß der Geist des Gesetzes nicht immer maßgebender als der Buchstabe (dessen Wortlaut) sein? Der Geist des Gesetzes besteht nun aber darin, den Schwachen vor dem Starken, die Redlichkeit vor dem Betrug zu schützen.

Das allmähliche Verschwinden der Begriffe ›gut‹ und ›böse‹ und der gleichzeitige Aufstieg der Vorstellung, das Geld sei der König und berechtige zu allem, verderben die Leute und machen das Leben in der Gesellschaft überaus schwierig. Die modernen Nationen, zumindest die westlichen und weißen, sind immer weniger gesittet.

Was können die Richter überhaupt angesichts der offenbar unaufhaltsamen Zunahme der Kriminalität tun – letztere vor allem durch die Auflösung der Erziehung in der Familie bedingt, die durch Belohnungen oder konkrete Strafen die Grundregeln sozialen Verhaltens beibrachte.

Die Familie wurde von der Schule abgelöst, und schon lange haben die Lehrer aufgehört, zu belohnen und zu bestrafen. Sie fürchten sich nämlich zu sehr vor den Reaktionen ihrer Schüler oder deren Eltern.

Jede Gemeinschaft braucht Regeln, Vorschriften. Und werden diese nicht angewandt oder befolgt, kommt es zur Anarchie, zur Rückkehr des Dschungelgesetzes.

Die Anwendung oder Befolgung dieser Regeln ist von den Gemeinschaftsmitgliedern allerdings nicht zu erreichen, wenn man sie lediglich für die Wohltaten der Disziplin ›sensibilisiert‹. Man muß auch diejenigen belohnen, die sich an die Regeln halten, und diejenigen bestrafen, die sie ablehnen.

Gewiß, in einer Gemeinschaft, die ein starkes Ehrgefühl entwickelt hat, reichen Auszeichnung und moralische Sanktion oft aus. Wenn ein Offizier von seinen Standesgenossen degradiert wird, ist es für ihn eine furchtbare Demütigung.

Bei jedem Menschen, allen voran bei den Kindern, sollten Belohnung und Strafe dem jeweiligen Charakter und Wesen angepaßt werden. Eine Mutter hat ein feines Gespür für solche Dinge. Man muß aber tatsächlich belohnen und bestrafen, und nicht gewähren lassen und *kapitulieren.*

Wie sollten die echten Delinquenten, die echten Verbrecher behandelt werden? Es sind Psychopathen, die bestimmt Opfer ihrer Vererbung, also des Verhaltens ihrer Vorfahren sind. (Eine volkstümliche Wendung in Frankreich sagt bezeichnenderweise: »Die Eltern haben unreife Weintrauben gegessen, und die Kinder werden angegriffene Zähne haben.«

Die Gesellschaft muß sich jedoch vor ihrem asozialen Verhalten schützen. Man muß sie entweder dressieren, oder sie bändigen, oder sie daran verhindern, zu schaden – sollte dabei aber nie vergessen, daß sie Opfer ihrer schlechten Veranlagung sind.

Früher waren viele Hitzköpfe bei der Fremdenlegion. Diese hatte ein Strafbataillon, an dessen Front die Worte standen: »Ihr kommt hier als Löwen herein und als Lämmer wieder heraus.«

Und das stimmte, obwohl es auch vorkommt, daß der Dompteur von seinen Raubtieren gefressen wird.

Über die heutigen Gefängnisse, in denen Freizeitbeschäftigungen für eine angeblich leichtere Wiedereingliederung gefördert werden, läßt sich streiten.

Solche Gefängnisse bewirken nichts anderes, als junge Straftäter mit alten, hartgesottenen Verbrechern zusammenzubringen, die ihnen alle Schliche des ›Berufs‹ verraten.

Auch hier werden wir mit der Grundüberzeugung der kulturellen Ideologie konfrontiert: Die Gesellschaft sei schuld, da sie Rechtsbrecher erzeuge, sie müsse also ihr Vergehen wiedergutmachen, indem sie aus ihnen sozial angepaßte Bürger macht.

Doch Vorsicht! Wir behaupten nicht, daß man manchen schwachen Menschen, die sich auf dem schmalen Grat zwischen Gut und Böse bewegen, nicht helfen müsse, sich nach der richtigen Seite zu neigen. Wie soll man bestrafen und zugleich das Beisammensein mit Schwerverbrechern verhindern?

Erstverurteilte sollten verhältnismäßig kurze Freiheitsstrafen bekommen und ihre Zeit in Einzelzellen absitzen. Gefängnisse müssen her, in denen der Strafgefangene allein ist, daß heißt keinerlei Kontakt zu den anderen Gefängnisinsassen hat.

Dieses Alleinsein ist so unerträglich, daß man die Haftzeit durch vier teilen und den Straffälligen die Lust nehmen könnte, die gleiche Straftat zu begehen.

Diese Art Gefängnis ist letztlich sehr wirtschaftlich und wirkungsvoll. Sie ist insofern wirtschaftlich, als sie weniger Gefängniswächter erfordert und die erforderlichen Bauten kaum teuer als der eines herkömmlichen Gefängnisses sind.

Meines Wissens hat es solche Einrichtungen in Frankreich gegeben, unter anderem in Bayonne.

Man hat sie die ›Kummer-Villa‹ genannt.

Der Fortschritt

Mit logischen Überlegungen und der Forderung nach dem Fortbestand der menschlichen Gattung als einzigem Kriterium, das kein einziger besonnener Mensch bestreiten kann, haben wir oben schon versucht, die Gefahren des Fortschritts aufzuzeigen

Zahlreiche Menschen gibt es dennoch, die auf solche Überlegungen pfeifen und sich nicht betroffen fühlen. Sie betrachten sich als Selbstzweck und suchen lediglich (auf egoistische oder legitime Weise?) die Freuden, Vergnügungen und Genüsse, die sie mit ihren Sinnen erreichen können.

Wir haben versucht zu zeigen, daß das Tier zwar ebenso egoistisch wie der Mensch ist, daß die von ihm gesuchten Freuden, Vergnügungen und Genüsse es aber dazu anregen, genau dasselbe Verhalten zu haben, das es wiederum zur Fortpflanzung zwingt – und zwar, weil das Tier in der Naturordnung bleibt.

Der Mensch hat geglaubt, daß bestimmte Vergnügungen und Genüsse einen höheren Wert hätten. Er hat ihnen deshalb den Vorzug vor dem Glück, das ein durchweg natürliches Leben verschafft, geben wollen.

Er hat ein falsches Spiel mit der Natur getrieben und hat sich dabei verrechnet. Er hat übersehen, daß zusätzliche Vergnügungen mit zusätzlichen Leiden zu zahlen sind, daß jede Rentabilitätsverbesserung eine Reihe von Funktionsstörungen mit sich bringt, die manchmal verhängnisvoll sind (Wasser- und Luftverschmutzung, Rinderwahnsinn usw.).

Der Mensch hat sich vom Angeborenen loslösen wollen, das heißt, er wollte sich von der Natur trennen und sich ein neues kulturelles Verhalten schaffen. Er wollte seinen Körper je nach seiner Phantasie benutzen, doch die biologischen Zwänge bleiben.

So leidet jeder Erwachsene, der sich den Tafelfreuden übertrieben hingibt und übermäßig ißt, ab einem gewissen Alter unter zahlreichen Gesundheitsstörungen, die sein Leben beschwerlich machen.

Die eitle, selbstgefällige oder gefallsüchtige Frau, die Kinder ablehnt, um die wunderbare Zeit der Liebschaften (wenn die Männer ihr zu Füßen liegen) zu verlängern, wird furchtbar leiden, wenn sie spürt, daß ihre Anziehungskraft verlorengeht. Sie wird in diesem Augenblick allein sein, und ihr Spiegel wird ihr jeden Tag zeigen, daß die Spuren der Jahre nicht zu verwischen sind.

Der Bibel zufolge habe Gott dem Menschen gesagt, er solle fruchtbar sein, sich vermehren und Tiere und Pflanzen benutzen, um über die Erde zu herrschen.

Dank dem Fortschritt ist der Mensch nunmehr an das Ziel dieser Beherrschung angelangt. Er hat der Natur mehr genommen, als sie geben konnte, und er beginnt, sie zu zerstören und das Lebensnotwendigste – Luft und Wasser – zu verschmutzen.

Im 19. Jahrhundert hat sich der so verheißungsvolle Fortschritt erheblich beschleunigt.

Die Dampfmaschine, die Elektrizität, der Ottomotor, das Auto, die Eisenbahn, das Flugzeug, das Radio, das Telefon sollten uns auf ein ungemein besseres Leben vorbereiten. Leider kam der Große Krieg von 1914–18 dazwischen, in dem die Eliten zweier Nationen, deren Kulturen zu den schönsten der Welt gehörten, sich gegenseitig umbrachten.

Dann erlebten wir mit dem Börsenkrach 1929 in der Wall Street die ersten verheerenden Auswirkungen des Mondialismus (Weltwirtschaft), das heißt der gegenseitigen Abhängigkeit der Volkswirtschaften. Sie äußerten sich durch eine weltweite Wirtschaftskrise, einen jähen Anstieg der Arbeitslosigkeit und schließlich das Aufkommen autoritäter Regime, um sie zu bekämpfen.

Diese Krise rief mit den Zweiten Weltkrieg hervor, der sich für Europa als verheerender erwies denn alle bisherigen Kriege zusammen.

Seine Selbstzerstörung hat Europa nach dem Krieg durch neue Ideologien fortgesetzt, die den Menschen beibrachten, sie seien auf Erden, um alle Vergnügungen zu genießen, sie schuldeten ihren Eltern nichts, ebensowenig dem Staat, der vielmehr sie gegebenenfalls ernähren, kleiden und zerstreuen müsse. Da die Europäer nichts mehr – weder Familie, noch Erbe, noch Tradition, noch Vaterland – aufrechtzuerhalten hatten, verloren sie die Lust, sich fortzupflanzen.

So verlor Deutschland seit der Kapitulation 1945 durch den Geburtenrückgang mehr Männer und Frauen als zuvor durch den Zweiten Krieg.

Die Beschleunigung des Fortschritts, hervorgerufen sowohl durch die wachsende Zahl der Erfindungen als auch durch die weltweite Konkurrenz unter den Unternehmen und die Zunahme der Weltbevölkerung, führt zu einem immer mehr steigenden Verbrauch. In den reichen Ländern erzeugen Mode und Werbung eine haarsträubende Vergeudung.

Während bis zum 19. Jahrhundert fast alles, was an Rohstoffen und Energie verwendet wurde, erneuerbar oder wiederverwertbar war, hat das 20. Jahrhundert die Mengennutzung von unterirdischen Rohstoffen und Energiequellen eingeführt, so daß manche, wie das Erdöl, bereits im Laufe des kommenden Jahrhunderts restlos ausgebeutet sein werden.

Die Mechanisierung der Landwirtschaft, verbunden mit dem Einsatz von chemischen Düngern und Pestiziden, hat neun von zehn Bauern in Europa überflüssig gemacht. Die Landflucht ist eine soziologische Katastrophe. Dieses lebendige Becken von starken und mutigen Männer, die unsere Bauern einmal waren, ist zerstört.

Pestizide und Dünger haben Bäche und Flüsse, die kaum noch Fische enthalten, sowie das Grundwasser verschmutzt, so daß das Wasser sehr oft nicht mehr trinkbar ist. Der Fortschritt hat die Landbevölkerung und die ländliche Tierwelt großenteils zerstört.

Im Namen der Solidarität – meistens von Leuten befürwortet, die weitgehend davon leben, oder von Brüsseler Technokraten beschlossen – werden Völker mit Steuergeldern unterstützt, die nicht für sich selbst sorgen können. Die hohe Fruchtbarkeitsziffer dieser Länder trägt dazu bei, daß sich ihre Probleme von Tag zu Tag verschärfen. Man hat versucht, sie an die europäische Organisation und Technologie heranzuführen, damit sie produzieren, was man ihnen zu verbrauchen beigebracht hat.

Trotz unserer Bemühungen können diese Länder nicht zu den Weltpreisen erzeugen, die der freie Warenverkehr ihnen auferlegt. Sie können nur von Hilfen leben oder müssen ihre Bewohner in die ›reichen‹ Länder auswandern lassen, damit sie dort vor Ort unterhalten zu werden.

Die Insel La Reunion kann 100 000 Einwohner ernähren. Sie zählt aber 650 000 und steigert ihre Bevölkerung dank der Überweisung sozialer Gelder (unter anderen Kindergeld) aus Frankreich alle zehn Jahre um 100 000 Einwohner. Das ist reiner Wahnsinn!

Wenn eine Touristin darum bittet, in Frankreich entbunden zu werden, kann man ihr diesen Wunsch nicht verwehren, auch wenn sie kein Geld mehr hat. Das wäre unmenschlich. Wenn sie verlangt, daß ihr Kind die französische Staatsangehörigkeit erhält, kann ihre Bitte ebensowenig abgelehnt werden. So ist nun einmal das Gesetz. Da ihr französisches Kind nicht ausgewiesen werden kann, wäre es unmenschlich, es von ihren Eltern und Geschwistern zu trennen. Es wäre ebenso unmenschlich, sie ohne Wohnung, ohne Kleider und ohne Nahrung zu lassen und alle diese Kinder nicht einzuschulen.

Der Fortschritt, der zur weltweiten Globalisierung, das heißt zum freien Güter- und Personenverkehr, führt, verlangt von allen Nationen, daß sie auf ihrem eigenen Boden alle Männer und Frauen aus aller Welt aufnehmen, die dort leben möchten.

Da das Angeborene nicht existiere, da die Kultur den Menschen forme, wird ein in der Bretagne geborenes senegalesisches Baby als ein echter Bretone angesehen werden. Wird es in der Auvergne geboren, dann wird er ein Auvergnat, im Elsaß ein Elsässer und im Baskenland ein Baske. Ebenso wird ein in Senegal geborener Bretone ein Senegalese werden, wenn er es wünscht.

Welche Bedeutung soll man der vom französischen Staatspräsidenten so bewunderten »bretonischen Diaspora« geben, wenn nur das ›Bodenrecht‹ maßgebend ist? Das alles ist absurd.

Wir wissen, daß das Angeborene den Menschen lenkt, daß die Bretonen die bretonische Kultur geschaffen haben, und nicht umgekehrt die bretonische Kultur die Bretonen. Wir wissen auch, daß die herrschende Ideologie, wenn sie weiter geduldet wird, zur Zerstörung der europäischen Kulturen führen wird und daß andere, oft afrikanische Kulturen, die zwar gleichwertig, jedoch völlig verschieden sind, sie ablösen werden.

Obwohl die europäischen Staaten demokratisch regiert werden, wurde kein einziges Volk in Europa per Volksentscheid gefragt, ob es den durch die Weltwirtschaft und die universalistische Lehre herbeigeführten Veränderungen zustimme. Die neue Ideologie, die eine permissive Gesellschaft befürwortet, in der es ›verboten ist zu verbieten‹, hat die Auflösungstendenzen der Gesellschaft und insbesondere der Schule nur beschleunigt. Man hat vergessen, daß die Disziplin die Hauptkraft jeder Gemeinschaft und sogar der einzelnen Menschen ausmacht.

Nur die Asiaten legen einen klaren Verstand, eine Energie und eine Liebe zur Disziplin an den Tag, die sie zu den führenden Mächten der Welt erheben werden, vorausgesetzt, daß die Weltpolitik eine Nuklearkatastrophe verhindert.

Das 20. Jahrhundert wird das Jahrhundert aller Hoffnungen gewesen sein. Zu Beginn dieses Jahrhunderts erlaubten die in den Naturwissenschaften und in der Technologie erzielten Fortschritte, ein Eldorado für alle Menschen in Aussicht zu stellen. Alle Experten, alle Zukunftsforscher, die dafür bezahlt werden, daß sie über die Zukunft der Menschengesellschaft denken, waren ein und derselben Meinung: Im Jahre 2000 würde überall der Wohlstand herrschen.

Der Kommunismus sollte für die Gleichheit der Bürger, die internationale Brüderlichkeit und das Ende der Kriege sorgen. Das Aufkommen einer neuen Ideologie, die die weltweite Gültigkeit der Menschenrechte, eine Art One

World, den freien Verkehr der Waren und der Menschen einführte, sollte schließlich einen großartigen Wohlstand in einem ungeheuren Freiheitsraum erzeugen.

Das 21. Jahrhundert wird dagegen das Ende der Illusionen und die Rückkehr zur Wirklichkeit besiegeln. Die widersinnige Logik des Fortschritts wird bis in seine äußersten Konsequenzen führen: Katastrophe durch die restlose Ausbeutung des Erdöls; Katastrophe durch die demographische Explosion von Völkern, die unfähig sind, sich um sich selbst zu kümmern; Katastrophe durch den anarchischen Einsatz der Atomenergie und das Überhandnehmen der Atomwaffen; Katastrophe durch die gegenseitige Abhängigkeit der Volkswirtschaften, die wiederum von den Börsen und der Spekulation beherrscht werden. Panik herrscht in der Wall Street, und die Wirtschaftswelt bricht zusammen.

Das erinnert uns an den Mann in der Fabel, der das Huhn mit den goldenen Eiern schlachtete, um dessen Mechanismus zu begreifen und um zu erkennen, ob er ihn für einen noch größeren Nutzen verwenden könnte. Der Mensch hat ebenso sämtliche Naturmechanismen begreifen wollen, um sie sich zunutze zu machen, er ist aber gerade dabei, die Natur zu zerstören und zu töten. Wie beim Huhn mit den goldenen Eiern: Ist die Natur einmal tot, wird sie nichts mehr von dem erzeugen, was wir biologisch und natürlich brauchen. In der Natur entwickeln sich die Lebewesen in einer beständigen Umwelt, die die Umwelt ihrer Vorfahren war und die ihrer Nachkommen sein wird. Diese Stabilität ist für ihr Wohlbefinden notwendig.

Sie brauchen nur das Umfeld eines Tieres oder den Standort einer Topfpflanze öfter zu wechseln, und sie werden beobachten können, wie sie allmählich eingehen.

Indem der Fortschritt unsere Umgebung, unseren Beruf, unsere Zukunft ständig verändert, ist er an unserem Unbehagen und unseren Sorgen beteiligt. Möglicherweise steigt aus diesem Grund der Konsum von Antidepressiva und Rauschgiften ständig.

Kann man an der Schwelle zum 21. Jahrhundert noch progressiv sein, wenn man die Aussichten des Fortschritts in Betracht zieht?

– die Weltwirtschaft, die Völker miteinander konkurrieren läßt, deren angeborene Merkmale zu unterschiedlichen Produktivitäten führt: Die am wenigsten produktiven Länder sind zur Arbeitslosigkeit, zur Armut oder zur Auswanderung in produktivere Länder verurteilt;

– die organisierte Vergeudung durch die Werbung und die Mode;

– die demographische Explosion, die häufig die am wenigsten produktiven Völker trifft;

– die gigantische Nutzung von unterirdischen Energiequellen, die bald versiegen werden;

– das allmähliche programmierte Aussterben Tausender von Tierarten, darunter Süßwasser- und vor allem Seefische, die die Grundnahrung so vieler Küstenvölker bildeten;

– den Universalismus, der sämtliche Besonderheiten zerstören wird, auch alle Traditionen und Kulturen, die nur in den Museen der reichsten Länder oder in den Folkloren überleben werden.

Gewiß, die Zukunft ist nicht unbedingt die Verlängerung der Vergangenheit, denn unvorhergesehene und sogar unvorhersehbare Ereignisse können die logische Entwicklung stören und verändern. Neben Kriegen und neuen Virusepidemien ist die Erfindung ein entscheidender Faktor, der unberechenbar ist.

Kurven zu verlängern reicht nicht aus, um die Zukunft vorauszusehen. Die Zukunftsforscher haben es uns wider Willen unter Beweis gestellt. Offenbar haben sie zwei entscheidende Faktoren nicht in Betracht gezogen: den Rückgang des Verbrauchs in bestimmten Bereichen durch Sättigung sowie die Erschöpfung der Bodenschätze.

Zum Beispiel könnte die ständig wachsende Zahl aller zugelassenen Wagen an dem Tag zum Stillstand kommen, an dem die Straßen und Autobahnen völlig überlastet sind. Die Steigerung des Fischfangs auf See könnte einen Höchstpunkt erreichen und sogar zurückgehen, wenn die Vorräte zur Neige gehen.

Für den Menschen kommt jede Neuerung einer Droge gleich. Ihre Annahme bringt zunächst eine ungetrübte

Freude mit sich. Aus dieser wird dann Abhängigkeit, die schließlich zu einer Reihe von negativen Folgen führt.

Das unbestreitbare, jedoch flüchtige Vergnügen, das die Annahme einer Neuerung verschafft, erklärt diese abgöttische Anbetung des Fortschritts. Die Frauen mögen sich an die Freude erinnern, die ihre erste Waschmaschine ihnen bereitet hat. Spüren sie nach Jahren jedesmal dieselbe Freude, wenn sie ihre Waschmaschine benutzen? Sie zu füllen und zu leeren ist nur noch eine lästige Arbeit wie jede andere.

Der Fortschritt ist nur ein Trugbild, von dem man hofft, es werde unseren Durst nach Glück endgültig stillen. Doch Trugbilder verflüchtigen sich, je mehr man sich ihnen nähert.

Zum Schluß

Der gerade gezeugte Mensch kann mit einer kleinen Erbse auf meinem Tisch verglichen werden. Zu ihrer Entwicklung braucht diese einen Nährboden.

Vorübergehend befindet sie sich in einem tiefen Ruhezustand. Feuchte Erde, eine gewisse Temperatur, dann Nährstoffe und schließlich Luft und Sonne werden ihr Wachstum bis zu ihrer vollen Entfaltung ermöglichen.

Diese optimalen Wachstumsbedingungen sind jedoch genetisch programmiert, und sie sind in keiner Weise zu verändern. Nur wenn die Erbse alles bekommt, was ihr Programm vorgesehen hat, wird sie eine vollkommen entwickelte Pflanze.

Pflanzen warten passiv, bis sie bekommen, was sie brauchen. Die Tiere, die beweglich sind, sind dagegen so programmiert, daß sie dieses Erworbene suchen, ohne das sie nichts wären.

Die kulturelle Ideologie macht einen Fehler, wenn sie zu verstehen gibt, daß der Mensch durch seine erworbenen Fertigkeiten geformt werde und daß seine Entwicklung ausschließlich vom Erworbenen abhänge. Demnach bräuchte man lediglich das Erworbene zu verändern, um den Menschen anders zu formen. In Wirklichkeit kann sich der Mensch ebenso wie jede Pflanze oder jedes Tier nur das aneignen, wozu er genetisch programmiert ist. Man kann sein Schicksal fördern oder stören, man kann es aber nicht ändern.

Diese erworbenen Fertigkeiten sind für seine Entwicklung unbedingt notwendig, und selbst wenn man sie ihm nicht gibt, wird der Mensch sie selbst finden und bekommen können. Dann spricht man von einem Autodidakt, wenn es sich um einen Intellektuellen handelt, oder von einem self-made man im Falle eines Menschen der Tat.

Die meisten Verfechter der kulturellen Ideologie sind aufrichtig: Sie glauben, man könne den Menschen durch

Erziehung formen. Ihrer Ansicht nach sind Straftäter straffällig geworden, weil sie nicht in die Schule gegangen sind, weil sie dort die Gesetze, das Gute und das Böse und die Menschenrechte nicht gelernt haben. Aus diesem Grund würden sie Böses und weder die Gesetze noch die Menschenrechte achten. In seinem Buch *Le Bonheur français* hat Guy Sorman bezeichnenderweise geschrieben: »Eine neugegründete Schule ist ein Gefängnis, das geschlossen wird.« Man sieht es: Vor dem Krieg gab es jedes Jahr 10 000 Abiturienten, heute sind es 500 000. Welche Gefängnisse haben wir geschlossen?

Wird eine Gesellschaft auf einem Grundirrtum aufgebaut, so geht man von Mißerfolg zu Mißerfolg.

Wir glauben nicht, daß der Mensch durch die Gesetze, die Religionen und die Ideologien geformt wurde, sondern daß er diese Dinge schuf, wie es ihm beliebte, um sein gemeinschaftliches Leben einer Umwelt anzupassen, die der Fortschritt stark verändert hatte.

Wie Jesus denen, die ihm vorwarfen, das religiöse Gesetz zu brechen, so wunderbar antwortete: »Der Mensch ist nicht für das Gesetz da, sondern das Gesetz für den Menschen.« Damit behauptete er den Vorrang eines menschlichen Verhaltens gemäß der Natur, die Gott geschaffen hatte.

Da der Mensch jeder Zivilisation vorausging und sich von allen Tieren unterschied, war es logisch, zunächst das tierische Verhalten zu untersuchen, um dann zu begreifen, warum der Urmensch, der dem Tierischen so nahe stand, jene Naturordnung allmählich verlassen hatte, die den Fortbestand aller Lebewesen sichert.

Der Mensch ist ein Herdentier, und jedes in der Gemeinschaft lebendes Tier hat seine eigenen Gesetze, seine eigene Organisation, um sich zu verteidigen, zu jagen oder völlig eigenständig zu leben. Ein Jagdhund ist bereit, sich zu opfern, damit die Meute das Beutetier tötet, das zur Ernährung der Gemeinschaft dienen wird. Ein fleischfressendes Tier, das allein jagt, setzt dagegen nie sein Leben aufs Spiel, das wäre absurd.

Im Gegensatz zum Tier ist der Mensch mit schöpferischer Einbildungskraft versehen. Je mehr die Erfindungen und

Neuerungen des Menschen das materielle Leben der Gemeinschaft veränderten, desto mehr mußten die ungeschriebenen, instinktiven Gesetze, die das Leben dieser Gemeinschaft regelten, verändert werden.

»Der Mensch ist nicht für das Gesetz da, sondern das Gesetz für den Menschen.« So hat das Gesetz nicht über die neuen Verhaltensweisen des Menschen *entschieden,* sondern es hat diese neuen Verhaltensweisen *kodifiziert,* die durch die Notwendigkeit verändert wurden, sich den Neuerungen anzupassen.

Manche meinen und behaupten, daß unsere Zeit zu materialistisch sei, daß unsere Rettung in einer Rückkehr zu mehr Spiritualität liege, daß der moderne Mensch sozusagen ›mehr Seele‹ brauche. Bei der Beobachtung der Mechanismen des Fortschritts konnten wir jedoch feststellen, daß alle Menschen von den Neuerungen angetan sind, die geringere Anstrengungen ermöglichen oder die ihrer Eitelkeit schmeicheln und ihnen dabei das Gefühl geben, mächtiger zu sein und eine größere Bewunderung in ihrem Umfeld zu genießen.

Das sind überaus materialistische Verhaltensweisen, die trotzdem völlig andere Bekenntnisse nicht ausschließen. Dieses gleicht aber jenes nicht aus. Der Geist ist willig, doch das Fleisch ist schwach. Mit anderen Worten: Mit dem Geist können wir alles, uns sogar von den Gütern dieser Erde trennen, es gibt jedoch keinen Geist ohne Fleisch, ohne Körper, ohne unsere natürlichen Bedürfnisse, *denen wir uns nicht entziehen können.*

Wenn beispielsweise die Fruchtbarkeit des Spermas wie in Frankreich weiterhin sinkt und sich dem Nullpunkt nähert, dann braucht man keine Spiritualität mehr, um den Menschen zu retten: Durch das Unvermögen, sich fortzupflanzen, wird der Mensch aussterben. Fleisch kann zwar, wie bei den Tieren der Fall, ohne Geistigkeit bestehen, umgekehrt kann es aber keine Geistigkeit ohne Fleisch und eine ganze Reihe von biologischen Notwendigkeiten geben. *Das ist die schreckliche Realität.*

In diesem Buch waren wir bestrebt, die unumgängliche Notwendigkeit der physischen Erhaltung menschlichen

Lebens aufzuzeigen. Dieser Fortbestand bedingt alles andere. Stirbt der Mensch aus, dann verschwindet alles: Künste, Techniken, Religionen usw.

Damit das fortbesteht, was die Kultur eines Volkes bildet, genügt es aber nicht, daß die Bevölkerungszahl aufrecht erhalten wird, diese Bevölkerung muß auch ihre Kultur verstehen und lieben.

Es genügt nicht, daß ein Bauer seinem Sohn den Hof vermacht, das setzt auch voraus, daß der Sohn nicht geistig behindert ist. So weit soll man aber nicht denken. Damit der Hof seine ganze Kraft und seine ganze Schönheit behält, müssen alle Eigenschaften und Fertigkeiten des Vaters sich beim Sohn wiederfinden.

Mit der Erziehung ist dies nicht zu bewerkstelligen, denn diese Eigenschaften sind *angeboren*.

Der Fortbestand einer Kultur setzt den Fortbestand derjenigen voraus, die sie Generation nach Generation geschaffen und aufrecht erhalten haben. Es ist außerdem notwendig, daß die Besonderheiten und kennzeichnenden Merkmale der Menschen, die sie geschaffen und als einzige verstehen und lieben können, intakt bleiben.

Wir haben versucht zu erklären, daß Kultur eine Anhäufung künstlerischer, geistiger und technischer Neuerungen ist. Die echten Neuerungen sind der Ausdruck der inneren Natur des Menschen. Man darf sie nicht mit Neuheiten verwechseln, die mit der Mode verbunden sind und nichts als ein mehr oder minder bewußtes Zusammenflicken früherer Neuerungen sind.

Während das Wissen um alles, was in den Bereichen der Kunst, der Technik, der Literatur usw. geschaffen wurde und das kulturelle Erbe einer Gemeinschaft bildet, über die Erziehung und Bildung vermittelt werden kann, ist *das innovative Vermögen genetisch und wird mit dem Leben weitergegeben.* Der Nachtigallenschlag ist, wie bereits erklärt, eine künstlerische Kreation, die nicht erlernbar ist, sondern mit dem genetischen Erbe der Nachtigall weitergegeben wird.

Wenn es gelänge, einen Spatzen mit einer Nachtigall zu kreuzen, weiß man nicht, welchen Gesang diese Kreuzung hervorbringen würde und ob er der Spatzen- oder der Nachtigallengemeinschaft gefallen würde – wahrscheinlich keiner der beiden. Selbst wenn der Nachtigallenschlag nicht angeboren wäre, sondern gelehrt würde, könnte er nur anderen Nachtigallen beigebracht werden, die dazu programmiert sind, ihn zu verstehen und zu wiederholen.

Das vorliegende Buch untersucht das Verhalten des Menschen, und nicht seine Geisteshaltungen und Vorstellungen. Es ist insoweit eine materialistische Studie, die die Entwicklung des Menschen und der Menschengesellschaft von der Vorgeschichte bis heute zu erklären versucht. Diese Entwicklung wurde einzig durch die Neuerungen verursacht. Die Erfindung unterscheidet den Menschen vom Tier, das seine Umwelt und seine Lebensform nie hat verändern können oder wollen.

Manche Menschen haben eine Erfindungsgabe. Diese ist angeboren und bleibt ein Leben lang bestehen. Die neue Idee fällt plötzlich ein. Der Erfinder schätzt die Folgen seiner Erfindung meistens falsch ein, die nur dann zum Leben kommt, wenn die Gesellschaft sie annimmt. Die fernen Folgen der Annahme einer Erfindung sind *unberechenbar*. Entdeckungen sind auf Forschung zurückzuführen. Sie bleiben so lange steril, bis der Einfall sie befruchtet.

Die Entwicklung der Menschengesellschaft ist auf die individuelle Annahme bestimmter Neuerungen zurückzuführen. Alle individuellen Annahmen bilden zusammen den Fortschritt.

Manche schildern in lyrischen Tönen diesen langen Vormarsch des ursprünglich primitiven Menschen – eines echten, fast animalischen Rohlings – bis zum zivilisierten, gebildeten Menschen unserer Zeit, der die Menschenrechte achtet. Diese Art, die Dinge vorzustellen, ist falsch. Es gibt keine organisierte Evolution, um ein Ziel zu erreichen, ebensowenig eine gewollte Veränderung in Richtung auf eine ideale und vollkommene Gesellschaft. In Wirklichkeit sind Innovationen unvorhersehbar, und ihre Annahme verändert den Lebenswandel manchmal auf unerwartete Weise.

Wenn wir uns außerdem die verschiedenen Gesellschaften, die verschiedenen politischen Regime, die verschiedenen Ereignisse oder Konflikte unserer Tage ansehen, können wir nicht jene ideale Gesellschaft erkennen, die wir schon seit hundert Jahren verwirklichen sollten und deren Durchbruch damals angeblich unmittelbar bevorstand.

Ganz im Gegenteil! Während die wissenschaftlichen Berechnungen uns den Wohlstand und einen Überfluß an Gütern in der ganzen Welt voraussagten, sind Arbeitslosigkeit und Elend ständig gestiegen, sind riesige Slums entstanden, in denen die Lebensbedingungen eine unannehmbare Verunglimpfung der Menschenwürde sind.

Die Medizin prophezeite uns die Ausrottung sämtlicher Seuchen. Manche sind tatsächlich auf dem Rückmarsch oder gar ganz verschwunden, dafür sind andere, unvorhergesehene, aufgetaucht. Mikroben verschwinden, und ungreifbare Viren treten ihre Nachfolge an. Kommt die Wissenschaft wirklich voran?

»Seid fruchtbar und mehret euch und füllet die Erde und machet sie euch untertan, und herrschet über die Fische im Meer und die Vögel des Himmels, über das Vieh und alle Tiere, die auf der Erde sich regen.« Gottes Anweisungen – laut Bibel – ist das Menschengeschlecht gefolgt, es hat seine Quote überschritten, es wollte nicht eine Gattung unter anderen, sondern die alle anderen beherrschende sein. Der Mensch wurde überheblich und wollte sämtliche Naturvorgänge kennen, um sie zu seinem einzigen Vorteil zu nutzen.

Er glaubte, seine Macht und seine Beherrschung der Natur bis ins Unendliche steigern zu können.

Er mag zwar zum Mond und vielleicht zu anderen Planeten fliegen, er kann aber nicht über Regen und Sonne entscheiden, ebensowenig geisteskranke Kinder heilen.

Er glaubte eine neue Menschenart zu schaffen, den *kulturellen* Menschen, der mit dem Naturmenschen nichts mehr gemein haben würde, und das um so müheloser, als das Angeborene angeblich nicht existiere.

Die Annahme, daß bei Menschen alles erworben sei, liegt nun aber der heute herrschenden Ideologie zugrunde. Diese Annahme ist jedoch völlig falsch. Da die Naturordnung in bezug auf ihren Endzweck, die Fortpflanzung des Lebens, vollkommen ist, hat jede Veränderung, die scheinbar das Los des Menschen verbessert, zahlreiche negative Nebenwirkungen, die wiederum untersucht werden müssen, um sie zu bekämpfen.

Je mehr der landwirtschaftliche Ertrag mit Hilfe von Düngemitteln und Pestiziden gesteigert wird, desto mehr werden unsere Flüsse und Bäche sowie das Grundwasser verschmutzt. Dann wird geforscht, mit welcher neuen Riesenanlage man dieses Wasser wieder natürlich machen könnte. Eine vollständige Rückkehr in den Naturzustand ist jedoch anscheinend unmöglich.

Sie brauchen sich nur umzuschauen, und Sie werden all die eingeleiteten Maßnahmen und vorgenommenen Arbeiten erkennen, die den negativen Nebenwirkungen des Fortschritts Abhilfe schaffen sollen, damit unsere *natürlichen Bedürfnisse* überhaupt befriedigt werden können.

Wir müssen uns von den Trugbildern des Fortschritts lossagen, wir müssen unserem stolzen Ehrgeiz entsagen, alle Mechanismen der Welt zu kennen, um diese noch besser zu beherrschen. Wir müssen versuchen, eine friedlichere, natürlichere Gesellschaft aufzubauen. Dazu müssen wir auf den Fortschritt – zumindest auf einen Teil – verzichten. *Das ist möglich.*

»Der Fortschritt ist nicht aufzuhalten«, sagt man allgemeinhin. Das ist aber ein Irrtum. Der Fortschritt wird von Innovationen gespeist. Ohne sie stirbt er ab.

Im Arzneimittelbereich wurde vor dem Vertrieb jeder neuen Arznei eine Voruntersuchung eingeführt. Das neue Arzneimittel wird nicht nur auf seine angekündigten Wirkungen, sondern auf seine möglichen Nebenwirkungen sowohl auf den Patienten als auch auf seine Nachkommen untersucht. Letzterer Punkt ist äußerst schwierig zu ermitteln, doch das Prinzip existiert, und es wird angewandt.

Hätte ein solches System für *sämtliche* Innovationen bestanden und wäre der Einsatz von Düngemitteln und Pestiziden sowie die Verwendung von Zugmaschinen (Traktoren) in der Landwirtschaft verboten worden, dann gäbe es heute keine Arbeitslosigkeit in Europa. Die landwirtschaftlichen Produkte wären gewiß teurer, aber besser. Wir würden mehr Geld für unsere Ernährung ausgeben, dafür um so weniger für Kleider, industrielle Erzeugnisse und allerlei Schnickschnack.

Außerdem wären die Flüsse nicht verschmutzt, ebenso wenig unser Trinkwasser. Die Angler hätten immer noch die Freude, zahlreiche gesunde Fische zu fangen, und die ganze Natur würde von Vögeln, Schmetterlingen und allerlei Tieren wimmeln. Die Dörfer würden immer noch blühen, und die Bevölkerung würde größtenteils auf dem Land leben. Wäre es nicht besser?

Gewiß, eine Kehrtwendung ist fast unmöglich, denn die Bauern verfügen nicht mehr über jene körperlichen Fähigkeiten, mit denen sie vom Tagesanbruch bis zur Abenddämmerung arbeiten konnten, ohne sich zu verausgaben.

Als der Fortschritt sehr langsam voranging, das heißt, als die Veränderung der Herstellungs- und Arbeitstechniken kaum wahrnehmbar war, konnte jedes Kind wissen, welchen Beruf es später ergreifen würde, und sich ein Ziel setzen. Ein Ziel zu haben und hart arbeiten, um es zu erreichen, ist das beste Mittel, jemandem Halt zu geben und ihn ausgeglichener zu machen.

Heutzutage beschleunigt der Fortschritt derart, daß keiner weiß, welche Berufe in zwanzig Jahren existieren werden. Wir wissen nicht einmal, ob der Ort, wo wir aufgewachsen sind, nicht völlig auf den Kopf gestellt wird und ob wir nicht alle entwurzelt werden.

Nun aber ist unsere ›Natur‹ ähnlich wie die jedes Tieres, und alle Tiere hängen bekanntlich an ihrem Territorium.

Nachdem die Schwalbe Tausende von Kilometern zurückgelegt hat, will sie den Stall oder die Scheune wiederfinden, wo sie in den Jahren zuvor gelebt hat. Es gibt jedoch Tausende von ähnlichen Orten, in denen sie die gleichen Lebensbedingungen vorfinden könnte, sie will aber genau den Ort wiederfinden, wo sie gelebt hat.

Heutzutage gibt es kaum noch Stätten, die sich seit unserer Kindheit nicht völlig verändert hätten.

Warum diese Beschleunigung des Fortschritts? Weil die Neuerung der Produktionsmittel und/oder der Handelswaren eine entscheidende Waffe im Wirtschaftskrieg ist, die sich die Unternehmen liefern.

Ist der Wettbewerb genau festgelegt, dann kann man unlauteren Wettbewerb verhindern oder zumindest einschränken. Die heutige Weltwirtschaft läßt uns allerdings mit Ländern konkurrieren, die tun, was sie wollen, so daß dieser Wirtschaftskrieg mörderisch wird und destabilisierend wirkt.

Gewiß, wenn bestimmte Wirtschaftsbereiche wie die Landwirtschaft nicht mehr zu den Weltmarktpreisen produzieren und verkaufen können, dann läßt sich die Differenz mit zahlreichen Prämien (in Frankreich sind es zwanzig!) ausgleichen, doch diese Prämien werden gerade von den Produktionsbereichen abgezweigt, die noch konkurrenzfähig sind. Es ist nicht gesagt, daß es in dreißig Jahren noch genügend gibt, um die ständig wachsende Zahl von wirtschaftlich abhängigen Unternehmen zu unterhalten.

Den Fortschritt zu kontrollieren heißt nicht nur die Innovationen kontrollieren, sondern auch sich von der Marktwirtschaft loslösen. Es ist nämlich nicht möglich, ein Unternehmen daran zu hindern, eine Neuerung einzuführen, selbst wenn sie die Schließung zahlreicher Betriebe im selben Wirtschaftszweig nach sich ziehen soll, während ausländische Konkurrenten es ungezwungen machen können. Die Einfuhr ausländischer Erzeugnisse muß also überwacht werden.

Die Gesellschaft wird ihr Gleichgewicht erst wieder finden, wenn sich die einzelnen Volksgruppen in ihrem Herkunftsland zusammenschließen, ihre eigene Zivilisation haben und vor allem wirtschaftlich unabhängig sind.

Die Weltzivilisation (die weltweite Gültigkeit derselben Werte) ist unmöglich, denn sie widerspricht der angeborenen Vielfalt menschlichen Wesens. Die Weltwirtschaft führt uns in die Katastrophe

Wir haben versucht, zu zeigen und nachzuweisen, daß der Fortschritt das Los der Menschheit nicht verbessert und daß die durch Innovationen herbeigeführten Veränderungen zur Zeit folgenschwer sind.

Der freie Güter- und Personenverkehr, auch wenn er

manche Unternehmen, ihre Angestellten sowie die Ortschaften, wo sie niedergelassen sind, in den Ruin treibt, macht allerdings nicht nur Unglückliche. Der freie Güterverkehr ermöglicht nämlich die Spekulation, deren Gewinne nicht besteuert werden. Die internationale Finanz kommt dabei auf ihre Kosten. Sie verfügt also über das Geld, das alle Türen und Tore öffnet und Macht verleiht.

Der freie Personenverkehr führt dazu, daß Menschen mit angeborenen Affinitäten zusammenkommen und Minderheiten bilden, die die Ideologie der Mehrheit nicht ertragen.

Wer in der Medienwelt arbeitet, ist ein glücklicher Mensch, der sich keine Sorgen um seine Zukunft zu machen braucht. Das Unglück und die Schicksalsschläge der anderen sind nur Informationen, manchmal *scoops,* die ihnen eine noch größere Bedeutung geben.

Alle, die in der spekulativen Finanz und in den Medien tätig sind, sind Nutznießer des Fortschritts.

Deshalb wurde der Wert des Fortschritts, auch wenn es verblüffend klingeln mag, nie in Frage gestellt. Die Passagiere eines Überseedampfers, die es sich in den Kabinen der ersten Klasse bequem machen, können sich vor Zwischenfällen auf dem Schiffsboden freilich geschützt fühlen – Trotzdem: Wer ist überhaupt noch in Sicherheit, wenn das ganze Schiff sinkt?